KB272125

재테크의 꽃
주식회사 창업하기

재테크의 꽃 주식회사 창업하기

발행일   2026년 5월 5일

지은이   김승수
펴낸이   손형국
펴낸곳   (주)북랩

출판등록   2004. 12. 1(제2012-000051호)
주소   서울특별시 금천구 가산디지털 1로 168, 우림라이온스밸리 B동 B111호, B113~115호
홈페이지   www.book.co.kr
전화번호   (02)2026-5777   팩스   (02)3159-9637

ISBN   979-11-7598-231-4 03320 (종이책)   979-11-7598-232-1 05320 (전자책)

작가 연락처 문의 ▸ ask.book.co.kr

전용 게시판에 문의를 남기시면 저자에게 직접 전달됩니다.

(주)북랩 성공출판의 파트너

북랩 홈페이지와 SNS에서 다양한 출판 솔루션을 만나 보세요!

홈페이지 book.co.kr   •   **블로그** blog.naver.com/essaybook   •   **출판문의** text@book.co.kr
카톡채널 북랩

돈이 돈을 벌어오는
주식회사 창업과 성공 전략

(재테크의 꽃) 주식회사 창업하기

김승수 지음

북랩

 존경하는 독자 여러분, 이 책을 펴 주신 여러분은 이미 평범한 재테크의 단계를 넘어선, 진정한 경제적 독립을 꿈꾸는 선구자이십니다. 매일 아침 출근길에서, 혹은 복잡한 일상 속에서 '언제까지 노동으로만 돈을 벌어야 할까?'라는 질문을 던져본 적이 있으실 겁니다. 투자는 늘 불안하고, 저축은 인플레이션을 따라잡지 못하는 시대. 우리는 '나의 시간'이 아닌 '시스템의 시간'이 돈을 벌게 하는 새로운 방법을 찾아야만 합니다.

 저는 그 해답을 '주식회사 창업'에서 찾았습니다. 주식회사는 단순한 사업자등록증이 아닙니다. 그것은 곧 시간의 제약을 벗어난 나만의 영구적인 자산을 창조하는 행위이며, 우리가 상상할 수 있는 모든 재테크의 수단 중 가장 견고하고 강력한 플랫폼을 구축하는 일입니다. 이 책은 주식회사 창업을 단순한 '사업'이 아닌, 가장 고도화된 '궁극의 재테크' 관점에서 접근하는 방법을 담고 있습니다. 우리는 노동 소득이라는 좁은 강을 건너, 자본 소득이라는 드넓은 바다로 나아가는 출항 준비를 해야 합니다.

개인사업자는 오롯이 사업가, 즉 '나'의 노동과 시간에 의존합니다. 하지만 주식회사는 다릅니다. '법인'이라는 이름의 주체는 곧 나 자신과 분리된 독립된 인격체입니다. 이 분리야말로 주식회사 창업의 핵심적인 이유이자 가장 큰 혜택입니다.

첫째, 법적인 안정성과 신뢰성입니다. 주식회사는 외부 거래처, 금융기관, 그리고 잠재적 투자자들에게 가장 높은 수준의 공신력을 제공합니다. 이는 사업 확장의 필수 요소인 투자 유치나 대출 협상에서 개인사업자와는 비교할 수 없는 유리한 고지를 선점하게 해줍니다. 법인 명의로 계약을 체결하고 재산을 보유하는 것은, 개인 명의를 사용할 때보다 훨씬 더 객관적이고 전문적인 이미지를 구축합니다. 특히 정부 지원 사업이나 대기업과의 협력 기회는 대부분 법인(주식회사)에 우선적으로 열려 있습니다.

둘째, '유한 책임'이라는 혁명적인 보호막입니다. 사업이 예상치 못한 난관에 부딪히더라도, 주주는 자신이 출자한 주식의 가치만큼만 책임을 집니다. 이는 여러분의 집, 예금 등 소중한 개인 자산을 사업의 위험으로부터 안전하게 분리하고 보호해줍니다. 개인의 재산이 아닌 법인의 자산으로만 책임을 지는 구조는, 보다 대담하고 혁신적인 경영을 가능하게 하는 안전망이 됩니다. 위험을 관리하면서 성장을 추구하는 '리스크 테이킹(Risk-Taking)'의 최적화된 형태인 것입니다.

셋째, 압도적인 세금 효율성입니다. 개인 소득세율(최대 40%대)과 달리, 법인 세율은 상대적으로 낮은 수준에서 시작하며, 세율 구조 자체가 복잡하고 고도화된 세무 전략을 허용합니다. 합법적 법인 운영을 통해 비용 처리 폭이 넓어지고, 소득을 배당, 급여 등 다양한 형태로 분산하여 전체적인 세 부담을 최적화할 수 있습니다. 주식회사는 '세금'이라는 부담을 단순히 납부하는 것이 아니라, 합법적인 테두리 안에서 부를 증식시키는 경영 전략의 핵심 도구로 활용할 수 있는 강력한 무기가 됩니다.

이처럼 주식회사는 '나'라는 유한한 존재의 시간과 에너지를 영속성을 가진 시스템으로 대체하여 폭발적인 부의 증식을 위한 단단한 기초를 마련해줍니다. 이는 단순히 돈을 버는 수준을 넘어, 돈이 돈을 벌어들이는 자본주의의 정수를 직접 체득하는 과정입니다.

주식회사를 창업하는 것은 여러분 자신을 '시장의 플레이어'에서 '시장을 만드는 설계자'로 격상시키는 일입니다. 자본주의 사회는 기본적으로 '자본'과 '노동'으로 움직이며, 이 둘을 연결하고 통제하는 가장 강력한 기관이 바로 '회사', 그중에서도 '주식회사'입니다.

주식회사는 자본을 조달하는 능력에서 개인사업자와는 차원이 다릅니다. 주식을 발행해 여러 사람에게 자본을 모으는 것이 가능하며, 이는 결국 '내 돈'이 아닌 '시장의 돈'으로 사업을 확장할 수 있게 만든다는 의미입니다. 이 과정에서 우리는 자연스럽게 자본 시장의 언어와 규칙을 배우게 됩니다. 이는 투자를 받는 행위뿐만 아니라, 나중에 다른 회사를 인수(M&A)하거나 투자할 때도 필요한 최고 수준의 경제 지식입니다.

주식회사는 또한 여러분에게 '시스템 구축가'로서의 마인드셋을 요구합니다. 법인 운영은 체계적인 회계 처리, 명확한 의사 결정 구조, 그리고 분업화된 조직 관리를 필요로 합니다. 이 과정 자체가 여러분을 고도로 훈련된 경영인으로 성장시킵니다. 주식회사를 운영한다는 것은, 결국 내가 없더라도 굴러가는 자동화된 돈 버는 시스템을 직접 설계하고 관리하는 능력자를 만드는 가장 확실한 교육입니다. 이는 노동 소득의 한계를 넘어설 수 있는 유일한 길입니다.

진정한 재테크는 현재의 풍요를 넘어, 미래 세대까지 이어질 수 있는 부의 유산을 만드는 일입니다. 주식회사는 이러한 '가업 승계'와 '자산 이전'을 위한 가장 완벽하고 전략적인 도구입니다.

개인이 보유한 부동산이나 금융 자산을 자손에게 물려줄 때 발생하는 상속세와 증여세는 천문학적인 규모가 될 수 있습니다. 이는 평생 일궈온 부가 한순간에 세금으로 소멸될 수 있다는 불안감을 줍니다. 그러나 주식회사를 통한 승계는 다릅니다.

주식은 지분의 형태로 존재하며, 이는 통제력과 재산권을 분리해 단계적으로 승계할 수 있다는 의미입니다. 법인 설립 초기, 주식 가치가 낮을 때부터 자녀에게 소액의 지분을 증여하여 미리 부의 씨앗을 뿌릴 수 있습니다. 이후 회사가 크게 성장하더라도, 증여 시점의 낮은 주식 가치를 기준으로 세금이 산정되는 '사전 증여'의 효과를 극대화할 수 있습니다. 이것은 시간의 마법을 활용한 가장 전략적인 부의 이전 방식입니다.

나아가, 정부가 제공하는 '가업 상속 공제'와 같은 제도를 활용한다면, 수십억 원에서 수백억 원에 달하는 기업 가치를 매우 낮은 세율로 대(代)를 이어 물려줄 수 있는 법적 경로가 열립니다. 여러분이 창업한 회사는 단순한 사업체가 아니라, 자녀가 성장할수록 가치가 증폭되는 살아 있는 유산이자, 가족의 영원한 경제적 기반이 되는 것입니다. 주식회사를 설립한다는 것은 곧, 가족의 부를 대대로 지키는 현명한 '방패'를 만드는 일입니다.

주식회사를 창업하는 행위가 재테크의 꽃으로 불리는 결정적인 이유는 바로 'EXIT(출구 전략)'이라는 환상적인 목표에 도달할 수 있기 때문입니다. EXIT란, 내가 일군 회사의 주식을 타인이나 대기업, 혹은 투자 회사에 매각하거나(M&A), 기업 공개(IPO)를 통해 일반 대중에게 판매함으로써 창업 초기 투자금의 수백, 수천 배에 달하는 막대한 현금을 일시에 확보하는 것을 의미합니다.

부동산 투자나 금융 투자가 단지 시장의 흐름에 따라 수익을 얻는 것이라면, 주식회사 창업은 시장에 존재하지 않던 새로운 가치를 창조하고, 그 가치 전체를 현금화하는 것입니다. 수년간의 노력으로 만든 시스템(주식회사)을 현금으로 교환하여 노동으로부터 완벽히 해방되는 선언을 하는 것이 바로 이 EXIT의 진정한 의미입니다.

이러한 꿈의 시나리오는 오직 '주식회사'라는 법인 형태를 통해서만 현실화될 수 있습니다. 개인사업자는 단순히 '영업권'이나 '자산'을 파는 것에 불과하지만, 주식회사는 '주식'이라는 표준화된 금융 상품을 통해 거래되므로, 전 세계 자본 시장에서 쉽게 그 가치를 평가받고 매매될 수 있습니다. 여러분이 창조한 회사가 가진 잠재력이 '가치'로 인정받아 자본 시장에 편입되는 순간, 여러분은 평생 노동으로는 도달할 수 없었던 부의 정점에 서게 됩니다.

독자 여러분, 이 책은 여러분이 지금껏 알았던 모든 재테크 방법을 통틀어 가장 위대한 자산, 즉 '나만의 주식회사'를 만드는 설계도입니다. 단순한 창업 노하우를 넘어, 최고의 공신력(주식회사)을 활용해 가장 효율적으로 부를 축적하고, 대를 이어 물려주며, 궁극적으로는 EXIT라는 달콤한 현금화에 도달하는 완벽한 로드맵을 제시합니다.

이제 이 책을 통해 여러분의 시간과 돈을 '법인(주식회사)'이라는 강력한 플랫폼에 투자하고, '재테크의 꽃'을 피워 보시기 바랍니다. 당신의 가장 확실하고 영속적인 부의 여정은 바로 지금, 이 페이지를 넘기는 순간 시작됩니다.

2026년 5월 5일
田山 김승수

/ 2부 /
주식회사 설립 실무 시스템의 공식적인 탄생

/ 3부 /
주식회사 운영과 세무 관리
: 세금 방패를 갖추는 법

/ 4부 /
궁극의 재테크 EXIT와
영속적인 부의 승계

재테크의 꽃을 피우기 위한 씨앗 뿌리기

1.
나를 독립시켜
노동 소득의 한계 없애기

이 책의 첫 페이지를 넘기신 독자 여러분, 진심으로 환영합니다. 지금 여러분이 이 글을 읽고 있다는 사실 하나만으로도 저는 여러분에 대해 한 가지 확신할 수 있는 것이 있습니다. 여러분은 단순히 '남들만큼 사는 것'이나 '조금 더 성실해지는 것'에 만족하지 않는 분들이라는 점입니다. 아마도 여러분의 마음속 깊은 곳에는 현재의 삶을 지탱하는 근본적인 질서를 뒤바꾸고 싶다는 뜨거운 열망, 그리고 '경제적 자유'라는 찬란한 목적지에 도달하는 데 필요한 강력한 엔진이 장착되어 있을 것입니다.

우리는 흔히 부자가 되고 싶다고 말합니다. 하지만 막연한 바람은 계획이 될 수 없고, 구체적인 전략이 없는 열정은 금세 사그라지기 마련입니다. 많은 사람들은 부를 얻기 위해 '더 높은 연봉'이나 '더 많은 부업'을 고민합니다. 즉 자신의 몸값을 높이거나 노동 시간을 늘리는 방식에 매몰되어 있습니다. 그러나 이 책은 그 반대의 길을 제시하고자 합니다. 진정한 부는 내가 더 많이 움직여서 얻는 것이 아니라, 내가 움직이지 않아도 나를 대신해 세상의 가치를 창출하고 수익을 거두어들이는 '나의 독립된 분신'을 만드는 것에서 시작됩니다. 이제 여러분은 노동의 굴레를 벗어던지고 자본의 설계자로 거듭나는 여정을 시작할 준비를 해야 합니다.

우리는 어린 시절부터 "성실하게 공부해서 좋은 직장에 들어가고, 꼬박꼬박 월급을 모아야 부자가 된다"라는 서사를 교육받으며 자랐습니다. 사회생활의 시작점에서 마주하는 '노동 소득'은 우리에게 성취감과 안정감을 동시에 제공합니다. 매달 통장에 찍히는 월급은 우리가 사회의 일원으로서 기능하고 있다는 증거이며, 사랑하는 가족을 부양하는 든든한 버팀목이 됩니다.

하지만 자본주의의 냉혹한 원리 안에서 노동 소득은 사실 가장 '취약한' 형태의 수익 모델입니다. 노동 소득은 근본적으로 '나의 시간'과 '나의 생명력'을 시장의 화폐와 등가 교환하는 행위이기 때문입니다. 이는 마치 자신의 피를 뽑아 에너지를 얻는 것과 같습니다. 투입할 에너지가 고갈되거나 교환할 시간이 사라지는 순간, 수입의 파이프라인은 즉시 차단됩니다. 우리는 이제껏 우리가 '자산'이라고 믿어 왔던 노동력이 실상은 얼마나 유한하고 위태로운 기반 위에 서 있는지를 냉정하게 직시해야 합니다. 이러한 인식의 전환이야말로 '주식회사 창조'라는 위대한 여정의 첫 번째 관문입니다.

노동 소득의 가장 치명적이고도 극복 불가능한 한계는 바로 '시간의 동기화'입니다. 자본주의 시장에서 노동자는 자신의 시간을 '단위당 가격'으로 판매합니다. 시급 1만 원을 받는 아르바이트생부터 시간당 수백만 원의 자문료를 받는 전문직까지, 금액의 차이만 있을 뿐 '내 시간이 투입되어야 돈이 나온다'라는 본질은 동일합니다.

문제는 누구에게나 하루는 공평하게 24시간뿐이라는 점입니다. 인간이 신체적·정신적 한계를 넘지 않고 일에 쏟아부을 수 있는 시간은 하루 최대 10~12시간 내외입니다. 아무리 뛰어난 능력을 갖춘 인재라 할지라도, 자신이 직접 일해야만 소득이 발생하는 구조 안에 있다면 그 소득은 빈드시 '물리적 천장(Ceiling)'에 부딪힐 수밖에 없습니다. 당신이 임원이 되어 연봉이 높아지더라도, 그 대가로 더 많은 시간을 직장에 저당 잡힌다면 그것은 경제적 자유가 아니라 '고급스러운 감옥'에 갇힌 것과 다름없습니다. 내가 아프거나, 사랑하는 사람과 긴 여행을 떠나거나, 혹은 노화로 인해 예전만큼 기력을 쓰지 못하게 될 때, 수입이 0으로 수렴하는 공포는 노동 소득자가 평생 지고 가야 할 숙명과도 같습니다.

노동 소득자나 개인사업자가 직면하는 또 다른 거대한 장벽은 '책임의 집중'입니다. 자연인인 개인이 경제 활동의 주체가 될 때, 그 과정에서 발생하는 모든 법적, 금전적 위험은 오롯이 개인의 삶으로 전이됩니다. 개인사업자로 활동하다 예상치 못한 경영상의 실수나 시장 상황의 악화로 채무가 발생한다면, 그 채무는 사업체의 자산을 넘어 당신의 집, 당신의 예금, 심지어 당신의 자녀의 미래까지 위협하게 됩니다.

사업의 리스크와 개인의 안위가 분리되지 않는 구조는 성장을 가로막는 결정적인 '심리적 제약'이 됩니다. 실패가 곧 인생의 파멸을 의미하기 때문에, 노동 소득자는 과감한 투자를 단행하거나 규모를 확장하는 데 주저할 수밖에 없습니다. 또한, 자본 시장은 '개인'을 신뢰하지 않습니다. 거액의 자금을 조달하거나 글로벌 기업과 협상할 때, 개인은 시스템을 갖춘 법인에 비해 언제나 을(乙)의 위치에 서게 됩니다. 공신력의 부재와 책임의 비대칭성은 개인을 영원한 '금융의 약자'로 머물게 하는 보이지 않는 사슬입니다.

그렇다면 우리는 어떻게 이 견고한 노동의 사슬을 끊어낼 수 있을까요? 그 유일한 해답은 바로 법적으로 '나'와 분리된 독립적인 인격체, 즉 '주식회사'를 창조하는 것입니다. 주식회사를 설립하는 행위는 단순히 서류상 회사를 만드는 것을 넘어, 나의 노동력으로부터 수익 구조를 '독립'시키는 거룩한 선언입니다.

법인은 법이 부여한 인격(Legal Person)을 가집니다. 법인은 당신과 별개로 재산을 소유하고, 은행에서 돈을 빌리며, 타인과 계약을 체결합니다. 여기서 가장 혁신적인 개념이 등장합니다. 바로 '유한 책임(Limited Liability)'입니다. 주식회사의 주인인 주주는 자신이 출자한 자본금의 범위 내에서만 책임을 집니다. 설령 회사가 거대한 파도에 휩쓸려 무너지더라도, 당신의 개인 자산과 일상은 법이라는 단단한 방패 뒤에서 보호받습니다. 이 '안전장치'가 확보될 때야말로 인간은 비로소 공포를 극복하고 진정한 혁신과 거대한 성장을 꿈꿀 수 있는 동력을 얻게 됩니다.

주식회사는 '시간'과 '책임'의 한계를 극복할 뿐만 아니라, '자원'의 한계까지 뛰어넘게 해줍니다. 노동 소득자는 오로지 자신이 가진 기술과 자본으로만 승부하지만, 주식회사는 '주식'이라는 강력한 도구를 통해 전 세계의 자본을 끌어들일 수 있습니다. '내 돈'이 아닌 '시장의 돈'을 활용해 공장을 짓고, 기술을 개발하고, 마케팅을 펼치는 '자본의 레버리지'는 노동 소득자가 평생을 노력해도 경험해 볼 수 없는 차원의 영역입니다.

더 나아가 주식회사는 나보다 뛰어난 인재들을 고용하여 그들의 시간을 나의 시스템 속에 편입시킵니다. 내가 잠을 자는 동안에도 회사의 개발자는 코드를 짜고, 마케팅 담당자는 고객을 유치하며, 시스템은 매출을 발생시킵니다. 이것이 바로 부의 기하급수적 증식(Exponential Growth)이 일어나는 원리입니다. 나라는 좁은 틀을 벗어나 자본, 인력, 시스템이 유기적으로 맞물려 돌아가는 '자동화된 수익 엔진'을 소유하는 것, 그것이 바로 자본주의의 정점에 서는 유일한 방법입니다.

결론적으로, 주식회사를 창업하고 운영하는 행위는 단순한 비즈니스를 넘어 재테크와 자산 관리의 영역에서 가장 고도화된, 그리고 가장 공격적인 전략입니다. 주식회사는 당신의 시간을 자유롭게 해주는 '시간 복제기'이며, 당신의 재산을 지켜 주는 '철갑 갑옷'이자, 세상의 자본을 당신에게로 끌어오는 '거대한 자석'입니다.

이 책은 여러분이 이제껏 당연하게 받아들였던 노동 소득의 안락한 감옥에서 걸어 나와, '주식회사(법인)'라는 영속적인 자산을 창조하는 여정의 확실한 지도가 되어 줄 것입니다. 우리는 단순히 돈을 많이 버는 법을 논하지 않을 것입니다. 어떻게 하면 나를 독립시켜 나 없이도 스스로 번성하는 시스템을 구축할 것인지, 그 본질적인 메커니즘을 파헤칠 것입니다.

이제 준비되셨습니까? 당신의 이름 뒤에 붙은 '직함'을 버리고, 당신의 이름을 딴 '제국'의 소유주가 될 준비를 하라는 말입니다. 앞으로 왜 주식회사가 인류가 발명한 가장 위대한 금융 상품이자 부의 증폭기인지, 그 놀라운 본질을 하나씩 증명해 보이겠습니다.

다음 글에서는 법인 운영의 또 다른 형태인 주식회사를 중심으로, 자본주의의 언어로 가장 강력한 금융 상품이라 할 수 있는 '주식회사'에 대해 심층적으로 알아보겠습니다.

2.
주식회사는 자본주의에서 가장 강력한 금융 상품

우리는 앞선 논의를 통해 노동 소득이 가진 물리적, 시간적 한계를 명확히 인지했습니다. 또한 그 한계에서 벗어나기 위해 '나'라는 존재로부터 소득의 원천을 분리하고 독립시켜야 한다는 당위성에도 공감했습니다. 이제 우리는 그다음 단계로 나아가야 합니다. 그 독립된 '나', 즉 법인(주식회사)이 자본주의 시장이라는 거대한 정글에서 어떤 지위를 점하며, 왜 하필 '주식회사(株式會社)'라는 형태가 수많은 경제적 도구 중 가장 강력하고 치명적인 무기가 되는지 그 본질을 꿰뚫어 보아야 합니다.

주식회사를 설립한다는 것은 단순히 서류상 사업자 등록을 마치는 행위가 아닙니다. 그것은 자본주의가 지난 수백 년간 다듬어 온 '부의 창출 규칙'을 완전히 내 편으로 만드는 전략적 선택입니다. 대다수의 사람이 '자본주의'라는 게임의 '플레이어(노동자)'로 참여할 때, 주식회사를 세운 당신은 비로소 게임의 '설계자'이자 '시스템 소유주'의 위치에 서게 됩니다.

우리가 흔히 접하는 재테크의 수단인 주식, 부동산, 채권, 금, 예금 등은 본질적으로 '이미 존재하는 자산'의 가치 변화에 편승하는 행위입니다. 아파트를 사고, 주식을 사고, 국채를 매입하고, 금을 사고 은행에 예금하는 것은 시장에 이미 형성된 가치가 오르기를 기다리는 수동적인 투자입니다. 그 가치는 내가 결정하는 것이 아니라 금리, 정책, 수급 불균형과 같은 외부 변수에 의해 결정됩니다.

하지만 주식회사는 차원이 다릅니다. 주식회사는 존재하지 않던 가치를 무(無)에서 유(有)로 '창조'하고, 그 창조된 무형의 가치를 '증권화(Securitization)'하여 시장에 유통시킵니다. 주식회사는 창업자의 아이디어, 팀원들의 기술력, 효율적인 운영 시스템, 브랜드 이미지라는 무형의 요소들을 하나의 용광로에 넣어 '회사'라는 생명력 있는 자산으로 재탄생시킵니다. 그리고 이 거대한 자산의 소유권을 '주식'이라는 단위로 쪼개어 가시화합니다.

이것은 연금술과 같습니다. 단순히 땅값이 오르기를 기다리는 것이 아니라, 황무지 위에 가치를 만들어내고 그 가치를 증서로 바꾸어 시장에 파는 것입니다. 주식은 단순한 종이 조각이 아닙니다. 그것은 기업이 미래에 벌어들일 모든 수익에 대한 '청구권'이며, 그 수익을 만들어내는 시스템에 대한 '지배력'의 상징입니다. 여러분이 주식회사를 설립하고 대주주가 된다는 것은, 미래의 부를 당신이 직접 통제하고 설계할 수 있는 고도의 금융 상품을 스스로 발행하는 '중앙은행'과 같은 권능을 갖게 됨을 의미합니다.

주식회사가 가진 가장 경이로운 힘은 바로 '자본 조달의 압도적 우위'에 있습니다. 현대 자본주의는 거대한 자본의 투입이 더 큰 성장을 만들어내는 구조입니다. 결국 누가 더 빠르고 효과적으로 자금을 끌어올 수 있느냐가 승패를 결정짓습니다.

개인사업자나 개인투자자의 자금 조달은 철저히 '신용'과 '부채'에 의존합니다. 은행에서 대출을 받으면 반드시 이자를 지급해야 하며, 정해진 기한 내에 원금을 상환해야 합니다. 사업이 잘되든 안 되든 이 비용은 고정적으로 발생하며, 이는 창업자의 목을 죄는 압박이 됩니다. 또한 개인의 신용도는 한계가 명확하여 조달할 수 있는 자금의 규모 자체에 천장이 존재합니다.

반면, 주식회사는 '주식 발행'을 통해 투자자들로부터 자금을 유치합니다. 이것이 바로 '순수 자본(Equity)'입니다. 주식으로 조달한 자금은 원칙적으로 상환 의무가 없으며, 이자를 갚을 필요도 없습니다. 투자자들은 회사의 채권자가 아니라 '동업자(주주)'로서 참여하기 때문입니다. 그들은 회사의 미래 가치와 성장에 베팅하고, 이익이 발생했을 때 배당이나 주가 상승으로 보상받습니다.

이러한 구조 덕분에 주식회사 경영자는 '내 돈'이나 '빚진 돈'이 아닌, 성장을 갈망하는 '시장의 자본'을 레버리지로 삼아 공격적인 확장을 시도할 수 있습니다. 또한 법인(주식회사)의 투명한 재무 구조와 공신력을 바탕으로 은행 대출을 받을 때도 개인과는 비교할 수 없는 낮은 금리와 막대한 한도를 제공받습니다. 주식회사는 자본 시장에서 투자의 '대상'인 동시에, 자본을 강력하게 빨아들이는 '주체'가 되어 개인의 자산 증식과는 차원이 다른 속도를 만들어냅니다.

주식회사가 발행하는 주식이 모든 재테크의 수단 중 으뜸인 또 다른 이유는 '표준화(Standardization)'와 '유동성(Liquidity)'에 있습니다.

주식회사의 가치는 제멋대로 평가되지 않습니다. '재무제표'라는 공인된 회계 기준에 따라 투명하게 보고되고 검증됩니다. 이는 언어와 문화가 다른 전 세계 투자자들이 이해하고 신뢰할 수 있는 자본주의의 '공통 언어'입니다. 투명하게 가치가 측정되기에, 주식은 국경을 넘어 글로벌 시장에서 거래될 수 있는 보편성을 확보합니다.

더불어 주식은 극강의 유동성을 자랑합니다. 부동산을 처분하려면 수많은 중개 절차, 복잡한 등기 과정, 매수자와의 기나긴 협상이 필요하며 짧게는 수개월, 길게는 수년이 걸리기도 합니다. 하지만 주식은 거래소나 장외시장에서 클릭 몇 번으로 즉시 현금화가 가능합니다. 특히 창업자에게 있어서 주식은 'EXIT(투자 회수)'의 핵심 도구입니다. 기업의 가치를 키워 주식을 매각(M&A)하거나 상장(IPO)시키는 행위는, 당신이 수년간 쌓아 온 노력을 단숨에 거대한 현금 자산으로 치환할 수 있는 유일하고도 가장 빠른 길입니다.

결국 주식회사를 세운다는 것은 내가 창출한 모든 가치를 '시장성 있는 형태'로 언제든 바꿀 수 있는 강력한 '금융화' 시스템을 내 인생에 도입하는 것입니다.

예금은 원금의 보존에 급급하고, 부동산은 유동성의 덫에 갇히기 쉽지만, 주식회사는 성장의 무한함과 현금화의 신속함을 동시에 거머쥐고 있습니다. 인류 역사상 가장 많은 부를 단기간에 축적한 인물들이 예외 없이 '주식회사'라는 도구를 선택한 이유는 명확합니다. 그것이 자본주의가 허락한 가장 자유롭고, 가장 강력하며, 가장 폭발적인 부의 증폭기이기 때문입니다.

이제 여러분은 단순히 '장사를 잘해서 돈을 벌겠다'라는 1차원적인 마인드에서 벗어나야 합니다. 여러분의 기업을 세상이 사고 싶어 하는 매력적인 '금융 상품'으로 설계하고 다듬어야 합니다. 주식회사는 단순한 회사가 아니라, 부를 담는 그릇이자 부를 배가시키는 엔진입니다.

우리는 이제 주식회사라는 이 경이로운 도구의 메커니즘을 이해했습니다. 하지만 도구가 강력할수록 그것을 다루는 사람의 숙련도가 중요합니다. 아무리 좋은 스포츠카도 운전자가 미숙하면 사고를 내기 마련입니다. 주식회사라는 최강의 금융 상품을 효과적으로 운영하기 위해서는 창업자의 마인드셋부터 재설정해야 합니다.

다음 글에서는 단순히 실무를 잘하는 '일꾼 사장'을 넘어, 자신의 사업을 냉철한 투자자의 시선으로 바라보는 'CEO 마인드셋'에 대해 탐구하겠습니다. 왜 성공한 창업자들은 자신을 사업가 이전에 투자자로 정의하는지, 그리고 그 관점의 차이가 거대한 자본의 흐름을 어떻게 만들어내는지 그 비결을 파헤쳐 보겠습니다.

3.
성공하는 창업자 마인드셋
: CEO는 사업가 이전에 투자자

주식회사 창업은 단순히 세무서에 가서 사업자 등록증을 발급받는 요식 행위가 아닙니다. 그것은 노동 소득이라는 중력의 법칙을 거스르고, 자본주의라는 거대한 생태계에서 가장 강력한 무기인 '법인(주식회사)'을 손에 쥐는 전략적 선택입니다. 하지만 이 도구는 양날의 검과 같습니다. 이를 성공적으로 휘두르기 위해서는 우리의 사고방식 자체가 '성실한 노동자'에서 '냉철한 자본가'로 근본적인 패러다임 전환(Paradigm Shift)을 이루어야 합니다.

우리는 흔히 "사업을 한다"라고 하면 좋은 제품을 만들고 손님에게 친절하게 대하는 것을 떠올립니다. 하지만 그것은 '장사'의 영역입니다. 주식회사의 주인인 CEO는 달라야 합니다. 저는 감히 단언합니다. 성공하는 CEO는 사업 운영자(Business Operator)이기 이전에, 세상에서 가장 차가운 머리를 가진 투자자(Investor)여야 합니다. 이 정체성의 전환이 이루어지지 않는다면, 당신은 직장이라는 감옥에서 나와 '내가 만든 회사'라는 더 좁고 가혹한 감옥에 스스로를 가두는 꼴이 될 것입니다. 이제 당신의 뇌 구조를 노동자의 회로에서 투자자의 회로로 완전히 재배선해야 할 시간입니다.

대부분의 초보 창업자는 사업 운영의 함정에 빠져 허우적거립니다. 그들은 '어떻게 하면 제품의 품질을 1% 더 올릴까?', '어떻게 하면 고객의 불만을 내가 직접 통화해서 해결해 줄까?'와 같은 미시적 문제에 모든 에너지를 쏟습니다. 물론 품질과 고객 만족은 비즈니스의 기초 체력입니다. 하지만 이는 '운영'의 영역이지 '전략'의 영역이 아닙니다. 운영에만 몰두하는 CEO는 엔진 내부의 부품을 닦는 데 시간을 다 써 버립니다. 그 사이 정작 배가 폭풍우를 향해 가는지, 낙원을 향해 가는지 방향을 결정하는 키를 놓치고 맙니다.

반면, 투자자(Investor)로서의 CEO는 질문의 시작점부터 다릅니다. 그들은 '지금 우리 회사가 보유한 희소자원(시간, 돈, 인적 네트워크)을 어디에 투입해야 가장 높은 자본 수익률(ROI)을 거둘 수 있는가?'를 생각하며 끊임없이 스스로에게 묻습니다.

시간의 기회비용(Opportunity Cost)으로 볼 때 CEO의 1시간은 법인(주식회사)의 수억 원의 가치와 맞먹는 귀중한 자산입니다. 만약 당신이 오늘 8시간을 단순 사무 업무나 택배 포장 업무에 썼다면, 당신은 그 시간에 수십억 원짜리 핵심 인재를 영입하거나 10년 뒤를 결정할 전략적 제휴를 맺을 기회를 포기한 것입니다. 투자자적 CEO는 자신의 시간을 가장 높은 장기적 성장 가치를 창출하는 곳에만 정밀하게 배분합니다. 당신의 노동은 이제 '몸'이 아닌 '의사 결정'에 집중되어야 합니다.

지출이 아닌 투자의 관점으로 볼 때 법인의 통장에 있는 돈은 당신의 사적인 쌈짓돈이 아닙니다. 그것은 적진을 향해 발사해 승리를 쟁취해야 할 '탄약'입니다. 투자자적 CEO는 모든 지출을 소모적인 비용(Expense)이 아닌 생산적인 투자(Investment)로 재정의합니다. "이 마케팅 비용 1억 원이 5년 뒤 우리 회사의 기업 가치(Enterprise Value)를 10억 원 이상 끌어올릴 수 있는가?"라는 질문에 데이터로 답할 수 있을 때만 지갑을 엽니다. 모든 의사 결정의 기준은 '지금 당장의 지출'이 아니라 '미래의 엑시트(EXIT) 가치'입니다.

투자자는 개별 상품의 성능 그 자체보다 '돈이 스스로 복사되는 시스템'에 열광합니다. 지혜로운 CEO는 자신이 현장에 없어도 회사가 유기적으로 작동하며 수익을 창출하는 자동화 시스템 구축에 집착해야 합니다. 이것이야말로 자본주의가 설계한 가장 강력한 레버리지의 활용법입니다.

첫째, 반복 업무의 매뉴얼화와 기술적 자동화(Standardization & Automation)를 구축해야 합니다. 창업 초기에는 대표가 모든 일을 도맡는 '1인 다역'이 불가피할 수 있습니다. 그러나 그 과정에서도 투자자적 CEO는 끊임없이 탈출 전략(Escape Strategy)을 설계합니다. 내가 오늘 처리한 모든 반복적인 과업을 매뉴얼로 만들고, 이를 소프트웨어나 AI 시스템이 대신하게 만들어야 합니다. 시스템은 지치지 않고, 감정에 휘둘리지 않으며, 24시간 내내 일정한 품질의 가치를 생산합니다. 추후 회사를 매각하거나 대규모 투자를 유치할 때, 시장은 '대표가 없어도 이 회사가 여전히 막강한 수익을 낼 수 있는가?'를 가장 먼저 확인합니다. 시스템화되지 않은 회사는 그저 대표의 노동력을 비싸게 파는 '몸값 비싼 프리랜서 집단'에 불과하기 때문입니다.

둘째, 타인의 시간(OPT: Other People's Time)을 사는 대담한 용기
가 필요합니다. 자본주의에서 가장 정당하고도 폭발적인 레버리지
는 바로 '나보다 똑똑한 인재의 시간'을 고용하는 것입니다. 많은 창
업자가 인건비 지출을 아까워하며 직접 몸을 쓰려 합니다. 하지만
투자자적 마인드셋을 가진 CEO는 좋은 인재가 '최고의 우량주'임을
알고 있습니다. 그들에게 지급하는 급여는 소모되는 돈이 아니라,
그들의 능력과 네트워크를 활용해 더 큰 시장 파이를 점유하기 위
한 '지분 확보'의 과정입니다. CEO는 모든 일을 스스로 하는 사람이
아닙니다. 가장 효율적인 시스템을 설계하고, 그 시스템의 각 노드
(Node)에 최적의 인재를 배치하여 시너지를 극대화하는 포트폴리오
매니저가 되어야 합니다.

투자자에게 재무제표가 투자 대상의 생존 가능성을 보여주는 엑
스레이(X-ray)라면, CEO에게 회계와 재무 관리 능력은 기업이라는
생명체의 혈류를 조절하는 통제실과 같습니다. 단순히 세무 조사를
피하기 위해 외주 회계사에게 모든 것을 맡기는 수준에 머무른다
면, 당신은 결코 거대한 부의 흐름을 통제할 수 없습니다.

재무적 건강성을 자가 진단할 수 있어야 합니다. CEO는 대차대
조표(BS)를 통해 자본 구성의 효율성을 파악하고, 손익계산서(IS)를
통해 수익의 지속 가능성을 분석하며, 현금흐름표(CF)를 통해 회사
의 동맥경화 여부를 실시간으로 체크해야 합니다. 부채 비율이 성
장을 가로막고 있지는 않은가? 영업이익률이 업종 평균 대비 압도적
인가?

현금 전환 주기(Cash Conversion Cycle)를 단축하여 무이자로 자금
을 운용하고 있는가? 이를 스스로 진단할 수 있어야 리스크를 사전

에 차단하고 성장의 폭발적인 모멘텀을 잡을 수 있습니다.

전략적 회계와 기업 가치 극대화를 이해해야 합니다. 회계는 단순한 숫자의 기록이 아닙니다. 그것은 미래의 기업 가치를 높이기 위한 고도의 전략적 커뮤니케이션 도구입니다. 예를 들어, 연구개발비를 당기의 비용으로 처리할지 혹은 무형 자산으로 계상하여 미래의 자산 가치를 높일지에 따라 투자자들이 바라보는 회사의 매력도와 멀티플(Multiple)이 달라집니다. CEO는 재무 지식을 통해 '현재의 지출'을 '미래에 팔릴 비싼 가치'로 치환하는 재무적 연금술을 완벽히 익혀야 합니다.

투자자적 CEO가 가져야 할 가장 어려운 덕목 중 하나는 바로 '손절매'입니다. 많은 창업자가 자신이 공들여 시작한 프로젝트나 아이템이 시장에서 외면받을 때, 그동안 투입한 시간과 돈이 아까워 포기하지 못하는 '매몰비용의 오류(Sunk Cost Fallacy)'에 빠집니다.

하지만 냉철한 투자자는 압니다. 어제까지 10억 원을 썼더라도, 오늘 분석한 결과 이 사업의 미래 가치가 없다면 과감히 셔터를 내리는 것이 가장 수익률이 높은 결정이라는 사실을 말입니다. 투자자적 CEO는 자신의 감정이나 과거의 노력을 투자 지표에 섞지 않습니다. 오직 '앞으로 투입될 자금이 얼마의 가치를 가져올 것인가?'만을 기준으로 삼습니다. 이러한 냉혹함이야말로 당신의 자본을 낭비하지 않고 오직 승리할 수 있는 전쟁터로만 보내는 진정한 지휘관의 자질입니다.

결국 주식회사 창업의 본질은 좋은 물건을 파는 성실한 상인이 되는 것이 아닙니다. 그것은 나를 대신해 24시간 쉬지 않고 가치를 증식시킬 '주식회사'라는 세상에서 가장 강력한 금융 상품을 정교하게 설계하고, 그 상품에 자신의 유한한 시간과 자본을 배분하여 가치를 무한히 팽창시키는 위대한 투자 여정입니다.

창업자는 자신의 기업에 인생의 모든 것을 건 1호 투자자입니다. 당신이 투자자의 시각으로 당신의 회사를 객관화하고, 시스템을 통해 가치를 증명해낼 때, 비로소 세상의 거대한 자본들이 당신의 제국에 합류하기 위해 줄을 서기 시작할 것입니다. 이제 우리는 운영의 늪에서 고개를 들어 시장 전체를 조망하는 설계자의 시선을 가졌습니다.

이러한 투자자적 마인드셋이 뼈대처럼 튼튼하게 정립되었다면, 이제 실전 전술로 들어갈 차례입니다.

다음 글에서는 이 예리하고 냉철한 투자자의 관점을 바탕으로, 큰 자본 없이도 높은 승률을 보장하며 자본주의의 틈새를 공략할 수 있는 '아이디어 점검으로 돈이 되는 시장과 그렇지 않은 시장 구분법'을 공개하겠습니다. 당신의 이성이 부의 지도로 바뀌는 경이로운 순간을 목격하게 될 것입니다.

4.
아이디어 점검
: 돈이 되는 시장과 그렇지 않은 시장 구분법

성공적인 CEO 마인드셋을 확립하고 자본가로서의 정체성 전환을 마쳤다면, 이제 당신의 인생을 바꿀 가장 현실적이고도 치명적인 질문에 답할 차례입니다.

'도대체 무엇을 할 것인가?'

주식회사라는 법인은 자본주의라는 거대한 바다를 항해하는 가장 크고 튼튼한 군함과 같습니다. 하지만 그 거대한 군함에 실을 '아이템'이 부실하거나 시대에 뒤떨어진 것이라면, 그것은 화려한 겉모습만 갖춘 채 침몰을 기다리는 난파선과 다름없습니다. 많은 예비 창업자가 "내가 좋아하니까", "내가 잘하는 거니까"라는 감상적인 이유로 아이템을 정합니다. 하지만 주식회사의 주인인 당신은 달라야 합니다. 아이디어를 '소비자의 눈'이 아닌, '기관 투자자의 차가운 눈'으로 점검해야 합니다.

주식회사의 아이템은 단순히 '판매'를 위한 것이 아니라, '자산화'

를 위한 것입니다. 돈이 되는 아이디어는 우연히 발견되는 것이 아니라, 치밀한 필터링 과정을 거쳐 '설계'되는 것입니다. 시장이 기꺼이 거액을 지불할 준비가 된 아이디어를 찾기 위해, 우리는 지금부터 세 가지의 엄격한 필터를 통과시켜야 합니다.

투자자의 세계에서 변하지 않는 황금률은 명확합니다.

"고객의 고통이 클수록, 그 문제를 해결해 준 대가는 기하급수적으로 비싸진다."

첫 번째 기준은 고객이 겪고 있는 '통증(Pain Point)'이 얼마나 절실하고 치명적인가를 측정하는 것입니다.

페인 킬러(Pain Killer)는 생존과 직결된 강력한 보상이며, 돈이 거세게 흐르는 시장은 언제나 '통증'이 있는 곳입니다. 고객이 잠 못 이루며 고민하고, 이 문제 때문에 자신의 시간과 돈, 에너지가 줄줄 새고 있다고 느끼는 영역입니다. 생존과 건강은 병을 고치거나 수명을 연장하는 문제입니다. 경제적 위기는 세무 조사를 막아주거나, 파산을 면하게 해주거나, 혹은 반대로 돈을 벌게 해주는 도구입니다. 법률적 리스크는 분쟁을 해결하고 감옥에 가지 않게 해주는 서비스입니다. 고객은 이 문제를 해결해 주는 대가로 가격을 묻지 않습니다. "이 고통만 없애준다면 얼마든지 지불하겠다"라는 절실함이 있는 시장입니다. 이것이 바로 마진율이 높은 고부가가치 비즈니스의 탄생 지점입니다.

비타민(Vitamin)은 있으면 좋지만 없어도 그만인 성격인 반면, 초보 창업자들이 가장 많이 실수하는 영역이 '비타민' 아이디어입니다. '조금 더 편리해지면 좋지 않을까?', '이런 서비스가 있으면 사람들이 즐거워할 거야!'라는 생각은 위험합니다. 즐거움과 소소한 편의는 경기가 안 좋아지거나 고객의 지갑이 얇아지는 순간 가장 먼저 소비가 중단되는 영역입니다. 고객은 낮은 가격에만 반응하며, 조금이라도 비싸지면 대안을 찾습니다. 당신이 '가격 경쟁'의 늪에서 벗어나고 싶다면, 비타민이 아닌 페인 킬러를 팔아야 합니다.

점검 질문은 당신의 아이디어가 해결하는 문제 때문에 고객이 지금 이 순간에도 소중한 자원을 '낭비'하고 있습니까? 그 낭비의 고통이 너무 커서, 기존의 익숙한 관성을 깨고 당신의 서비스로 옮겨올 만큼 강력한 유인(Incentive)이 있습니까? 통증이 크고 절실한 시장일수록 마케팅 비용은 줄어들고 수익의 안전성은 기하급수적으로 올라갑니다.

주식회사는 창업자의 육체적 노동이 개입되지 않아도 스스로 자본을 증식하는 '영속적인 엔진'입니다. 따라서 아이디어가 단발성 프로젝트로 끝나지 않고, 시간이 갈수록 스스로 몸집을 불리는 구조인지 확인해야 합니다. 반복성(Recurring Revenue)은 예측 가능한 미래의 현금 흐름입니다. 투자자들이 기업 가치를 평가할 때 가장 사랑하는 단어는 'MRR(Monthly Recurring Revenue, 월간 반복 매출)'입니다.

매번 새로운 고객을 유인하기 위해 마케팅 비용을 쏟아붓는 사냥꾼의 비즈니스가 아니라, 한 번 심어둔 나무에서 매달 열매를 거두는 농부의 비즈니스를 지향해야 합니다. 구독 모델(SaaS)은 소프트웨어 정기 결제. 소모품 및 유지보수는 기기 판매 후 이어지는 부품 교체나 관리 서비스. 반복 수익은 회사의 미래 현금 흐름을 예측 가능하게 만듭니다. 이는 곧 EXIT(매각) 시 기업 가치를 결정하는 멀티플(Multiple)을 5배에서 20배 이상까지 끌어올리는 결정적 요인이 됩니다. 확장성(Scalability)은 한계 비용 제로의 법칙으로, 주식회사의 레버리지는 '확장성'에서 완성됩니다. 고객이 100명일 때와 10,000명일 때 투입되는 추가 비용이 거의 없는 구조입니까? 확장성이 높은 모델은 디지털 콘텐츠, 소프트웨어, 플랫폼, 자동화된 서비스로 추가 고객 유치에 따른 한계 비용(MC)이 0에 수렴합니다. 확장성이 낮은 모델은 개인 컨설팅, 수작업 제조, 공간 임대 기반 사업으로 고객이 늘어닐수록 인건비와 임대료가 정비례하여 늘어납니다. 우리가 주식회사를 세우는 이유는 노동의 한계를 넘기 위해서입니다. 고객이 늘어날수록 대표의 업무량이 늘어난다면 그것은 주식회사가 아니라 '고소득 노동'일 뿐입니다. 수익이 기하급수적으로 폭발할 수 있는 구조를 선택해야 합니다.

경쟁이 전혀 없는 시장은 대개 '시장이 너무 작거나 수익성이 없기 때문에' 비어 있는 경우가 많습니다. 진정한 자본가는 경쟁자가 없는 곳을 찾는 게 아니라, 경쟁이 치열한 곳에서 나만의 성벽을 쌓아 경쟁자의 진입을 원천 차단하는 데 주력합니다. 기술적 해자(Technical Moat)는 쉽게 따라 할 수 없는 고유 알고리즘, 특허권, 지적 재산권(IP)입니다. 네트워크 효과(Network Effect)로 사용자가 늘어날수록 서비스의 가치가 기하급수적으로 커져 고객이 다른 곳으로 옮겨가지 못하게 하는 힘(Lock-in)입니다. 공신력과 인허가는 법인(주식회사)만이 누릴 수 있는 정부 인증, 대기업 협력업체 등록, 특정 업종의 면허 등은 개인사업자가 결코 가질 수 없는 강력한 방어선입니다.

누구나 일주일 안에 따라 할 수 있는 아이디어라면, 당신이 시장을 키워놓는 순간 거대 자본을 가진 경쟁자가 나타나 당신의 수익을 가로챌 것입니다. '그 아이디어를 우리 회사만이 지속적으로 잘 해낼 수 있는 독보적인 이유'가 반드시 존재해야 합니다.

주식회사로서 아이템을 기획할 때 반드시 고려해야 할 마지막 요소는 바로 'EXIT(엑시트) 적합성'입니다. 여러분이 기획한 아이템이 5년 뒤, 10년 뒤에 다른 대기업이나 투자자에게 '수백억 원의 가치를 지닌 상품'으로 보일 것인가를 자문해 보아야 합니다.

부동산 투자자가 입지를 보듯, 주식회사 창업자는 아이템의 '자본시장 매력도'를 보아야 합니다. 누가 운영해도 같은 수익이 나는 표준화가 가능한가? 고객의 행동 데이터가 쌓여 가치를 창출하는 데이터화가 가능한가? 법인격 뒤에서 안전하게 운영될 수 있는 법적 리스크가 없는가? 이러한 조건이 충족될 때, 여러분의 아이디어는 단순한 수익원을 넘어 '금융 상품'으로서의 가치를 인정받게 됩니다.

결국 주식회사의 성패는 90% 이상이 '아이템의 본질'에서 결정됩니다. 아무리 뛰어난 CEO라도 쇠락하는 산업이나 마진이 없는 아이템으로 성공하기는 불가능에 가깝습니다. 하지만 평범한 CEO라도 절실한 통증, 강력한 확장성, 단단한 진입 장벽을 가진 아이템을 잡는다면 자본주의라는 해류를 타고 저절로 부의 정상에 도달할 수 있습니다.

단순한 '성실함'이나 '노력'은 시스템이 갖춰진 후에 투입되어야 할 연료이지, 아이템의 구조적 결함을 메우는 용도가 아닙니다. 시장이 기뻐하며 돈을 내놓고, 시간이 갈수록 스스로 가치가 커지며, 경쟁자가 감히 넘볼 수 없는 아이디어를 선택해야 합니다. 그것이 바로 주식회사라는 강력한 플랫폼 위에 심어야 할 최적의 씨앗입니다.

이제 모든 준비가 끝났습니다. 이러한 조건들을 모두 만족시키면서도, 거창한 공장이나 막대한 초기 투자금 없이도 시작할 수 있는 '저자본 유망 아이템'의 정체는 무엇일까요?

　다음 글에서는 현재의 시장 상황을 관통하는 구체적인 실전 아이템 기획 로직과 틈새시장을 공략하는 '게릴라식 법인 운영 전략'을 낱낱이 공개하겠습니다. 주식회사의 문을 열기 위한 골든 키가 바로 눈앞에 있습니다.

5.
저자본으로 주식회사를 시작하는
틈새 포착 유망 아이템

패러다임의 전환은 자본금의 시대에서 '아이디어 확장성'의 시대로 변경되었습니다. 과거 대한민국에서 주식회사를 설립한다는 것은 상당한 경제적 진입 장벽을 의미했습니다. 상법 개정 전에는 최소 5천만 원이라는 법정 자본금이 준비되어야만 비로소 법인의 격식을 갖출 수 있었습니다. 그러나 현재의 창업 생태계는 완전히 다른 국면에 접어들었습니다. 이제는 단돈 100원의 자본금으로도 주식회사의 설립이 가능해진 '최저자본금 제도 폐지'의 시대에 살고 있습니다.

이러한 제도적 변화는 단순히 절차의 간소화를 넘어, 투자의 본질적인 마인드셋이 변화했음을 시사합니다. 현대의 투자자와 시장은 더 이상 "얼마나 많은 초기 자본을 가졌는가?"를 묻지 않습니다. 대신 "이 비즈니스 모델이 얼마나 큰 확장성(Scalability)을 가졌는가?"와 "창업자의 아이디어가 시장의 문제를 어떻게 해결하는가?"에 주목합니다. 즉 자본금의 규모가 아니라 '지식의 깊이'와 '시스템의 설계 능력'이 기업 가치를 결정하는 핵심 지표가 된 것입니다. 100원짜리 법인이라 할지라도 그 안에 담긴 아이디어가 전 세계를 연결할 수 있다면, 그 기업의 미래 가치는 수조 원에 달할 수 있다는 것이 현대 창업 방정식의 핵심입니다.

저자본 주식회사의 핵심 운영 원칙은 '고정비의 최소화'와 '지식 자산화'입니다. 저자본으로 주식회사를 시작한다는 것은 단순한 절약이 아닙니다. 이는 리스크를 극단적으로 낮추는 동시에 수익률을 극대화하는 고도의 경영 전략입니다.

고정비의 제로화 전략은 전통적인 사업이 직면하는 세 가지 늪인 '재고 부담', '높은 임대료', '초기 설비 투자'를 과감히 제거해야 합니다. 물리적 공간이나 물건에 묶이는 자본을 최소화함으로써, 기업은 외부 환경 변화에 유연하게 대처할 수 있는 기동성을 확보하게 됩니다.

시스템과 지식에의 집중은 자본이 머무는 곳을 물리적 창고가 아니라 '디지털 서버'와 '지적 재산권'으로 해야 합니다. 사람의 노동력에만 의존하는 구조를 탈피하여, 한 번 구축해 놓으면 스스로 작동하는 시스템을 만드는 것이 저자본 주식회사의 생존 전략입니다.

유망 틈새 분야 중 하나는 지식 서비스 및 디지털 콘텐츠 플랫폼입니다. 가장 낮은 초기 비용으로 시작해 가장 높은 배수의 기업 가치를 인정받을 수 있는 분야입니다. 개인의 유무형 노하우를 '법인의 자산'으로 전환하는 것이 핵심입니다.

디지털 콘텐츠의 틈새를 포착하여 고통(Pain Point)을 해결합니다. 대중적인 주제보다는 타깃이 명확하고 절실한 문제를 다루어야 합니다. '일반적인 글쓰기 강좌' 대신 '대기업 승인율 90%를 보장하는 3개월 압축 보고서 작성법' 혹은 '매출 1억 이하 1인 창업자를 위한 실전 세무 리스크 관리'와 같이 구체적인 타깃의 가려운 곳을 긁어 주는 프로그램을 기획해야 합니다. 주식회사 활용의 묘미는 이러한 콘텐츠가 강사 개인의 것이 아닌, '법인의 소유'로 등록되어야 한다는 데 있습니다. 저작권을 법인 명의로 귀속시키는 순간, 이는 법인의 대차대조표상 무형 자산이 됩니다. 또한, 일회성 강의 판매에 그치지 않고 '월 구독형 플랫폼'으로 모델을 설계함으로써 법인(주식회사)에 매달 일정한 현금 흐름(Cash Flow)을 공급하는 파이프라인을 구축할 수 있습니다.

전문 컨설팅 법인(주식회사)의 공신력을 확보하면 1인 전문가라 할지라도 개인사업자가 아닌 '주식회사'의 옷을 입는 순간, 시장에서의 위상은 완전히 달라집니다. 대기업 컨설팅펌이 건드리기에는 너무 작고, 개인이 하기에는 전문성이 모자란 영역을 공략해야 합니다. 예를 들어 '중소기업 전용 정부 지원 사업 신청 대행'이나 '이커머스 상세 페이지 전환율 최적화 컨설팅' 등이 이에 해당합니다. 법인격의 효과로 B2B(기업 간 거래) 시장에서 '주식회사'라는 명칭은 계약의 신뢰도를 높여줍니다. 이는 고가의 컨설팅 계약을 체결할 때 결정적인 요소로 작용하며, 개인 계좌가 아닌 법인 계좌로 대금을 수령함으로써 회계의 투명성을 확보하고 기업 성장의 발판을 마련할 수 있습니다.

유망 틈새 분야 중 하나는 IT 또는 소프트웨어 기반 플랫폼입니다. 개발 능력이 있거나 기획력이 뛰어난 창업자에게는 무한한 확장성을 제공하는 영역입니다. 직접적인 코딩 능력이 없더라도 기획과 외주 관리를 통해 MVP(최소 기능 제품)를 출시하는 전략이 유효합니다.

SaaS(Software as a Service)를 통한 혁신입니다. 복잡한 프로그램이 아닌, 업무의 한 단계를 획기적으로 줄여주는 'Micro SaaS'에 주목해야 합니다. 틈새시장 예시로 인스타그램 마케팅을 하는 업체들을 위해 'PC에서 DM을 통합 관리하고 자동 답장을 보내는 툴'이나, 법무 지식이 부족한 이들을 위한 '계약서 자동 오류 및 독소 조항 검토 소프트웨어' 등이 좋은 예입니다. 법인(주식회사) 가치를 극대화하는 SaaS 모델은 반복 결제를 기반으로 하므로 미래 수익 예측이 가능합니다. 투자 시장(VC)에서 가장 선호하는 비즈니스 모델이며, 향후 기업 매각(EXIT) 시 순이익의 수십 배에 달하는 가치를 인정받을 수 있는 강력한 모델입니다.

중개 및 마켓플레이스의 네트워크 효과를 얻으려면 거대 플랫폼(네이버, 카카오 등)이 침투하지 못한 아주 좁고 깊은 시장(Niche Market)을 선점해야 합니다. 틈새 시장의 예시로는 '전 국민 알바'가 아닌 '지역 기반 당일 결제 단기 알바 중개' 혹은 '고전 카메라 애호가들을 위한 전용 중고 장터'와 같은 버티컬 플랫폼이 승산이 있습니다. 자산 축적의 원리로 플랫폼의 진정한 자산은 코드가 아니라 '사용자 네트워크'입니다. 사용자가 늘어날수록 플랫폼의 가치는 기하급수적으로 증가하며, 이 네트워크 효과는 주식회사의 주식 가치에 고스란히 반영됩니다.

유망 틈새 분야 중 하나는 법인 특화 자산 운용 및 M&A입니다. 이는 개인 수준의 재테크를 넘어 법인격만이 누릴 수 있는 세제 혜택과 법적 지위를 활용하는 고도화된 전략입니다.

법인 명의의 전략적 투자 관리로 개인이 부동산이나 주식에 투자할 때 발생하는 가혹한 소득세 및 종부세의 굴레에서 벗어날 수 있습니다. 핵심 전략은 주택보다는 법인(주식회사) 취득이 유리한 상업용 부동산(꼬마빌딩, 오피스텔이나 상가 등)이나 법인(주식회사) 전용 투자 상품에 집중해야 합니다. 세무적 이점으로 개인 소득세율(최대 45% 이상)보다 낮은 법인 세율(10~25% 수준)이 적용되어 투자 수익을 재투자할 재원을 더 많이 확보할 수 있습니다. 또한, 수익을 법인 내에 유보함으로써 추후 가업 승계나 배당 전략을 통해 세무 비용을 최적화할 수 있습니다.

소규모 M&A 및 기업 회생 컨설팅은 직접 창업하는 것보다 이미 기반이 닦인 소규모 사업체를 인수해 개선하는 방식입니다. 전략적 접근은 운영 효율성이 떨어져 적자를 보이거나 경영자가 은퇴를 앞둔 소규모 법인을 저가에 인수하는 것입니다. 이후 앞서 언급한 '디지털 시스템'과 '마케팅 최적화'를 주입해 흑자로 전환시킨 뒤 기업 가치를 높여 되파는 모델입니다. 이러한 복잡한 인수합병 절차, 자금 조달, 채권·채무의 승계는 오직 '주식회사'라는 법적 실체가 존재할 때만 원활하게 진행됩니다. 이는 자본을 굴리는 가장 고도화된 재테크의 수단이자 비즈니스의 꽃이라 할 수 있습니다.

적은 자본으로 위대한 기업을 만드는 설계도는 결국 저자본 주식회사의 성공 핵심이 '자본의 자리에 시스템을 채우는 것'에 있습니다. 물리적인 비용을 들이는 대신 법인 명의의 디지털 콘텐츠를 쌓고, 반복 결제가 일어나는 소프트웨어를 개발하며, 법인격의 신인도를 활용해 고부가가치 계약을 따내는 과정이 반복되어야 합니다.

작게 시작해도 됩니다. 그러나 구조는 처음부터 주식회사라는 '그릇'을 사용해야 합니다. 100원으로 시작한 회사가 지식 자산과 시스템을 축적하며 가치를 불려 나갈 때, 여러분은 단순한 자영업자가 아닌 기업가로서의 진정한 EXIT(출구 전략) 기회를 맞이하게 될 것입니다.

다음 글에서는 '왜 개인사업자로는 한계가 있는가?'에 대해 다루며, 실제 계약 현장에서 주식회사가 누리는 법적 우위와 세금 설계의 마법, 그리고 금융권 대출 실행 시의 압도적인 차이점에 대해 심도 있게 분석해 보겠습니다.

6.
경쟁 우위 확보
: 주식회사가 개인사업보다 유리한 다섯 가지 이유

성공적인 창업은 단순히 좋은 아이디어를 실행에 옮기는 것 이상의 전략적 선택을 필요로 합니다. 시장이라는 전쟁터에서 당신이 가진 무기가 '개인사업자'라는 단발 권총인지, 아니면 '주식회사'라는 다연장 로켓포인지에 따라 승패는 이미 결정되어 있을지도 모릅니다. 아무리 뛰어난 역량을 가진 개인이라도 시스템을 갖춘 법인격의 경쟁자를 이기기는 어렵습니다.

주식회사는 단순한 사업자 등록의 형태가 아닙니다. 이는 법률적, 재정적, 그리고 심리적인 측면에서 개인사업자가 결코 도달할 수 없는 다섯 가지 결정적인 경쟁 우위를 제공하는 '금융 플랫폼'입니다.

주식회사는 개인이 가지고 있는 자산을 철벽처럼 방어하는 유한책임(Limited Liability)의 마법이 있습니다. 창업자가 가장 두려워하는 것은 '실패' 그 자체가 아니라, 실패 후 남겨질 '가족의 안위'와 '개

인의 파산'입니다. 개인사업자는 사업주 본인과 사업체가 동일시되
므로, 사업상 발생하는 모든 채무와 법적 책임이 개인에게 무한대
로 귀속됩니다.

개인사업자의 리스크는 사업이 어려워지면 사업주의 집, 예금, 심
지어 미래의 소득까지 압류 대상이 됩니다. 이는 창업자로 하여금
극도로 보수적인 선택만을 하게 만듭니다.

주식회사는 법인으로서 대표이사와 별개의 '인격'을 가집니다. 주
주는 자신이 출자한 자본금 범위 내에서만 책임을 지는 '유한 책임'
을 집니다. 이 '방어벽'은 단순한 안전장치를 넘어 CEO에게 강력한
심리적 안정감을 제공합니다. 실패해도 다시 일어설 수 있다는 믿음
은 더 과감하고 혁신적인 리스크를 감수하게 하며, 자본주의 시장
에서는 리스크를 감내하는 기업만이 압도적인 수익을 거둡니다. 즉
유한 책임은 공격적인 확장을 가능케 하는 가장 강력한 심리적 무
기입니다.

주식회사는 시장을 지배하는 신뢰의 격차로 공신력과 대외 인지
도를 갖습니다. 비즈니스는 결국 '신뢰'를 사고파는 행위입니다. 주
식회사는 상법이라는 엄격한 법 테두리 안에서 설립되고 운영되는
법적 인격체입니다. 이는 시장에서 체급 자체가 다른 신뢰를 부여합
니다.

B2B 시장의 출입증으로 대기업이나 공공기관은 거래처를 선정할
때 '재무제표의 투명성'과 '영속성'을 중요하게 여깁니다. 대부분의 대
형 계약이나 정부 지원 사업은 개인사업자가 아닌 '법인(주식회사)'을
우선적, 혹은 필수적 조건으로 내걸고 있습니다. 주식회사라는 이
름표는 그 자체로 "우리는 시스템을 갖춘 신뢰할 수 있는 조직이다"

라는 선언과 같습니다.

금융 거래에서의 우위로 은행 대출이나 정책 자금 지원 시, 법인 (주식회사)은 개인보다 훨씬 체계적인 신용 평가를 받습니다. 이는 더 낮은 금리와 더 높은 대출 한도로 이어지며, 위기 상황에서 기업을 살리는 강력한 현금 동원력의 원천이 됩니다. 고객 역시 개인의 이름보다는 '주식회사 ○○'라는 이름에 더 큰 신뢰를 보내고 지갑을 엽니다.

자본주의의 핵심 레버리지로는 '주식'을 통한 무한한 자본 조달이 있습니다. 개인사업자가 사업을 키우기 위해서는 오로지 '자신의 노동력'이나 '개인의 신용 대출'에 의존해야 합니다. 이는 성장에 명확한 한계를 만듭니다. 하지만 주식회사는 '주식(Stock)'이라는 강력한 화폐를 발행할 수 있습니다. 대출은 이자를 내야 하고 원금을 갚아야 하는 부채(Debt)이지만, 주식 발행을 통한 투자는 이자와 상환 의무가 없는 '순수 자본(Equity)'입니다. 이는 타인의 자본을 활용해 자신의 사업을 키우는 자본주의의 정수입니다.

주식회사는 성장의 기폭제로 유망한 아이디어만 있다면 엔젤 투자자나 벤처캐피털(VC)로부터 수억, 수십억의 자금을 수혈받을 수 있습니다. 또한 핵심 인재를 영입할 때 '스톡옵션'이라는 미래의 가치를 제안함으로써 연봉 이상의 동기를 부여할 수 있습니다. 주식은 향후 기업을 매각(M&A)하거나 상장(IPO)할 때 여러분을 순식간에 자산가로 만들어 줄 황금 열쇠가 됩니다.

주식회사는 합법적으로 부를 극대화하는 세금 최적화와 경영 전략을 가지고 있습니다. 세금은 비용인 동시에 경영의 변수입니다. 개인사업자는 소득이 높아질수록 최대 45%(지방세 포함 시 약 50%)

에 육박하는 고율의 소득세를 피할 수 없습니다. 버는 돈의 절반을 세금으로 내야 한다는 뜻입니다. 주식회사가 적용받는 법인 세율의 이점은 소득세에 비해 현저히 낮습니다. 이를 통해 기업 내부에 더 많은 유보금을 쌓고 재투자할 수 있는 동력을 확보합니다. 전략적 비용 처리로 CEO의 급여와 퇴직금은 법인의 비용으로 처리되면서도 개인의 소득이 됩니다. 또한 법인 명의의 차량, 부동산 취득, 연구개발(R&D) 세액 공제 등은 개인사업자가 누리기 힘든 광범위한 절세 혜택을 제공합니다. 세금을 단순히 '내는 것'이 아니라, 법인이라는 틀 안에서 자산을 운용하고 과세 표준을 조절함으로써 합법적으로 부를 축적하는 속도를 2배 이상 높일 수 있습니다.

주식회사는 영속적인 부의 가문을 구축하는 승계와 자산 대물림의 플랫폼입니다. 개인사업체는 사업주의 생명과 궤를 같이합니다. 사업주가 부재하면 사업체의 가치는 즉시 소멸되거나 급격히 하락합니다. 반면, 주식회사는 설립되는 순간 대표이사와 분리되어 이론적으로 '영원히 살 수 있는 법적 인격'을 가집니다.

가치의 수치화로 주식회사의 가치는 '주식 가치'로 평가됩니다. 사업주가 은퇴하더라도 주식을 보유하고 있다면 경영권과 배당권을 유지할 수 있습니다.

부의 대물림 전략으로 가업 상속 공제나 주식 증여 등을 통해 자녀에게 사업의 실체와 부를 단계적으로 물려줄 수 있습니다. 개인사업체는 통째로 물려주기 어렵지만, 주식은 1주 단위로 나눌 수 있어 증여 시점과 물량을 조절하며 세무 리스크를 최소화할 수 있습니다. 주식회사를 설립하는 것은 단순히 돈을 버는 수단을 넘어, '우리 가문의 영속적인 자산 시스템'을 구축하는 행위입니다.

주식회사는 선택이 아닌 '필수'입니다. 위의 이점을 종합해 보면, 주식회사는 단순히 사업을 하기 위한 '형식'이 아닙니다. 그것은 리스크를 통제하고, 자본을 조달하며, 세금을 관리하고, 부를 영속시키는 거대한 금융 플랫폼입니다.

자본금 100원으로 시작하더라도 주식회사의 구조를 갖추는 순간, 당신은 개인의 한계를 벗어나 시스템의 영역으로 진입하게 됩니다. 시장에서 진정으로 승리하고 싶다면, 그리고 그 승리의 결과물을 온전히 지키고 키우고 싶다면 반드시 주식회사라는 엔진을 장착해야 합니다.

이제 주식회사의 강력한 이점을 확인했습니다. 그렇다면 이 '부의 플랫폼'을 어떻게 실제로 탄생시킬 수 있을지 알아봅니다.

다음 글에서는 복잡해 보이지만 알고 보면 간단한 주식회사 설립의 실무 프로세스와 주식회사 설립 전 첫 청사진인 사업계획서의 핵심 요소 다섯 가지를 구체적으로 짚어 보겠습니다.

7.
주식회사 설립 전 첫 청사진
: 사업계획서의 핵심 요소 다섯 가지

주식회사 설립은 단순한 서류 등록이 아닙니다. 그것은 미지의 바다를 향해 돛을 올리는 공식적인 '항해의 시작'입니다. 개인사업자가 생계를 위한 수단이라면, 주식회사는 자본을 수혈받아 가치를 폭발시키는 '성장 엔진'입니다. 따라서 주식회사 설립 전 작성하는 사업계획서는 단순한 보고서가 아니라, 투자자에게는 '수익의 지도'가 되고 CEO에게는 '의사결정의 나침반'이 되어야 합니다.

성공적인 주식회사를 위해 반드시 포함되어야 할 핵심 요소를 심도 있게 분석합니다.

사업계획서의 존재 이유는 문제 정의(Pain Point)와 파괴적 해결책(Solution)입니다. 투자자가 사업계획서를 펼쳤을 때 가장 먼저 던지는 질문은 "이 회사가 세상의 어떤 문제를 해결하는가?"입니다. 주식회사의 가치는 그들이 해결하는 문제의 크기에 비례합니다.

페인 포인트(Pain Point)는 고통의 깊이를 측정하는 것입니다. 단순한 불편함이 아니라, 시장이 기꺼이 돈을 지불하고서라도 없애고 싶어 하는 '절실한 고통'을 정의해야 합니다. 구체적으로 접근하면 "기업들이 마케팅을 어려워합니다"라는 모호한 진술은 힘이 없습니다. "국내 1인 창업자의 85%는 월 200만 원 이상의 고정 인건비 부담 때문에 전문 마케팅 인력을 고용하지 못해 창업 1년 내 폐업 위기에 처합니다"와 같이 수치화된 고통을 제시해야 합니다.

해결책(Solution)으로 파괴적 혁신을 제시하라 입니다. 우리만의 해결책이 기존 방식과 어떻게 다른지, 왜 지금 이 시점에 필요한지를 증명해야 합니다. 경쟁 우위 확보로는 단순히 '열심히 하겠다'라는 의지가 아니라, 'AI 기반 자동화', '공유 경제 모델', '독점적 특허 기술' 등 경쟁자가 단기간에 따라올 수 없는 진입 장벽(Moat)을 설명해야 합니다. 시장의 고통을 가장 빠르고 저렴하며 효율적으로 제거하는 방식임을 논리적으로 설득해야 합니다.

성장의 크기로 시장 규모(TAM-SAM-SOM)를 분석합니다. 시장의 크기는 곧 해당 주식회사가 도달할 수 있는 '천장의 높이'를 의미합니다. 투자자는 시장이 작으면 아무리 아이디어가 좋아도 투자를 거절합니다.

단계별 시장 획정(Market Definition)은 Top-Down(하향식, 거시적 접근) & Bottom-Up(상향식, 미시적 접근)입니다. 전체 시장(TAM, Total Addressable Market)은 제품이 속한 산업 전체의 규모입니다(예: 전 세계 에듀테크 시장 300조 원). 유효 시장(SAM, Serviceable Available Market)은 우리의 비즈니스 모델이 현실적으로 타겟팅하는 세부 시장입니다(예: 국내 성인 직장인 직무 교육 시장 2조 원). 수익 시장(SOM, Serviceable Obtainable Market)은 설립 초기 1~3년 내에 우리의 영업

력과 자본으로 점유 가능한 구체적인 목표치입니다(예: 국내 IT 개발자 직무 전환 교육 시장 중 상위 10%, 약 200억 원).

데이터의 객관성을 확보해야 합니다. "제 생각에 시장은 이만큼 클 것 같습니다"라는 추측은 금물입니다. 통계청 자료, 글로벌 리서치 기관(Gartner, IDC 등)의 보고서, 정부 발행 산업 백서 등 객관적인 출처를 명시하여 계획의 신뢰도를 확보해야 합니다. 현실적인 시장 침투 계획이 곧 회사의 매출 추정치로 이어집니다.

수익의 지속성으로 비즈니스 모델과 수익 구조를 구축해야 합니다. 주식회사는 이익을 창출하여 주주에게 환원하는 집단입니다. 돈을 버는 방식이 일회성에 그치지 않고 '반복적'이며 '확장성'이 있는지를 보여주어야 합니다.

수익 모델의 다변화와 반복 수익(Recurring Revenue)을 구축해야 합니다. 모델 설정은 단순 판매(One-time sale) 모델보다는 구독형(SaaS), 수수료 기반(Platform), 라이선스, 유지보수 계약 등 안정적인 현금 흐름을 창출할 수 있는 구조를 설계해야 합니다. 핵심 지표(Key Metrics)의 설정은 주식회사의 가치 평가(Valuation)에 직결되는 지표들을 관리해야 합니다. CAC(Customer Acquisition Cost)는 고객 한 명을 데려오기 위해 쓰는 비용입니다. LTV(Lifetime Value)는 고객 한 명이 우리 회사에 평생 가져다줄 수익입니다. Churn Rate는 구독 중지율(이탈률)입니다. 핵심은 LTV가 CAC보다 최소 3배 이상 높아야 하며, 이 구조가 증명될 때 투자자는 비로소 지갑을 엽니다.

실행의 주체는 팀 구성 및 핵심 인력의 역량(Team)에서 나옵니다. "아이디어는 1%에 불과하고 나머지 99%는 실행력이다"라는 말이 있습니다. 투자자가 가장 두려워하는 것은 돈을 줬는데 팀이 붕괴하거나 아이디어를 구현하지 못하는 상황입니다.

퍼즐 조각과 같은 팀 빌딩에서 역할의 전문성은 CEO(전략 및 영업), CTO(기술 개발), CMO(마케팅) 등 각 분야의 핵심 인력이 해당 도메인에서 어떤 성과를 냈는지 구체적으로 기술해야 합니다. "10년 경력"이라는 말보다 "전 직장에서 매출 200% 성장을 이끈 주역"이라는 성과 위주의 설명이 필요합니다. 결합의 시너지는 우리 팀이 왜 이 문제를 해결하기 위한 '최적의 조합(Dream Team)'인지를 강조해야 합니다. 만약 1인 창업자라면, 법인 설립 후 어떤 역량을 가진 인재를 우선 채용할 것인지, 혹은 어떤 법률·세무·기술 자문단과 협업할 것인지에 대한 로드맵을 제시하여 실행 리스크를 상쇄해야 합니다.

최종 목적지는 재무 계획 및 EXIT 시나리오에 있습니다. 주식회사를 설립하는 투자자의 궁극적인 목적은 '자본 이득(Capital Gain)'입니다. 즉 내가 넣은 돈이 언제, 어떻게, 몇 배로 돌아올지를 명확히 보여줘야 합니다.

5개년 재무 추정(Financial Projection)을 제시해야 합니다. 현실적인 낙관론은 향후 5년간의 예상 매출, 영업 이익, 현금흐름표를 제시해야 합니다. 초기 1~2년은 적자가 발생하더라도 어느 시점에 손익분기점(BEP)을 통과하여 이익이 극대화되는지 시각적으로 보여주어야 합니다. 매출 성장의 근거는 앞서 분석한 SOM(수익 시장)과 연결되어야 합니다.

자금 조달 및 사용 계획을 갖추고 있어야 합니다. 필요한 초기 자산(CAPEX)과 운영비(OPEX)를 구분하고, 투자받은 자금을 마케팅에 40%, R&D에 30%, 인력 충원에 30%를 쓰겠다는 식으로 구체적인 집행 계획을 밝혀야 합니다.

EXIT 시나리오는 투자의 완성입니다. 회수 전략은 투자자가 가장 듣고 싶어 하는 이야기입니다. "3년 내 시리즈 A 유치, 5년 내 동종 업계 대기업에 M&A, 혹은 7년 내 KOSDAQ 또는 KOSPI 상장(IPO)" 과 같이 구체적인 목표를 설정해야 합니다. 이는 주식회사가 단순히 운영되는 것을 넘어, 거대한 부를 창출하고 현금화하는 '금융 플랫폼'임을 선언하는 과정입니다.

사업계획서는 주식회사의 설립 전 가장 강력한 리스크 관리 도구입니다. 이러한 요소를 충실히 담아낸 사업계획서는 외부 투자용 문서이기 이전에, 창업자 스스로가 사업의 구멍을 발견하고 보완할 수 있는 '시뮬레이션 도구'입니다. 이 청사진이 정교할수록 주식회사라는 배는 거친 시장의 파도를 견디고 목적지에 도달할 확률이 높아집니다.

이제 당신의 아이디어는 종이 위의 문자를 넘어, 자본이 움직이고 사람이 모이는 '주식회사'라는 실체로 탄생할 준비를 마쳤습니다.

다음 글에서는 이 정교한 계획을 바탕으로 실제 법무·세무적으로 주식회사를 설립하는 단계별 실무 절차와 규모보다는 영속성에 집중하는 전략을 다루겠습니다.

8.
사업의 영역 설정
: 규모보다는 '영속성'에 집중

많은 창업가가 주식회사를 설립하며 '대박'을 꿈꿉니다. 하지만 냉혹한 비즈니스 세계에서 단기적인 매출 규모에 매몰된 기업은 마치 모래 위에 쌓은 성과 같습니다. 진정한 승리자는 오늘 얼마를 벌었느냐가 아니라, 이 회사가 내가 부재한 10년 뒤에도 여전히 가치를 창출하고 있는지를 고민하는 사람입니다.

성공하는 CEO의 마인드셋은 단기적인 매출 지표라는 착시 현상을 뚫고, '장기적인 가치(Enterprise Value)'라는 본질을 꿰뚫어 봅니다. 주식회사를 설립한다는 것은 단순히 생계를 위한 수단을 마련하는 1년짜리 프로젝트가 아닙니다. 그것은 창업자의 철학이 담긴 시스템을 구축하여, 대를 잇는 유산이 되고 최종적으로는 성공적인 EXIT(출구 전략, 투자 회수)에 안정적으로 도달할 수 있는 '영속적인 자산(Perpetual Asset)'을 창조하는 엄숙한 과정입니다.

따라서 사업 영역을 설정할 때 CEO는 스스로에게 끊임없이 질문해야 합니다. "나의 사업은 일시적인 유행의 파도를 타고 있는가, 아니면 거대한 시대의 흐름 위에 견고한 댐을 쌓고 있는가?" 이제 규모라는 함정에서 벗어나 '영속성(Perpetuity)'을 핵심 가치로 삼아야 하는 세 가지 결정적 이유와 그 실천 전략을 심층적으로 분석해 봅니다.

'단기 이익'의 도파민을 버리고 '반복 수익(Recurring Revenue)'의 엔진을 장착해야 합니다. 비즈니스에서 가장 위험한 숫자는 '1'입니다. 한 번의 거대한 계약, 한 명의 큰 고객, 한 번의 유행에 의존하는 사업은 그 '1'이 사라지는 순간 붕괴합니다. 회사의 영속성을 결정하는 가장 핵심적인 지표는 매출의 크기가 아니라 '예측 가능한 현금 흐름(Predictable Cash Flow)'입니다.

왜 반복 수익(The Power of Recurring Revenue)이 중요한가 하면, 전 세계 투자자들이 SaaS(Software as a Service) 모델이나 구독 경제에 열광하는 이유는 명확합니다. 매달 초 매출 전광판이 '0'에서 시작하는 회사와 이미 전월의 80~90% 매출을 확보하고 시작하는 회사의 기초 체력은 비교가 불가능하기 때문입니다. 일회성 이익은 CEO를 매 순간 마케팅과 영업의 전쟁터로 내몰지만, 반복 수익은 CEO에게 미래를 설계할 '시간적 자산'을 부여합니다.

영속성 우위의 구독(Subscription) 모델은 넷플릭스나 어도비처럼 고객의 일상 속에 깊이 침투하여 이탈 장벽을 높입니다. 정기 유지 보수 및 B2B 솔루션은 제품 판매로 끝나는 것이 아니라 사후 관리나 운영 시스템을 통해 고객과 장기적 파트너십을 맺는 구조입니다. 이는 고객 생애 가치(LTV)를 극대화합니다.

인프라형 서비스는 고객이 우리 서비스를 떠날 때 치러야 할 '전환

비용(Switching Cost)'이 높은 비즈니스일수록 영속성은 강해집니다.

규모의 함정인 매출액이라는 숫자에 속아 당장 수십억 원의 매출을 올리는 일회성 프로젝트는 달콤합니다. 하지만 그 프로젝트가 끝난 뒤 다음 먹거리를 찾지 못한다면, 회사는 고정비(임대료, 인건비 등)의 무게를 견디지 못하고 침몰합니다. 매번 새로운 고객을 유치하기 위해 지출하는 마케팅 비용은 갈수록 상승하며, 이는 결국 수익성 악화와 기업 가치 하락으로 이어집니다.

투자자의 시각에서 멀티플(Multiple)의 비밀은 냉정한 자본 시장에서 기업 가치를 평가할 때, 일회성 매출 위주의 기업은 낮은 배수를 적용받습니다. 반면, 견고한 반복 수익 구조를 가진 기업은 매출액이 적더라도 몇 배, 수십 배 높은 가치(Valuation)를 인정받습니다. 투자자는 회사가 '과거에 얼마를 벌었는가?'라는 기록보다, '내일 아침에도 이 돈이 들어올 것인가?'라는 확실성에 베팅하기 때문입니다.

'넓은 시장'이라는 환상을 버리고 '깊은 틈새(Niche)'의 독점자가 되어야 합니다. 많은 초보 CEO들이 저지르는 치명적인 실수는 "우리 제품은 전 국민이 다 쓸 수 있습니다"라고 호언장담하는 것입니다. 하지만 모두를 만족시키려 하는 것은 누구도 만족시키지 못한다는 뜻과 같습니다. 특히 자본과 인력이 부족한 신생 주식회사에게 넓은 시장은 기회의 땅이 아니라 대기업이라는 포식자들이 즐비한 전쟁터일 뿐입니다.

틈새시장의 역설(The Niche Paradox)로 영속성을 확보하는 지름길은 아주 좁은 시장에서 압도적인 1위가 되는 것입니다. 시장이 좁을수록 고객의 니즈는 구체적이며, 그 구체적인 문제를 완벽하게 해결해 줄 때 고객은 팬이 됩니다.

독점적 지위와 진입 장벽은 특정 지역의 전문직 전용 컨설팅이나 특정 마니아층을 위한 특수 장비 렌탈처럼 시장을 깊게 파고들면, 그 안에서 독보적인 공급자가 됩니다. 이때 형성된 브랜드 신뢰도는 거대 자본도 쉽게 뚫고 들어올 수 없는 아주 강력한 '경제적 해자(Economic Moat)'가 됩니다.

수익싱의 극내화는 경쟁이 치열한 레드오션(Mass Market)에서는 가격 경쟁이 필수적이지만, 독점적 지위를 가진 니치 마켓에서는 제 값을 받을 수 있는 가격 결정권(Pricing Power)이 생깁니다. 높은 수익성은 회사가 예기치 못한 위기 상황에서도 생존할 수 있는 여유 자금을 만들어 줍니다.

확장 전략으로는 점진적 스케일링(Scaling)을 택합니다. 좁은 시장에 갇히라는 뜻이 아닙니다. 우선 한 우물을 깊게 파서 그 안의 생태계를 장악한 뒤, 그 성공 방정식(Playbook)을 가지고 인접 시장으로 확장해 나가는 것이 가장 안전한 성장 루트입니다. 아마존이 처음부터 모든 물건을 판 것이 아니라 '책'이라는 좁은 카테고리에서 독점을 이룬 뒤 확장했다는 사실을 기억해야 합니다.

'노동의 굴레'를 벗고 스스로 증식하는 '지적 자산'을 축적해야 합니다. 가장 슬픈 CEO는 회사에서 가장 바쁜 사람입니다. CEO가 자리를 비우면 업무가 마비되고, 특정 핵심 직원이 퇴사하면 프로젝트가 중단되는 회사는 주식회사가 아니라 '개인사업체'에 불과합니다. 주식회사의 진정한 영속성은 CEO 개인의 유능함이 아니라, CEO가 없어도 물 흐르듯 돌아가는 '시스템 자산'에서 나옵니다.

무형 자산의 힘(Intellectual Property & Systems)을 키워야 합니다.

주식회사의 대차대조표에 기록되지 않는 가장 중요한 자산은 '시스템'과 '데이터'입니다. 이것들이 쌓여갈 때 비로소 기업은 인간의 생물학적 한계를 넘어 영속하게 됩니다.

표준화와 시스템화를 구축해야 합니다. "우리 회사는 철수 씨가 없으면 안 돼"라는 말은 칭찬이 아니라 위기 신호입니다. 모든 업무 프로세스를 매뉴얼화하고 자동화해야 합니다. 누가 그 자리에 앉더라도 일정 수준 이상의 품질을 낼 수 있는 시스템 자체가 바로 회사의 몸값입니다.

데이터를 자산화해야 합니다. 매일 발생하는 고객의 반응, 시장의 변화, 운영의 시행착오를 휘발시키지 말아야 합니다. 이를 법인 명의의 데이터베이스로 구축하고 분석해야 합니다. 시간이 흐를수록 이 데이터는 경쟁사가 절대로 따라올 수 없는 우리 회사만의 '예측 지능'이 됩니다.

브랜드라는 무형의 가치를 확립해야 합니다. CEO 개인의 명성이 아니라, '법인(주식회사)' 그 자체의 신뢰도를 높여야 합니다. 브랜드가 확립되면 마케팅 비용은 줄어들고 구인 난이도는 낮아지며, 이는 기업의 지속 가능성을 비약적으로 높입니다.

CEO의 역할을 노동자에서 설계자로 전환해야 합니다. 주식회사 설립의 본질은 창업자의 노동력을 '영속적인 시스템 자산'으로 변환하는 연금술과 같습니다. 만약 여러분의 사업이 여러분의 손을 거쳐야만 가치가 발생한다면, 그것은 자산을 만든 것이 아니라 '고소득 직업'을 하나 만든 것에 불과합니다. "내가 없어도 이 회사는 100년 뒤에 건재할 것인가?" 이 질문에 긍정할 수 있도록 시스템을 설계해야 합니다.

100년을 견디는 설계도를 그려야 합니다. 주식회사를 설립하는 행위는 단순히 서류상에 법인을 등록하는 요식 행위가 아닙니다. 그것은 영속성을 가진 새로운 생명체를 세상에 내놓는 것과 같습니다. 단기적인 매출 규모에 일희일비하지 말아야 합니다. 그것은 신기루와 같습니다.

대신 매달 꼬박꼬박 들어오는 반복 수익의 엔진을 만들고, 누구도 넘볼 수 없는 깊은 틈새시장에 깃발을 꽂으며, 나 없이도 돌아가는 견고한 시스템 자산을 구축하는 데 모든 에너지를 쏟아야 합니다. '나'의 노동이 멈춰도 멈추지 않는 현금 창출 기계, 그것이 바로 우리가 지향해야 할 주식회사의 완성형입니다.

여러분이 설정한 사업의 영역이 10년, 20년 뒤에도 여전히 가치 있는 자산으로 남아 자손에게 물려줄 수 있을 만큼 견고한지 다시 한 번 점검해 보시기 바랍니다. 영속성에 대한 확신이 섰다면, 이제 그 설계를 현실로 옮길 구체적인 실행 단계로 나아갈 준비가 된 것입니다.

다음 2부에서는 영속적 비즈니스의 씨앗을 심기 위한 주식회사 설립 실무의 세계로 들어갑니다. 그 첫 번째 단계로, 회사의 기초 체력이자 신뢰의 척도가 될 '최소 자본금의 전략적 결정'에 대해 상세히 알아보겠습니다. 자본금 설정 하나에도 기업의 미래 가치를 결정짓는 고도의 전략이 숨어 있습니다.

주식회사 설립 실무 시스템의 공식적인 탄생

9.
최소 자본금 결정
: 100만 원으로도 주식회사 설립이 가능?

주식회사 설립을 꿈꾸는 예비 창업자들에게 가장 큰 심리적 장벽은 '돈'입니다. 특히 "법인을 세우려면 최소 몇 천만 원은 있어야 한다"라는 과거의 기준은 도전 자체를 망설이게 만드는 주범이었습니다. 그러나 2009년 상법 개정 이후 대한민국에서 '최소 자본금 제한'은 역사의 뒤안길로 사라졌습니다. 이제 누구나 아이디어만 있다면 단돈 몇 백 원으로도 '대표이사'라는 직함을 가질 수 있는 시대입니다.

하지만 법적 문턱이 낮아졌다고 해서 경영의 무게까지 가벼워진 것은 아닙니다. 이론상 가능한 '최소' 수치와 사업의 영속성을 담보하는 '적정' 수치 사이에는 거대한 간극이 존재합니다. 이번 글에서는 자본금에 대한 오해를 바로잡고, 왜 CEO가 자본금 설정 단계에서부터 고도의 전략적 판단을 내려야 하는지 심층적으로 다루어 보겠습니다.

최소 자본금의 진실은 법적 자유와 현실적 제약 사이의 줄타기입니다. 현행법상 주식회사 설립 시 자본금 액수에는 제한이 없습니다. 이는 창업 생태계를 활성화하고 혁신적인 1인 기업의 출현을 돕기 위한 국가적 배려입니다.

그러나 이론과 현실의 괴리가 존재합니다. 법적 최소치인 100원 설립은 이론적으로는 1주당 금액을 100원으로 설정하고 1주만 발행한다면, 자본금 100원으로도 법인 설립 등기가 가능합니다. 이는 자본력이 부족한 청년 창업가나 무자본 지식 서비스 업종 종사자들에게 매우 매력적인 선택지로 보입니다. 그러나 공신력의 붕괴가 발생합니다. 문제는 비즈니스가 '관계' 위에서 성립된다는 점입니다. 거래처가 귀사의 등기부등본을 열람했을 때 '자본금 100원'이라는 숫자를 마주한다면 어떤 생각을 할까요? 이는 사업의 진정성과 안정성에 대한 즉각적인 의구심으로 이어집니다. 특히 신규 입찰, B2B 계약, 혹은 대규모 원자재 매입 시 자본금 규모는 해당 기업의 '이행 능력'을 가늠하는 척도가 됩니다. 100원으로 설립하는 경우 설립과 동시에 '자본 잠식'이 발생합니다. 법인 설립에는 반드시 비용이 듭니다. 법무사 또는 변호사 수수료, 등록면허세, 지방교육세 등 공과금만 해도 최소 수십만 원에서 수백만 원 단위의 지출이 발생합니다. 자본금을 100원으로 설정하면, 설립 등기를 마치자마자 회사는 '부채가 자산보다 많은' 자본 잠식 상태에 빠지게 됩니다. 이는 향후 대출이나 정부 지원 사업 신청 시 치명적인 결격 사유가 될 수 있습니다.

적정 자본금의 결정 기준으로 '런웨이(Runway)'를 계산해야 합니다. 현명한 CEO는 자본금을 단순히 '설립을 위한 통과 의례'로 보지 않습니다. 대신 사업이 궤도에 오르기 전까지 버틸 수 있는 '초기 운영 자금(Runway)'의 관점에서 접근합니다. 초기 3~6개월의 생존 비용이 기준입니다. 자본금은 '사업 개시 후 매출이 발생하기 전까지 들어갈 필수 초기 비용'을 모두 수용할 수 있는 수준이어야 합니다. 이를 크게 두 가지 카테고리로 나눌 수 있습니다.

설립 및 인프라 구축 실비(약 100만 원 ~ 200만 원)가 드는데, 이는 법인 등기 비용으로 등록년허세(자본금의 0.4%, 과밀억제권역은 3배 중과), 지방교육세 등이 있습니다. 전문가 수수료로는 법무사 또는 변호사 또는 설립 대행 플랫폼 이용료가 있습니다. 인장 및 서류 발급에는 법인 인감 제작, 인감증명서 및 등기부등본 발급 비용이 있습니다.

초기 운영 및 마케팅 실비(약 200만 원 ~ 500만 원)가 드는데, 이는 디지털 인프라로 홈페이지 도메인 구매, 호스팅 비용, 기업용 메일(Google Workspace 등) 구독료가 있습니다. 비즈니스 준비를 위해 명함 디자인 및 인쇄, 기본적인 사무용품 및 비품 구매가 있습니다. 시장 테스트로 초기 고객 반응을 살피기 위한 최소한의 온라인 광고비 또는 샘플 제작비가 있습니다.

'300~500만 원'의 마법이 있습니다. 저자본 1인 주식회사를 준비하신다면 300만 원에서 500만 원 사이를 자본금으로 설정하는 것을 강력히 추천합니다.

위의 300만 원에서 500만 원 사이는 초기 자본이 충분하지 않은 경우에만 추천하는 금액입니다. 조금 더 여유가 있다면 초기 자본을 2천만 원 또는 4천만 원으로 설정하는 것도 추천합니다. 만약 미성년자 자녀가 1명이 있으면 2천만 원 초기 자본으로 설립하여 2천만 원어치 주식을 100% 증여하시면 2천만 원까지는 비과세 증여이므로 세금 없이 회사 전체를 미성년 자녀에게 증여할 수 있습니다.

만약 미성년 자녀가 두 명이면 4천만 원 초기 자본으로 설립하여 각각 2천만 원씩 비과세로 증여하면 됩니다. 이는 법적으로도 아무 문제가 없는 방식입니다. 문제가 되었던 미성년 자녀 이름으로 주식회사를 만들어서 부모가 대신 경영하는 방식으로 해서 나중에 증여세가 나오는 방식과는 근본적으로 다른 합법적인 방식입니다. 만약 자녀가 없거나 청년층의 경우에는 설정한 초기 자본을 본인이 모두 소유하면 됩니다.

이 금액은 법인(주식회사) 통장에 입금되는 순간 법인의 '자산'이 됩니다. 즉 설립 비용을 지불하고 남은 돈으로 첫 달 임대료를 내거나 노트북을 사는 등 정당한 경영 활동에 바로 투입할 수 있습니다.

대외적으로도 "이 사업을 위해 최소한의 종잣돈을 성실히 모았다"라는 인상을 주기에 부족함이 없는 액수입니다.

CEO가 반드시 알아야 할 자본금의 세 가지 전략적 가치가 있습니다. 자본금 규모는 단순한 숫자를 넘어 세무, 금융, 그리고 거버넌스(지배구조) 측면에서 기업의 미래를 결정짓습니다.

세무 리스크를 관리하여 '가지급금'이라는 암초를 예방할 수 있습니다. 자본금이 너무 적으면 CEO는 필연적으로 자신의 개인 돈을 법인 운영비로 쓰게 됩니다. 법인 카드가 나오기 전이거나 통장 잔고가 부족해 대표 개인 카드로 결제하는 순간, 회계 장부에는 '가지급금' 혹은 '가수금'이라는 복잡한 항목이 발생합니다.

가지급금의 공포는 대표가 법인(주식회사) 돈을 가져간 것으로 간주하여 법인은 실제로 받지도 않은 이자에 대해 법인세를 내야 하고, 대표 개인은 소득세를 추가로 부담해야 할 수도 있습니다. 무엇보다 기업 진단 시 감점 요인이 되어 추후 기업 가치를 깎아먹는 주범이 됩니다.

전략적 예방을 위하여 초기 자본금을 넉넉히 설정해 두면, 법인 계좌 내에서 모든 지출이 투명하게 관리되므로 이러한 복잡한 세무 문제에서 자유로워질 수 있습니다.

금융 시장의 문턱을 넘어 신용도와 정책 자금을 활용해야 합니다. 대한민국에는 기술보증기금(KIBO), 신용보증기금(KODIT), 중소벤처기업진흥공단 등 창업 기업을 돕는 훌륭한 기관들이 많습니다. 하지만 이들의 문은 아무에게나 열리지 않습니다.

투자 및 대출 심사에서 심사역들은 대표자가 자기 사업에 얼마나 투신했는지를 봅니다. 자본금은 그 '투신'의 정도를 증명하는 가장 객관적인 지표입니다. 자본금이 500만 원 이상일 때와 그 미만일 때, 금융권에서 바라보는 신뢰의 밀도는 완전히 다릅니다.

업종별 특수성이 있어 건설업, 여행업, 주류 판매업 등 특정 업종은 인허가를 위해 법적으로 정해진 최소 자본금(예: 1억 원 이상)이 존재하므로 자신의 업종에 규제 장벽이 있는지 반드시 사전 확인해야 합니다.

지배구조의 기초인 지분율과 의결권을 알아야 합니다. 1인 주주가 아닌 동업자와 함께 시작한다면 자본금 설정은 더욱 신중해야 합니다. 자본금은 발행 주식 수와 직결되며, 이는 곧 누가 회사의 주인인지를 결정하는 의결권이 됩니다.

향후 증자의 용이성을 생각해야 합니다. 초기 자본금을 너무 낮게 잡으면, 나중에 투자를 받을 때 주식 가치를 산정하기가 매우 까다로워질 수 있습니다. 적정한 수준으로 시작해야 주식 액면가 분할이나 증자 등 재무 전략을 유연하게 구사할 수 있습니다.

요약 및 CEO를 위한 제언을 하자면, 주식회사를 설립하는 과정에서 자본금을 결정하는 것은, 항해를 시작하기 전 배에 연료를 얼마나 채울지 결정하는 것과 같습니다. 100원이라는 법적 최소치에 현혹되지 말아야 합니다. 그것은 엔진 없는 보트를 띄우는 것과 다름없습니다.

공신력을 생각해야 합니다. 자본금은 회사의 얼굴입니다. 생존을 계산해야 합니다. 최소 3개월 이상의 운영비(300~500만 원)를 자본금으로 설정해야 합니다. 리스크를 차단해야 합니다. 충분한 자본금은 가지급금 발생을 막고 세무적 투명성을 높입니다.

자본금 설정은 여러분이 '노동자'에서 '자산 설계자'로 거듭나는 첫 번째 재무적 의사결정입니다. 이 결정을 통해 여러분의 법인(주식회사)은 단순한 서류 뭉치가 아닌, 실제로 살아 움직이며 부를 창출하는 '시스템'으로서 첫발을 내딛게 될 것입니다.

자본금 규모가 확정되었다면 이제 이 그릇에 이름을 붙이고 주소를 정할 차례입니다.

다음 장에서는 '고객의 뇌리에 박히는 법인명 짓기'와 세금 혜택을 좌우하는 '전략적 소재지(주소지) 결정'에 대해 심도 있게 다루겠습니다. 특히 과밀억제권역에 따른 세금 중과를 피하기 위한 전략을 집중적으로 살펴볼 것입니다.

10.
상호 검색으로 법인명 정하기부터 주소지 결정

자본금이라는 엔진의 크기를 결정했다면, 이제 그 엔진을 실을 '선체의 이름(상호)'을 정하고, 배가 정박할 '모항(본점 소재지)'을 선택할 차례입니다. 많은 창업가가 이 단계를 단순한 행정 절차로 치부하곤 하지만, 이는 법인(주식회사) 등기의 핵심 요소이자 기업의 첫인상을 결정짓는 중대한 경영상 의사결정입니다. 특히 상호는 한 번 정하면 변경 시 비용과 번거로움이 따르며, 주소지는 기업의 세금 납부액을 결정짓는 전략적 변수가 됩니다.

법인명(상호) 정하기에서 중요한 것은 브랜드의 탄생과 법적 배타성 확보입니다. 법인명은 단순한 호칭이 아니라, 법적 권리의 주체인 '법인격'의 이름입니다. 따라서 CEO는 창의적인 브랜딩과 더불어 상법상의 엄격한 규칙을 동시에 준수해야 합니다.

상호의 유일성 원칙으로 '선점'이 곧 권리입니다. 상법은 혼란을 방지하기 위해 동일 지역 내에서의 중복 상호를 금지하고 있습니다.

이를 '상호의 유일성 원칙'이라고 합니다. 관할 구역을 이해해야 합니다. 동일한 '서울특별시/광역시/시/군' 단위 내에서는 동일한 상호를 가진 주식회사가 존재할 수 없습니다. 예를 들어 '주식회사 홍길동'이 강남구에 이미 등록되어 있다면, 송파구에도 동일한 이름으로 설립할 수 없습니다. 단, 경기도 성남시라면 가능합니다. 하지만 광범위한 비즈니스를 꿈꾼다면 전국적으로 고유한 이름을 찾는 것이 장기적인 브랜드 보호에 유리합니다.

사전 검색의 생활화로 등기 신청 전 '대법원 인터넷 등기소'를 통한 상호 검색은 필수입니다. 단순히 이름이 같은지뿐만 아니라, 유사한 발음이나 혼동을 줄 수 있는 이름까지 체크하여 법적 분쟁 소지를 사전에 차단해야 합니다.

예비안 확보 전략으로 최종 결정한 이름이 등기 과정에서 반려될 가능성에 대비하여, 유사한 의미를 가진 2~3순위의 예비 상호를 반드시 마련해 두어야 합니다.

상법상 필수 기재 사항과 금지 사항에 따라 법인명 앞이나 뒤에 반드시 '주식회사'를 표기해야 합니다. (예: 주식회사 홍길동, 홍길동 주식회사) 이는 해당 조직이 유한 책임을 지는 법인임을 대외적으로 공표하는 법적 의무입니다.

영문 상호의 병기를 하여 글로벌 진출을 염두에 둔다면 등기 시 한글 상호 옆에 영문 상호를 함께 등록하는 것이 좋습니다. 이때 한글 발음을 그대로 옮길 것인지, 의미를 번역할 것인지 신중히 결정해야 합니다.

부당한 목적의 상호 금지로 인하여 타인의 영업으로 오인하게 할 목적이 있는 상호나, 공공질서 및 미풍양속에 반하는 상호는 등록이 거부됩니다.

브랜딩 관점에서 경쟁력이 있어야 합니다. 기억되지 않는 이름은 가치가 없습니다. 직관성과 확장성을 고려해야 합니다. '○○유통'처럼 업종을 명시하면 신뢰감을 주지만, 나중에 제조나 서비스로 업종을 확장할 때 이름이 걸림돌이 될 수 있습니다. 따라서 '○○홀딩스', '○○코퍼레이션' 혹은 독창적인 고유 명사를 활용하여 미래의 확장성을 열어두는 것이 현명합니다.

디지털 친화성이 있는 법인명과 동일한 도메인(.com, .kr) 확보가 가능한지, 인스타그램이나 유튜브 채널명이 중복되지 않는지 확인해야 합니다. 현대 비즈니스에서 상호와 도메인의 불일치는 공신력 하락의 원인이 됩니다.

본점 소재지 결정 시 지리적 위치가 재무 전략을 결정하는 경우가 있습니다. 법인(주식회사)의 주소지인 '본점 소재지'는 법인의 거주지이자 모든 행정 통지의 기준점입니다. 특히 초기 창업자에게 주소지 선택은 '세금'이라는 현실적인 문제와 직결됩니다.

수도권 과밀억제권역과 중과세 리스크를 고려해야 합니다. 대한민국 정부는 수도권 집중 현상을 막기 위해 특정 지역에서의 법인 설립에 대해 '등록면허세 중과세' 정책을 펴고 있습니다.

과밀억제권역(수도권 일대)에는 서울 전역과 인천(일부 제외), 의정부, 구리, 하남 등 주요 수도권 지역이 포함됩니다. 이 지역에 법인을 설립하면 일반 지역보다 등록면허세가 3배 높게 책정됩니다.

과밀억제권역을 조금만 벗어난 용인, 화성, 평택 등의 성장관리권역이나 지방에 주소지를 두면 중과세를 피할 수 있습니다. 초기 자본금이 클수록 이 세금 차이는 무시할 수 없는 수준이 됩니다.

저자본 창업자를 위한 '가성비' 주소지 전략에 대하여 알려 드리겠습니다. 사무실 임대료는 초기 법인의 가장 큰 고정비 부담입니다. 이를 해결하기 위한 세 가지 현실적 대안이 있습니다. 비상주 사무실(Virtual Office)은 가장 추천하는 모델로, 실제 상주하여 근무하지는 않지만 법적 등기가 가능한 주소지와 우편물 수령 서비스를 제공받는 방식입니다. 장점으로는 강남, 여의도, 지방 도시 등 중심 업무 지구의 주소를 월 수만 원대 비용으로 확보할 수 있어 대외적 신인도가 높아집니다. 또한 공유 오피스 업체가 과밀억제권역 외(예: 용인, 화성 등)에 지점을 운영하는 경우 세금 중과세까지 피할 수 있는 '전략적 요충지'가 됩니다. 적합한 업종으로는 소프트웨어 개발, 온라인 커머스, 컨설팅 등 물리적 공간의 제약이 적은 업종에 최적화되어 있습니다.

자택 주소지를 사용해 0원으로 시작할 수 있습니다. 현재 본인이 거주하는 집 주소로 법인을 설립하는 것도 가능합니다. 장점으로는 추가적인 임차 비용이 전혀 들지 않습니다. 주의사항으로는 자신의 집일 경우 상관없지만 임대일 경우 집주인의 동의가 필요할 수 있으며, 업종에 따라(예: 제조업, 건설업 등) 자택 주소로는 사업자 등록이 거절될 수 있습니다. 또한 법인 등기부등본은 누구나 열람이 가능하므로 대표의 사생활 보호 측면에서 신중해야 합니다.

비상주 사무실이나 자택 주소지를 사용해 사업을 시작할 수 있는 것을 앞서 알려드렸습니다. 그러나 사업을 제대로 하려면 아무래도 제대로 된 사무실이 있어야 합니다. 사무실을 크게 욕심 내지 않으면 약 몇 평 정도 되는 오피스텔이나 상가를 월 몇 십만 원 정도에 임대할 수 있습니다. 만약 여유가 있다면 오피스텔이나 상가를

약 몇 천만 원에 구매하면 임대료 걱정 없이 사업을 영위할 수 있으며, 나중에 가치가 올라가면 부동산 시세차익도 볼 수 있습니다.

임대차 계약 시 주의 사항으로는 법인 설립 등기 단계에서는 임대차계약서가 필수는 아니지만, 설립 후 '사업자 등록' 단계에서는 반드시 법인 명의의 임대차계약서가 필요합니다.

대표자 개인 명의 계약 건은 법인 설립 전이라면 대표자 개인 명의로 계약하되, "법인 설립 후 법인으로 계약 주체를 변경한다"라는 특약을 넣는 것이 실무상 안전합니다.

CEO의 전략적 체크리스트로 상호와 주소지는 단순한 명칭과 장소가 아닙니다. 이는 법인의 '법적 정체성'과 '비용 구조'를 결정하는 첫 번째 경영 판단입니다. 상호는 유일성(등기소 검색) → 확장성(브랜드 미래 가치) → 디지털 점유율(도메인 확보) 순으로 검토해야 합니다. 주소지는 세금 중과세 여부 확인 → 업종에 따른 사업자 등록 가능성 검토 → 비상주 사무실 등의 대안 활용을 통한 고정비 절감을 꾀해야 합니다. 이 두 가지 요소가 조화를 이룰 때, 여러분의 주식회사는 법적으로 안전하고 재무적으로 효율적인 기반 위에서 항해를 시작할 수 있습니다.

선체의 이름과 항구를 정했다면, 이제 이 배를 움직일 핵심 인력을 배치할 차례입니다.

다음 글에서는 주식회사의 가장 중요한 거버넌스인 '주주 구성과 이사회 조직'에 대해 다루겠습니다. 특히 1인 주주와 과점주주의 차이, 그리고 지분율 1%가 가르는 경영권의 비밀을 상세히 파헤쳐 보겠습니다.

11.
주주와 이사 지분율과 경영권 배분 전략의 중요성

주식회사를 설립한다는 것은 단순히 법적 실체를 만드는 과정을 넘어, 기업이라는 유기체가 생존하고 성장할 수 있는 '지배구조(Governance)'를 설계하는 행위입니다. 현대 자본주의 경제의 근간을 이루는 주식회사 제도의 가장 큰 특징은 바로 '소유와 경영의 분리'에 있습니다. 이는 자본을 가진 투자자(주주)와 전문적인 경영 능력을 갖춘 집단(이사)이 각자의 역할을 수행하며 기업의 가치를 극대화하는 구조입니다.

창업 초기 단계에서 많은 창업자가 간과하는 사실 중 하나는, 현재의 인적 구성이 영원히 지속될 것이라고 믿는 점입니다. 그러나 회사가 성장함에 따라 투자 유치, 인재 영입, 그리고 최종적인 엑시트(EXIT) 과정에서 지배구조는 끊임없이 변화합니다. 따라서 설립 초기 단계에서 주주와 이사를 어떻게 구성하느냐는 회사의 안정적인 운영뿐만 아니라 향후 발생할 수 있는 경영권 분쟁을 예방하고 투자자들에게 매력적인 구조를 제시하는 데 있어 가장 결정적인 전략적 의사결정이 됩니다.

주주(Shareholder)라는 소유의 주체와 지분율 배분 전략을 알아야 합니다. 주주는 회사의 주인으로서 자본을 납입하고 그 대가로 주식을 보유합니다. 주주의 권리는 크게 '사익권(배당을 받을 권리)'과 '공익권(의결권)'으로 나뉩니다. 초기 기업에서는 더 중요한 것은 바로 의결권입니다. 의결권을 결정짓는 지분율은 단순한 숫자가 아니라, 회사의 운명을 결정할 수 있는 '권력의 크기'를 의미합니다.

주체 구성에 따른 전략적 선택으로 1인 창업과 공동 창업으로 나뉩니다. 주식회사를 설립할 때 가장 먼저 직면하는 선택은 혼자 시작할 것인지, 아니면 파트너와 함께할 것인지에 대한 문제입니다. 1인 주식회사는 의사결정의 신속성 측면에서 압도적인 우위를 점합니다. CEO가 주주와 이사의 역할을 모두 수행하므로, 복잡한 회의 절차 없이 즉각적인 경영 판단이 가능합니다. 또한 경영권 분쟁의 소지가 전혀 없으며, 초기 단계에서 세무 효율성을 높이는 데 최적화되어 있습니다. 다만, 외부 자본 조달이 어렵고 대표이사 개인의 역량과 책임이 회사와 동일시된다는 리스크가 존재합니다.

반면, 공동 창업 주식회사는 각기 다른 전문성을 가진 인재들이 자본과 기술을 분담하여 리스크를 낮출 수 있다는 장점이 있습니다. 투자자들은 대개 1인 기업보다 보완적인 역량을 가진 팀 단위 창업을 선호하는 경향이 있습니다. 그러나 이는 필연적으로 경영권 분쟁의 씨앗을 내포합니다. 서로의 신뢰가 아무리 두텁더라도 사업의 방향성이나 이익 배분 과정에서 갈등이 생길 수 있으므로, 설립 단계에서부터 '주주간 계약서(Shareholders Agreement)'를 통해 주식

양도 제한, 퇴사 시 주식 처분 등의 안전장치를 상세히 명시화하는 것이 필수적입니다.

지분율 설정의 마법으로 경영권 방어선과 법적 권한을 지켜야 합니다. 지분율은 상법상 보장된 의결권의 경계선에 따라 전략적으로 설정되어야 합니다. 이는 외부 투자 유치 과정에서도 창업자의 지배력을 유지하기 위한 마지노선이 됩니다.

절대다수 지분(50% 초과)은 상법상 '일반결의'를 단독으로 처리할 수 있는 권한입니다. 이사의 선임 및 해임, 재무제표 승인, 이익 배당의 결정 등 일상적인 경영 사안을 누구의 방해 없이 결정할 수 있습니다. 1인 창업자라면 투자 유치 이후에도 경영권을 유지하기 위해 반드시 사수해야 할 1차 방어선입니다.

특별 결의 지분(66.7% 초과)은 발행 주식 총수의 3분의 2 이상을 보유하는 것으로, 주식회사에서 가질 수 있는 가장 강력한 권력입니다. 정관 변경, 회사의 합병이나 분할, 해산, 자본금 감소 등 회사의 근본적인 골격을 바꾸는 사안들을 단독으로 결정할 수 있습니다. 완벽한 통제권을 행사하고자 한다면 이 수치를 목표로 삼아야 합니다.

거부권 방어선(33.4% 초과)은 소수 주주라 할지라도 33.4%를 초과하는 지분을 보유하면 다른 대주주가 특별 결의 사항을 독단적으로 처리하는 것을 저지할 수 있습니다. 이는 공동 창업자 간의 상호 견제나, 전략적 투자자가 경영에 영향력을 행사하려 할 때 매우 중요한 기준점이 됩니다.

이사(Director)는 경영의 집행과 법적 책임의 구조를 집니다. 이사는 주주로부터 경영권을 위임받아 실제 현장에서 회사를 이끌어가는 집행 주체입니다. 주주가 '자본'의 논리로 움직인다면, 이사는 '능력'과 '책임'의 논리로 움직입니다.

대표이사의 상징성과 실무적 권한이 중요합니다. 대표이사는 이사회를 대표하여 회사의 업무를 집행하는 최고 의사결정권자입니다. 대외적으로는 회사를 대표하여 계약을 체결하고 법적 문서에 서명하는 등 막강한 권한을 행사합니다. 하지만 그만큼 막중한 법적 책임이 따릅니다.

상법상 이사는 '선량한 관리자의 주의의무(선관의무)'를 집행해야 합니다. 만약 이사가 자신의 이익을 위해 회사의 기회를 유용하거나, 정관에 위배되는 행위를 하여 회사에 손해를 끼쳤다면, 주식회사의 '유한책임' 원칙에도 불구하고 이사 개인의 자산으로 그 손해를 배상해야 할 수도 있습니다. 따라서 대표이사는 단순히 직함을 갖는 것이 아니라 법적 책임의 종착역임을 명확히 인지해야 합니다.

이사회의 구성과 의사결정 시스템을 이해해야 합니다. 상법상 자본금 10억 원 미만의 회사는 이사를 1인 혹은 2인만 둘 수 있는 특례가 적용되지만, 원칙적으로 주식회사의 최고 의사결정 기관은 이사회입니다.

1인 또는 2인의 이사 체제는 초기 스타트업이나 소규모 법인(주식회사)이 선호하는 구조입니다. 이사회를 구성할 의무가 없으므로 절차가 간소화되고 비용이 절감됩니다. 대표이사 1인이 모든 결정권을 행사하므로 매우 기동력 있는 경영이 가능합니다.

회사 규모가 커지면 이사회를 통한 견제와 균형을 위해 3인 이상의 이사회 구성이 필요합니다. 주요 자산의 처분, 대규모 차입, 신주발행 등 기업의 명운을 결정하는 사안은 이사회의 결의를 거쳐야 합니다. 이는 독단적인 경영으로 인한 리스크를 방지하고 기업 운영의 투명성을 높여 대외적 신인도를 확보하는 수단이 됩니다.

소유와 경영의 결합 및 분리 전략으로 지속 가능한 기업의 조건을 유지해야 합니다. 성공적인 기업으로 거듭나기 위해서는 성장 단계에 맞추어 주주와 이사의 관계를 유연하게 조정해야 합니다.

초기 단계(Seed Stage)에서는 보통 '주주 겸 이사' 체제가 일반적입니다. 창업자가 대주주이면서 동시에 대표이사가 되는 형태입니다. 이 시기에는 경영권과 소유권이 일치하기 때문에 자신의 모든 것을 쏟아붓는 강력한 동기부여가 발생하며, 빠른 시장 대응이 가능합니다.

성장 및 도약 단계(Growth Stage)에 접어들면 '전문 경영인 제도'를 고려하게 됩니다. 창업자인 주주(CEO)는 기업의 장기적인 비전 설정과 투자 유치, 엑시트(EXIT) 전략 수립이라는 주주 본연의 역할에 집중하고, 구체적인 현장 경영과 오퍼레이션은 해당 분야의 전문가인 이사(전문 경영인)에게 맡기는 방식입니다. 이는 대표이사 개인의 시간을 확보하여 기업 가치를 높이는 전략적 활동에 투입할 수 있게 해주는 중요한 전환점입니다.

결론적으로, 주식회사 설립 시 가장 중요한 것은 '안정적인 경영권 확보(지분율 50% + 1주)'와 '책임 경영 시스템의 구축'입니다. 이 두 축이 단단하게 맞물려 돌아갈 때, 회사는 단순한 사업체를 넘어 지속 가능한 '시스템'으로 진화할 수 있습니다. 주주와 이사의 역할을 명확히 구분하고 이를 정관과 계약서에 세밀하게 담아내는 것이야말로 향후 발생할 수 있는 모든 리스크를 관리하는 최선의 전략입니다.

　다음 글에서는 이 모든 결정 사항을 법적으로 확정 짓는 법인 설립 등기의 실무 절차 중에 법인의 헌법인 정관 작성의 비밀에 대해 구체적으로 알아보겠습니다.

12.
법인의 헌법
: 정관 작성의 비밀을 미리 설계

주식회사를 설립하는 실무 과정에서 많은 창업자가 '정관(Articles of Incorporation)'을 등기를 위한 통과 의례 정도로 치부하곤 합니다. 표준 정관 양식에 상호와 주소만 기재하여 제출하는 경우가 허다하지만, 이는 기업의 미래를 담보로 하는 매우 위험한 선택입니다. 정관은 단순한 문서가 아니라 '법인의 헌법'입니다. 국가에 헌법이 있듯, 주식회사라는 조직 내에서 발생하는 모든 의사 결정과 갈등 해결의 최종 근거는 정관에 있습니다.

정관은 설립 초기에는 큰 차이를 만들지 않는 것처럼 보일 수 있습니다. 그러나 회사가 성장하여 대규모 투자를 유치하거나, 주주 간의 이해관계가 대립할 때, 혹은 경영자가 기업을 매각(EXIT)하거나 승계하려는 시점에 이르러서야 그 진가가 드러납니다. 잘 설계된 정관은 경영권 방어의 강력한 방패가 되며, 세금을 획기적으로 줄여주는 절세의 수단이 되기도 합니다. 따라서 정관 작성은 등기 실무를 넘어 CEO의 장기적인 경영 비전과 재무 전략이 집약된 '전략적 의사결정의 산물'이어야 합니다.

정관의 본질적 정의와 법적 권위를 이해해야 합니다. 정관은 주식회사의 조직 구조와 운영 원칙을 규정한 근본 규칙입니다. 법인이라는 가상의 인격체가 사회에서 활동하기 위해 반드시 갖춰야 할 내부 규범이며, 이는 외부 제3자에게도 일정한 효력을 미칩니다.

법적 강제력과 경영의 예측 가능성 기능이 있습니다. 정관에 명시되지 않은 회사의 행위는 법적 효력을 인정받기 어렵거나, 사후적으로 큰 분쟁의 소지가 됩니다. 예를 들어, 정관에 '이사 보수'나 '퇴직금'에 대한 근거 규정이 없다면, 아무리 회사가 수익을 많이 냈더라도 대표이사가 임의로 고액의 상여금을 수령할 수 없습니다. 이는 횡령이나 배임의 문제로 번질 수 있습니다. 정관은 경영자에게는 경영의 자율성을 부여하는 동시에, 주주에게는 예측이 가능한 운영을 약속하는 법적 장치입니다.

공중 절차와 공신력 확보를 해야 합니다. 주식회사를 설립할 때 작성하는 최초의 정관을 '원시정관'이라고 합니다. 상법은 이 원시정관의 진정성을 확보하기 위해 공증인의 공증을 받도록 강제하고 있습니다. 이는 정관의 내용이 사후에 임의로 조작되거나 소급 적용되는 것을 방지하여 법인의 대외적 신뢰도를 높이기 위함입니다. 다만, 최근 규제 완화로 인해 자본금 10억 원 미만의 소규모 회사를 '발기 설립(주주와 발기인이 동일한 경우)'할 때는 공중 의무가 면제되기도 하나, 여전히 정관의 내용 자체가 가지는 법적 무게감은 변하지 않습니다.

절대적 기재 사항은 법적 유효성을 위한 필수 요건입니다. 상법

제289조는 정관에 반드시 포함되어야 할 항목들을 규정하고 있습니다. 이를 '절대적 기재 사항'이라고 하며, 이 중 단 하나라도 누락되거나 법적 기준에 어긋날 경우 정관 자체가 무효가 되어 법인 설립 등기 자체가 불가능해집니다.

상호와 목적을 전략적으로 설정해야 합니다. 상호는 법인의 이름입니다. 동일한 시 또는 군 내에서 동종 업종의 타인이 등록한 상호와 중복되지 않아야 합니다. 브랜드 아이덴티티를 고려하되, 향후 글로벌 진출을 염두에 둔다면 영문 명칭도 병기하는 것이 좋습니다. 목적은 회사가 수행할 구체적인 사업 범위를 나열합니다. 현재 진행하는 사업뿐만 아니라, 향후 5년에서 10년 이내에 확장 가능성이 있는 인접 사업 분야까지 폭넓게 기재해야 합니다. 나중에 사업 목적을 추가하려면 주주총회 특별 결의와 변경 등기 비용이 발생하므로, 설립 시 최대한 포괄적으로 구성하는 것이 경제적입니다.

자본금 구조와 주식 발행의 원칙이 있습니다. 발행 예정 주식의 총수는 소위 '수권주식 수'라고 합니다. 회사가 정관 변경 없이 발행할 수 있는 주식의 최대한도입니다. 초기 발행 주식 수의 10배에서 100배 이상 넉넉하게 설정하는 것이 일반적입니다. 이는 향후 투자 유치(증자)나 스톡옵션 부여 시 정관을 매번 고쳐야 하는 번거로움을 줄여줍니다.

액면가는 1주당 금액으로, 보통 100원, 500원, 5,000원 등으로 설정합니다. 액면가가 낮을수록 유통 주식 수가 많아져 추후 주식 거래나 임직원 대상 보상 설계 시 유연성이 높아집니다.

본점 소재지는 회사의 주소지입니다. 이는 관할 세무서와 등기소를 결정할 뿐만 아니라, 수도권 과밀억제권역 여부에 따라 취득세 등 중과세 여부가 결정되므로 전략적 지역 선택이 필요합니다.

영속성과 EXIT(출구 전략)을 위한 '전략적 기재 사항'의 심화 분석을 해야 합니다. 단순히 법을 지키는 수준을 넘어, 회사의 가치를 극대화하고 경영권을 보호하기 위해서는 '상대적 기재 사항'과 '임의적 기재 사항'을 어떻게 설계하느냐가 핵심입니다.

투자 유치와 경영권 방어를 위해 주식의 종류를 설계해야 합니다. 보통주만 발행할 수 있는 정관은 투자 유치 시에 창업자의 지분율 희석 문제를 해결하기 어렵습니다. 전략적인 정관에는 상환전환우선주(RCPS)나 의결권 제한 주식의 발행 근거를 상세히 마련해야 합니다. 전략적 이점은 외부 투자자에게는 배당이나 잔여재산 분배에서 우선권을 주되, 경영권에 직접적인 영향을 미치는 의결권을 제한함으로써 CEO가 적은 지분으로도 회사를 안정적으로 이끌 수 있는 구조를 만들 수 있습니다. 이는 미래의 기업 공개(IPO)나 M&A 과정에서 창업자의 협상력을 높이는 강력한 무기가 됩니다.

경영자의 자금 회수 전략을 위하여 임원 관련 규정의 최적화를 해야 합니다. 많은 CEO가 실책을 범하는 부분이 바로 임원 보수와 퇴직금 규정입니다. 일반 직원은 근로기준법의 보호를 받지만, 임원은 정관이나 정관에서 위임한 별도의 '임원 퇴직금 지급 규정'이 있어야만 퇴직금을 받을 수 있습니다. 만약 규정 없이 거액의 퇴직금을 지급하면 이는 법인세법상 비용으로 인정받지 못할 뿐더러, 수령자에게는 퇴직소득세가 아닌 고율의 근로소득세(또는 배당소득세)가 부과됩니다.

EXIT 전략과 연계하여 CEO가 경영 일선에서 물러나거나 가업을 승계할 때, 정관에 기반한 퇴직금은 가장 세금 부담이 적은 방식으로 법인의 자금을 개인화하는 '합법적 엑시트 경로'가 됩니다.

적대적 M&A 방어와 의결 요건의 조정을 이해해야 합니다. 상법상 특별 결의 요건은 '출석 주주 의결권의 2/3 이상, 발행 주식 총수의 1/3 이상'입니다. 하지만 정관을 통해 이 요건을 더 강화할 수 있습니다(예: 80% 또는 90% 찬성).

초다수결의제(Super-majority Provision)는 핵심적인 경영 사안(이사 해임, 합병 등)에 대해 결의 요건을 높여 놓으면, 외부 세력이 지분을 매집하여 경영권을 찬탈하려 할 때 강력한 방어벽 역할을 합니다. 이는 특히 기술력이 뛰어난 스타트업이 대기업이나 사모펀드로부터 경영권을 보호하며 독립성을 유지하는 데 필수적인 장치입니다.

전문가의 조언을 통한 '맞춤형 헌법'을 완성해야 합니다. 결론적으로 정관은 법인 설립 시 제출해야 하는 '종이 뭉치'가 아니라, 기업의 과거와 현재, 그리고 미래의 EXIT 전략까지 관통하는 지배구조의 설계도입니다. 표준 양식에 의존하는 것은 내 몸에 맞지 않는 기성복을 입는 것과 같습니다.

성공적인 주식회사를 운영하기 위해서는 설립 단계에서부터 법무사 또는 변호사, 세무사, 그리고 경영 컨설턴트와의 협력을 통해 우리 회사만의 특수한 상황을 반영한 '전략 정관'을 구축해야 합니다. 이것이 바로 주식회사의 영속성을 보장하고, 훗날 경영자가 노력의 대가를 가장 효율적으로 회수할 수 있는 가장 확실한 투자입니다.

다음 글에서는 이 정관을 바탕으로 실제로 법인 설립 등기를 진행하는 구체적인 실무 절차에 대해 알아보겠습니다.

13.
법인 설립 등기
: 최적의 선택, 셀프 등기 vs 법무사 또는 변호사 활용

정관 작성, 자본금 결정, 사업장 주소지 확정 등 법인 설립을 위한 외형적인 준비를 모두 마쳤다면, 이제는 이론상의 계획을 법적인 실체로 전환하는 마지막 관문에 서게 됩니다. 그것은 바로 '법인 설립 등기(登記)'라는 공적 절차입니다. 주식회사는 자연인과 달리 법률이 부여하는 인격인 '법인격'을 가짐으로써 비로소 권리와 의무의 주체가 됩니다. 대한민국 상법에 따르면 회사는 본점 소재지에서 등기함으로써 성립하며, 이는 곧 등기가 없는 상태의 회사는 단지 준비 중인 단체에 불과하다는 것을 의미합니다.

등기는 단순히 서류를 제출하는 행위를 넘어, 국가가 운영하는 등기부라는 공적 장부에 회사의 주요 정보를 기록하여 불특정 다수의 이해관계자에게 회사의 실체를 투명하게 공시하는 제도입니다. 이 과정을 거쳐 법인 등록 번호를 부여받아야만 비로소 회사는 자신의 이름으로 계약을 체결하고, 은행 계좌를 개설하며, 세무서에 사업자 등록을 신청할 수 있는 자격을 얻게 됩니다. 창업자에게 이 절차는 단순한 행정 업무가 아니라, 자신의 비즈니스가 사회적으로 공인받는 역사적인 순간이자 본격적인 경영의 시작점입니다.

이러한 중차대한 단계에서 창업자가 마주하는 첫 번째 경영 판단은 '이 복잡한 절차를 스스로 수행할 것인가(셀프 등기), 아니면 비용을 지불하고 대리인에게 맡길 것인가(법무사 또는 변호사 위임)'에 대한 문제입니다. 이는 단순히 '비용 절감'의 문제가 아니라, 창업자의 '시간 가치'와 '기회비용'을 어떻게 정의하느냐에 따른 전략적 선택의 문제입니다.

셀프 등기와 법무사 또는 변호사 활용을 다각적으로 비교 분석해 보면, 창업 초기 단계에서 자금의 흐름을 통제하는 것은 매우 중요하지만, 동시에 CEO의 물리적 시간과 정신적 에너지를 어디에 집중할 것인가 역시 성패를 좌우하는 핵심 요소입니다. 아래에서는 셀프 등기와 법무사 또는 변호사 활용이라는 두 가지 선택지를 비용, 시간, 난이도, 그리고 리스크라는 네 가지 관점에서 심층 비교합니다.

셀프 등기(Self-Registration)는 극한의 비용 효율을 추구합니다. 셀프 등기는 자본금이 넉넉하지 않은 초기 창업자나 1인 법인 창업자들에게 매력적인 선택지입니다. 이 방식의 가장 큰 장점은 경제성입니다. 국가에 납부하는 필수 공과금(등록면허세, 지방교육세 등)을 제외하고는 추가적인 수수료가 발생하지 않기 때문입니다. 하지만 '비용이 적다'라는 것은 오직 현금 지출 측면의 이야기일 뿐입니다. 보이지 않는 비용인 '시간'과 '노력' 측면에서 보면 난이도는 급격히 상승합니다. 법률 용어에 익숙하지 않은 창업자가 정관, 주주명부, 조사보고서 등 생소한 서류들을 오타 하나 없이 완벽하게 작성해야 하며, 대법원 인터넷 등기소의 복잡한 보안 프로그램과 전자 서명 시스템을 직접 통제해야 합니다. 만약 서류상 미비점이 발견되거나 기재 사항에 오류가 있을 경우, 등기소로부터 반려(보정 명령)를 받게 되며 이는 곧 설립 일정의 지연으로 이어집니다. 따라서 셀프 등기는 시간적 여유가 충분하고 법적 서류를 꼼꼼히 검토할 준비가 된 창업자에게 적합한 모델입니다.

법무사 또는 변호사 활용(Professional Service)은 경영 효율을 극대화합니다. 법무사 또는 변호사에게 등기를 위임하는 것은 'CEO의 시간을 구매하는 행위'입니다. 일반적으로 수십만 원에서 수백만 원 내외의 수수료가 발생하지만, 그 대가로 창업자는 강력한 안정성과 신속함을 얻습니다. 수많은 법인 설립 경험을 가진 전문가는 업종별 특성에 맞는 정관 초안을 제시하고, 과밀억제권역에 따른 중과세 여부를 사전에 검토하여 예상치 못한 세금 폭탄을 방지해줍니다. 특히 신속성이 생명인 비즈니스 환경에서 법무사 또는 변호사를 통하면 서류 전달 후 영업일 기준 2일에서 3일 이내에 등기를 마칠 수 있습니다. 이는 창업자가 등기소 홈페이지와 씨름할 시간에 핵심 고객을 만나거나 IR 자료를 보강하여 더 큰 가치를 창출할 수 있게 함을 의미합니다. 정확성 또한 매우 높습니다. 전문가의 검토를 거친 서류는 반려될 확률이 거의 없으므로, 사업을 개시하기 위한 일정을 계획대로 완벽하게 이행할 수 있습니다.

셀프 등기 프로세스의 심층 이해와 실무적 주의 사항이 있습니다. 직접 등기를 진행하기로 결심했다면, 단순히 서류를 내는 수준을 넘어 각 단계에 숨겨진 함정을 파악해야 합니다. 최근에는 인터넷 등기소를 통한 전자 등기가 보편화되었으므로 이를 기준으로 상세 절차를 살펴보겠습니다.

필수 서류의 완벽한 구비가 필요합니다. 셀프 등기의 성패는 서류의 완벽성에 달려 있습니다. 기본적으로 회사의 헌법인 정관, 자본금 구성을 나타내는 주주명부, 설립 과정의 적법성을 확인하는 이사·감사의 조사보고서, 자본금이 실제로 존재함을 증명하는 은행 잔고 증명서, 그리고 모든 임원의 인감증명서와 주민등록등본 등이 필요합니다. 여기서 주의할 점은 잔고 증명서의 유효 기간입니다. 발급일로부터 통상 2주 이내에 등기를 신청해야 하며, 발급 당일에는 해당 계좌의 입출금이 동결된다는 점을 설립 일정에 반영해야 합니다.

인터넷 등기소 활용과 공과금 납부가 가능합니다. 전자 등기를 위해서는 대법원 인터넷 등기소에 접속하여 법인용 ID를 생성하고 정보를 입력해야 합니다. 이 과정에서 가장 흔히 발생하는 실수는 '등록면허세' 계산입니다. 본점 소재지가 수도권 정비계획법상 '과밀억제권역'에 해당할 경우, 일반 지역보다 3배 높은 세율이 적용됩니다. 이를 잘못 계산하여 적게 납부하면 등기는 즉시 보정 대상이 됩니다. 또한, 모든 발기인과 임원이 각각 자신의 개인 공동인증서(구 공인인증서)를 소지하고 있어야 하며, 시스템상에서 전자 서명을 완료해야 제출이 가능합니다.

셀프 등기의 기회비용을 환산해 봐야 합니다. 많은 창업자가 간과하는 것이 '자신의 시급'입니다. 셀프 등기를 공부하고 실행하는 데 최소 20시간에서 30시간이 소요된다고 가정할 때, 이 시간이 CEO로서 창출할 수 있는 미래 가치보다 낮은지 반드시 자문해 보아야 합니다. 또한, 단순히 등기를 완료하는 것과 '사업에 최적화된 정관'을 갖는 것은 별개의 문제입니다. 향후 투자 유치나 스톡옵션 발행을 고려한다면, 초기에 잘못 작성된 정관을 수정하는 데 더 큰 비용이 들 수 있다는 점을 명심해야 합니다.

전략적 CEO를 위한 전문가 위임의 가치와 선택 기준을 고려해야 합니다. 사업 규모가 있거나 빠른 성장을 목표로 하는 CEO에게 전문가 위임은 선택이 아닌 필수 전략에 가깝습니다. 단순히 업무를 떠넘기는 것이 아니라, 전문가의 지식 자산을 회사 시스템에 편입시키는 과정으로 이해해야 합니다.

법률 리스크를 사전에 예방하고 정관을 최적화할 수 있습니다. 법무사 또는 변호사는 단순 대행자가 아니라 법률 컨설턴트의 역할을 수행합니다. 예를 들어, 정관에 '이사와 감사의 퇴직금 지급 규정'이나 '유상증자 시 주식 발행의 종류' 등을 어떻게 기재하느냐에 따라 향후 절세 전략이나 경영권 방어 전략이 완전히 달라질 수 있습니다. 셀프 등기용 표준 정관은 이러한 디테일을 담기 어렵지만, 전문가를 활용하면 회사의 장기적인 EXIT 전략이나 투자 유치 계획에 맞춘 맞춤형 정관을 설계할 수 있습니다.

네트워크와 확장성이 확보됩니다. 법인 설립을 도와준 법무사 또는 변호사는 향후 증자, 이사 선임, 주소지 변경 등 회사가 성장하며 겪게 될 수많은 변경 등기 업무의 든든한 파트너가 됩니다. 또한, 법무사 또는 변호사와 연계된 세무사나 노무사를 소개받음으로써 초기 경영 지원 인프라를 손쉽게 구축할 수 있다는 부가적인 이점도 존재합니다.

최적의 선택 전략은 '시간 절약 비용'으로서의 수수료를 인정하는 것입니다. 성공하는 CEO의 공통점은 '자신이 가장 잘하는 일'과 '남이 더 잘하는 일'을 명확히 구분한다는 것입니다. 법인 설립 등기는 회사 운영에 있어 필수적이지만, 수익을 직접 창출하는 영업 활동이나 제품 개발과는 거리가 먼 '행정적 뒷받침'에 해당합니다. 초기 자본이 극도로 부족하여 단돈 1원이라도 아껴야 하는 상황이 아니라면, 수수료를 '시간 절약 비용'이자 '안전 보험료'로 인식하는 발상의 전환이 필요합니다. 전문가에게 등기를 맡기고 확보한 그 금쪽같은 시간에 첫 번째 잠재 고객을 만나러 나가거나, 비즈니스 모델의 허점을 보완하는 것이 장기적으로 기업 가치(Enterprise Value)를 높이는 훨씬 영리한 길입니다.

법인 설립 등기가 성공적으로 마무리되면, 국가는 비로소 여러분의 회사를 고유한 인격을 가진 존재로 인정하고 '법인 등록 번호'를 부여합니다. 이 번호는 사람의 주민등록번호와 같은 역할을 하며, 이후 진행될 모든 대외 활동의 근간이 됩니다.

이제 법인 등기부등본과 인감증명서를 손에 쥐게 된 당신은 정식으로 '대표이사'라는 직함을 당당하게 사용할 수 있게 되었습니다. 하지만 이것으로 끝이 아닙니다. 다음 단계로는 이 법인 등록 번호를 바탕으로 관할 세무서에서 사업자 등록증을 발급받아야 하며, 실제 자금 흐름의 통로가 될 법인 계좌 개설 절차에 착수해야 합니다.

다음 글에서는 사업자 등록 시 업태와 종목을 선정하는 요령과 법인 통장 개설 시 은행의 심사를 한 번에 통과할 수 있는 실무적인 팁에 대해 상세히 다루어 보도록 하겠습니다.

14.
사업자 등록 및
법인 통장 개설 절차

경제적 실체의 공인인 사업자 등록의 전략적 가치와 절차에 대한 이해가 필요합니다. 법인 설립 등기를 통해 법적 인격을 부여받은 주식회사가 시장에서 실질적인 경제 활동을 영위하기 위해서는 국가 세무 당국에 사업의 시작을 알리는 '사업자 등록'을 반드시 완료해야 합니다. 이는 단순히 세금을 내기 위한 명단에 이름을 올리는 행위가 아니라, 국가로부터 비즈니스의 정당성을 인정받고 부가가치세법상 세금계산서를 발행 및 수취할 수 있는 '권리'를 획득하는 과정입니다.

사업자 등록은 등기 완료일로부터 20일 이내에 신청하는 것이 원칙입니다. 만약 이 기간을 넘기게 되는 경우 가산세가 부과될 수 있을 뿐만 아니라, 사업 초기 비품 구입이나 인테리어 비용 등에서 발생하는 매입 세액 공제를 받지 못하는 재무적 손실이 발생할 수 있으므로 신속한 처리가 요구됩니다.

신청 경로의 선택과 실무적 접근을 해야 합니다. 오늘날 사업자 등록은 크게 두 가지 경로로 진행됩니다. 첫째는 법인 본점 소재지를 관할하는 세무서 민원봉사실을 직접 방문하는 방식이며, 둘째는 국세청의 온라인 행정 서비스인 '홈택스(Hometax)'를 이용하는 방식입니다.

직접 방문 방식은 담당 공무원과의 질의응답을 통해 서류의 미비점을 즉시 보완할 수 있다는 장점이 있으나, 이동 시간과 대기 시간이 소요됩니다. 반면, 홈택스를 통한 신청은 공동인증서만 있다면 시공간의 제약 없이 신청이 가능하여 대부분 현대의 창업자들이 선호하는 방식입니다. 온라인 신청 시에는 법인 등록 번호만 정확히 입력해도 등기 사항이 자동으로 연동되어 편의성이 극대화됩니다.

필수 제출 서류에 담긴 경영적 의미를 이해해야 합니다. 사업자 등록을 위해 준비해야 할 서류들은 각각 법인의 투명성과 사업의 구체성을 증명하는 용도로 쓰입니다. 법인 등기부등본 및 정관은 회사의 설립 목적과 운영 원칙을 증명합니다. 주주명부는 회사의 실제 소유주와 지분 구조를 파악하여 조세 회피 가능성을 사전에 차단하는 기초 자료가 됩니다. 임대차계약서는 사업의 실체가 특정 장소에 존재함을 증명합니다. 특히 전대차(빌린 공간을 다시 빌려주는 경우)에는 원소유주의 동의서가 필요하므로 사전에 꼼꼼한 확인이 필요합니다. 인허가 서류는 주류 판매, 학원 운영, 의료기기 판매 등 특수 업종의 경우 관련 기관의 허가증이 없으면 사업자 등록증 발급이 반려되므로 선행 절차 확인이 필수적입니다.

업태와 종목 선정의 전략적 조언은 '비즈니스의 확장성 설계'입니다. 많은 CEO가 사업자 등록 시 업태(業態)와 종목(種目)을 현재 수행하는 일에만 한정 짓는 실수를 범합니다. 하지만 사업자 등록증 상의 업종은 곧 회사가 발행할 수 있는 세금계산서의 성격을 규정합 니다. 전략적인 경영자라면 현재 주력 사업 외에도 향후 1년에서 2 년 이내에 확장 가능성이 있는 사업 영역을 3개에서 4개 정도 추가 하여 등기 목적과 일치시키는 것이 현명합니다. 예를 들어 IT 소프 트웨어 개발업이라면 관련 교육 서비스업이나 하드웨어 도소매업을 미리 포함함으로써, 나중에 사업 영역이 넓어질 때마다 세무서를 방 문해 등록증을 갱신해야 하는 행정적 번거로움을 미리 예방할 수 있습니다.

법인 금융 인프라 구축을 위해 통장 개설의 장벽과 돌파 전략이 필요합니다. 사업자 등록증을 발급받았다면, 이제 법인의 심장 역 할을 할 '법인 통장'을 개설해야 합니다. 주식회사는 개인사업자와 달리 대표이사와 법인이 완벽히 분리된 주체입니다. 따라서 법인의 모든 자금 흐름은 법인 명의의 통장을 통해서만 투명하게 관리되어 야 합니다. 이것은 단순히 편리함의 문제가 아니라, 향후 발생할 수 있는 '가지급금'이나 '가수금' 문제나 세무 조사를 방지하기 위한 경 영의 대원칙입니다.

금융권의 강화된 문턱과 심사 기준에 대비해야 합니다. 과거와 달 리 최근에는 대포 통장을 활용한 금융 범죄를 예방하기 위해 법인 의 신규 계좌 개설 심사가 매우 엄격해졌습니다. 법인 설립 등기 시 사용했던 '주금 납입용 잔고 증명 계좌'는 개인 명의의 임시 계좌일 뿐이므로, 이를 정식 법인 계좌로 오해해서는 안 됩니다. 은행은 신 규 법인이 실제로 사업을 영위할 의지가 있는지, 유령 회사는 아닌 지를 철저히 검증합니다. 따라서 등기부등본이나 인감증명서와 같은 기본 서류 외에도, 사업의 실체를 입증할 수 있는 추가 자료(사무실 내부 사진, 회사 홈페이지, 매출 관련 계약서 또는 매입 인보이스 등)를 요구하는 경우가 많습니다.

법인 통장 개설을 위한 준비물과 프로세스가 있습니다. 법인 통장 개설은 위임장으로 대리인이 처리할 수도 있으나, 가급적 대표이사 본인이 직접 방문하는 것을 권장합니다. 은행은 대표자의 경영 의지와 신용도를 함께 확인하고자 하기 때문입니다. 법인 등기부등본과 법인 인감증명서는 반드시 발급일로부터 3개월 이내의 유효기간을 엄수한 원본이어야 합니다. 인감은 반드시 등기소에 등록된 '법인 인감'을 지참해야 하며, 통장 인감을 별도로 사용할 경우 사용 인감을 준비해야 합니다. 통장 개설 시 법인 체크카드, 기업 인터넷 뱅킹, OTP 발급 등을 한 번에 일괄 신청으로 효율적으로 처리하는 것이 좋습니다.

주거래 은행 선정과 '한도 계좌' 해제 전략을 고려해야 합니다. 초기 법인이 겪는 가장 큰 불편함 중 하나는 신규 계좌가 '금융 거래 한도 계좌'로 설정된다는 점입니다. 이 경우 하루 송금 한도가 100만 원 내외로 제한되어 임대료 납부나 비품 결제 등 정상적인 사업 운영에 차질을 빚게 됩니다. 이를 해제하기 위해서는 법인이 실제로 매출을 발생시키고 있다는 증빙(세금계산서 발행 내역, 물품 납품 계약서 등)을 은행에 제출해야 합니다. 따라서 창업자는 주거래 은행을 선정할 때 단순히 사무실에서 가까운 곳이 아니라, 향후 법인 대출이나 정책 자금 연계 가능성이 높은 은행을 선택하여 장기적인 신뢰 관계를 구축하는 전략이 필요합니다.

CEO의 재무 관리 원칙은 법인 돈과 개인 돈의 완전한 분리입니다. 사업자 등록과 통장 개설이 완료된 순간, CEO는 '내 돈'이 아닌 '법인의 돈'을 관리하는 관리자(Fiduciary)의 책임을 갖게 됩니다. 많은 초보 경영자가 범하는 가장 위험한 실수는 법인 통장의 돈을 개인적인 용도로 사용하거나, 반대로 개인 자금을 법인 통장에 아무런 절차 없이 입금하는 행위입니다.

공적인 자금 흐름을 체계화해야 합니다. 법인 통장이 개설되면 모든 수익은 해당 계좌로 입금되어야 하며, 모든 지출(임차료, 인건비, 자재비 등) 역시 해당 계좌에서 나가야 합니다. 부득이하게 현금을 사용해야 할 경우에는 반드시 법인 카드를 활용하여 적격 증빙을 남겨야 합니다. 이러한 투명한 자금 관리는 장기적으로 투자를 유치하거나 금융권에서 대출을 받을 때 기업의 신용도를 결정짓는 핵심 지표가 됩니다.

세무 리스크 방지와 법인격의 존중이 필요합니다. 만약 대표자가 법인 돈을 임의로 사용한다면 이는 세무상 '업무 무관 가지급금'으로 처리되어 매년 법인세 부담을 가중시키고, 심한 경우 '횡령'이나 '배임' 등의 법적 문제로 비화될 수 있습니다. 반대로 대표자가 법인에 돈을 빌려줄 때도 '가수금' 처리를 명확히 하여 장부상 기록을 남겨야 합니다. 법인 통장 개설은 단순히 금융 거래를 위한 수단이 아니라, 법인이라는 독립된 인격체를 존중하고 투명한 경영 시스템을 구축하겠다는 CEO의 약속과도 같습니다.

본격적인 경영 항해를 시작하며, 이제 법인 설립 등기부터 사업자 등록, 그리고 금융 인프라 구축까지 주식회사 설립을 위한 모든 하드웨어적 준비가 끝났습니다. 이제 당신의 회사는 번호(법인등록 번호, 사업자 번호)를 가진 당당한 경제 주체로서 시장의 경쟁에 참여할 준비가 되었습니다.

이 모든 과정은 복잡하고 번거롭게 느껴질 수 있지만, 역설적으로 이러한 엄격한 절차가 있기에 '법인(주식회사)'이라는 조직이 사회적 공신력을 얻고 거대한 자본을 움직일 수 있는 것입니다. 체계적인 등록과 투명한 금융 관리는 추후 회사가 성장하여 EXIT(출구 전략, 투자 회수)를 하거나 상장(IPO)을 검토할 때 가장 강력한 밑거름이 될 것입니다.

다음 글에서는 이렇게 구축된 시스템 위에서 법인 카드 발급으로 경비 처리의 첫걸음과 주의 사항에 대해 심도 있게 다루겠습니다.

15.
법인 카드 발급
: 경비 처리의 첫걸음과 주의 사항

법인격의 완성인 법인 카드 발급의 상징성과 경영적 의의를 알아야 합니다. 법인 설립 등기와 사업자 등록, 그리고 법인 계좌 개설까지 마쳤다면 이제 주식회사는 하나의 독립된 인격체로서 세상에 발을 내디뎠습니다. 이때부터 발생하는 모든 경제적 행위는 '대표이사 개인'의 행위가 아닌 '법인'의 행위로 기록되어야 합니다. 그 실무적인 접점이자 가장 강력한 증빙 도구가 바로 법인 카드입니다.

법인 카드를 발급받고 사용하기 시작한다는 것은 단순히 결제 수단이 하나 늘어나는 것을 의미하지 않습니다. 이는 대표이사 개인의 자산과 법인의 자산을 엄격히 분리하겠다는 경영자의 의지 표명이자, 국세청에 모든 지출 내역을 투명하게 공개하여 합법적인 경비 처리를 받겠다는 선언과도 같습니다. 법인 카드는 주식회사의 공신력을 바탕으로 발행되는 만큼, 이를 어떻게 관리하느냐에 따라 회사의 재무 건전성과 세무 리스크의 향방이 결정됩니다.

법인 카드의 전략적 선택으로 체크카드와 신용카드의 입체적 비교를 해야 합니다. 법인 카드는 크게 체크카드와 신용카드로 나뉘며, 각각의 발급 요건과 활용 가치가 다릅니다. 초기 창업자는 회사의 재무 상태와 신용도를 고려하여 단계적인 발급 전략을 세워야 합니다.

법인 체크카드는 초기 법인의 필수 인프라입니다. 신규 설립된 법인은 아직 매출 실적이 없거나 신용도가 축적되지 않았기 때문에, 일반적인 신용카드 발급이 거절되는 경우가 많습니다. 이때 가장 현실적이고 효율적인 대안이 법인 체크카드입니다. 법인 계좌에 예치된 잔액 범위 내에서만 결제가 가능하므로, 은행 입장에서는 대출 리스크가 없습니다. 따라서 별도의 복잡한 신용 심사 없이 사업자 등록증과 법인 인감증명서 등 기본 서류만으로 즉시 발급이 가능한 용이성이 있습니다. 통장 잔액만큼만 사용할 수 있어 초기 자금이 부족한 창업 법인이 무분별한 지출을 막고 지출을 통제하여 계획적인 예산 집행을 하기에 적합합니다.

법인 신용카드는 신용 창출과 자금 유동성 확보에 활용할 수 있습니다. 법인 설립 후 약 3~6개월이 경과하고 안정적인 매출이 발생하기 시작하면 법인 신용카드 발급을 고려해야 합니다. 결제일과 대금 납부일 사이의 시차를 이용해 단기적인 자금 유동성을 확보 및 관리할 수 있습니다. 법인 명의의 신용카드를 연체 없이 꾸준히 사용하면 법인 자체의 신용점수가 상승하며, 신용도가 축적됩니다. 이는 향후 은행권 대출이나 정부 정책 자금을 조달할 때 유리한 지표로 작용합니다. 카드사는 법인의 재무제표, 매출 규모, 대표자의 개인 신용도 등을 종합적으로 평가합니다. 초기에는 대표이사의 연대보증을 요구하거나 결제 계좌에 일정 금액을 담보로 설정(질권 설정)하기도 하므로 담당자와 긴밀한 협의가 필요합니다.

경비 인정의 절대 법칙인 '사업 관련성'과 '적격 증빙'의 심층 이해가 필요합니다. 법인 카드로 결제했다고 해서 모든 금액이 자동으로 법인의 비용으로 인정되는 것은 아닙니다. 세법상 비용(손금)으로 인정받기 위해서는 두 가지 거대한 산을 넘어야 합니다.

사업 관련성은 "왜 이 돈을 썼는가?"에 대한 답입니다. 법인세법의 대원칙은 '회사의 수익 창출과 직접적으로 연관된 지출'만을 경비로 인정한다는 것입니다. 이를 입증할 책임은 일차적으로 납세자인 법인에 있습니다. 사무실 임대료, 업무용 차량 유류비, 소모품비, 도서 인쇄비, 교육 훈련비 등은 사업 관련성이 명확합니다. 또한, 직원들의 사기 진작을 위한 식대나 회식비는 '복리후생비'로, 거래처와의 유대 강화를 위한 지출은 '접대비(기업업무추진비)' 항목으로 경비 처리가 가능합니다. 경계가 모호한 영역으로 주말이나 공휴일, 혹은 거주지 인근에서 결제된 내역은 세무 당국의 집중 점검 대상입니다. 이때는 해당 지출이 업무 수행(주말 근무, 거래처 미팅 등)을 위해 반드시 필요했음을 증명할 수 있는 내부 품의서나 일정표 등을 구비해 두는 것이 안전합니다.

적격 증빙은 "증거가 있는가?"에 대한 확인입니다. 법인 카드는 그 자체로 국세청에 데이터가 전송되는 가장 완벽한 적격 증빙입니다. 별도의 종이 영수증을 일일이 보관하지 않아도 카드사 홈페이지에서 내역을 내려받아 회계 처리를 할 수 있습니다. 만약 카드가 아닌 현금을 사용했다면 반드시 법인 등록번호로 '지출 증빙용 현금영수증'을 발급받거나 '전자세금계산서'를 수취해야 합니다. 간이 영수증은 3만 원 초과 지출 시 가산세 대상이 되므로 주의해야 합니다.

CEO를 위한 세무 리스크 관리를 위해 가지급금과 접대비의 함정을 관리해야 합니다. 법인 카드를 잘못 사용하는 것은 독이 든 성배를 마시는 것과 같습니다. 특히 대표이사 개인의 사적인 욕심이 개입되는 순간, 법인은 세무 조사의 타격권 안으로 들어가게 됩니다.

가지급금은 법인 회계의 시한폭탄입니다. 법인 카드를 사적으로 사용하는 행위(가족 식사, 개인 쇼핑, 개인 병원비 등)는 회계상 '가지급금'을 발생시킵니다. 가지급금은 '원인을 모르게 법인에서 나간 돈' 또는 '대표가 회사에서 빌려간 돈'으로 간주됩니다. 법인은 대표로부터 가상의 이자(인정이자)를 받아야 하며, 이를 받지 않으면 법인세가 증가합니다. 또한, 대표이사에게 해당 이자만큼 소득세가 추가 부과됩니다. 무엇보다 은행 대출 심사 시 가지급금이 많은 법인은 신용도가 급격히 하락하여 자금 조달에 치명적인 약점이 됩니다.

접대비(기업업무추진비)의 정교한 관리가 필요합니다. 2024년부터 '접대비'의 공식 명칭이 '기업업무추진비'로 변경되었습니다. 명칭은 바뀌었지만, 세법상의 엄격함은 여전합니다. 매출 규모에 따라 연간 경비로 인정받을 수 있는 한도가 정해져 있습니다. 한도를 초과하여 쓴 돈은 비용으로 인정되지 않아 결국 법인세 부담으로 돌아옵니다. 3만 원을 초과하는 접대비는 반드시 법인 카드를 사용해야 하며, 고액 접대의 경우 누구를, 어떤 목적으로 만났는지에 대한 세부적인 증빙 기록을 남겨 두는 습관이 필요합니다. 이는 향후 세무 조사 시 '사적 사용'이 아님을 증명하는 강력한 방어기제가 됩니다.

복리후생비와 급여의 경계를 알아야 합니다. 직원들에게 제공하는 복리후생은 법인의 비용으로 처리되지만, 특정 임원이나 대표이 사에게만 제공되는 과도한 혜택은 '상여'로 간주되어 소득세가 부과될 수 있습니다. 법인 카드를 활용한 복지 정책을 펼칠 때는 전 직원을 대상으로 하는 객관적인 규정을 먼저 수립하는 것이 선행되어야 합니다.

투명한 재무 시스템이 기업 가치를 결정합니다. 성공적인 경영자는 숫자에 밝아야 하며, 그 숫자의 시작은 법인 카드의 결제 내역에서부터 시작됩니다. 초기부터 법인 카드를 철저히 관리하는 법인은 외부 감사나 투자 유치(IR) 단계에서 높은 점수를 받습니다. 재무 데이터가 깨끗하다는 것은 곧 경영자가 원칙을 준수하고 있다는 가장 강력한 증거이기 때문입니다.

법인 카드는 회사의 성장을 가속하는 연료이지, 대표 개인의 지갑이 아닙니다. 개인적인 지출은 반드시 개인 카드로 결제하고, 법인 카드는 오직 법인의 수익 창출을 위해서만 사용해야 합니다. 이러한 작은 습관이 모여 법인의 신용이 되고, 그 신용은 나중에 수십억 원의 투자금이나 대출금으로 돌아오는 법인의 기초 체력이 됩니다.

이제 법인 카드까지 손에 쥐게 된 당신은 주식회사를 운영하기 위한 모든 무기를 갖추었습니다. 등기를 통해 '인격'을 얻었고, 사업자 등록을 통해 '자격'을 얻었으며, 통장과 카드를 통해 '자금의 혈맥'을 뚫었습니다.

하지만 회사는 혼자 운영하는 것이 아닙니다. 사람을 채용하고, 팀을 구성하며, 그들과 함께 성과를 만들어내야 합니다.

다음 글에서는 법인 운영의 또 다른 축인 4대 보험 가입 의무와 노무 관리의 기본 원칙, 그리고 효율적인 조직 관리를 위한 근로계약서 작성법에 대해 상세히 알아보겠습니다. 훌륭한 시스템 위에서 훌륭한 인재가 모일 때, 비로소 당신의 주식회사는 진정한 성장의 궤도에 진입할 것입니다.

16.
법인 대표의 의무
: 4대 보험 및 노무 기본 상식

법인 운영의 필수 인프라로 4대 보험의 법적 당위성과 경영적 의미를 이해해야 합니다. 주식회사가 설립 등기를 마치고 사업자 등록을 완료한 후, 실질적인 비즈니스를 수행하기 위해 인적 자원을 투입하는 단계에 이르면 가장 먼저 마주하는 법적 의무가 바로 '4대 사회보험'의 가입입니다. 이는 단순히 직원의 복지를 챙겨주는 차원을 넘어, 법인이라는 독립된 경제 주체가 국가 시스템 내에서 구성원의 생존권과 안전을 보장하기 위해 분담해야 하는 강제적인 사회적 비용이자 법적 의무입니다.

많은 창업자가 4대 보험료를 회사의 이익을 갉아먹는 단순한 '지출'로 생각하곤 하지만, 전략적 경영자의 관점에서는 이를 '기업 리스크 관리 비용'으로 인식해야 합니다. 업무 중 발생할 수 있는 사고(산재), 갑작스러운 실직(고용), 질병(건강), 그리고 노후(연금)에 대한 최소한의 안전장치를 법인이 제공함으로써, 우수한 인재를 유입시키고 조직의 안정성을 확보하는 기초 체력이 되기 때문입니다. 특히 대표이사 1인으로 구성된 법인이라 할지라도, 법인격과 자연인은 별개이므로 대표자 역시 '직장가입자'로서 이 시스템에 편입된다는 점이 개인사업자와의 결정적인 차이점입니다.

4대 보험 체계의 심층 분석과 대표이사의 특례 적용을 이해해야 합니다. 4대 보험은 성격에 따라 크게 두 부류로 나뉩니다. 국가가 노후와 건강을 보장하는 '국민연금 및 건강보험'과 노동 시장의 불안정성과 사고를 대비하는 '고용보험 및 산재보험'입니다.

의무 가입의 원칙과 예외 없는 적용으로 대한민국 법령은 단 한 명의 상시 근로자라도 고용하는 모든 사업장에 대하여 4대 보험 가입을 강제하고 있습니다. 소위 '알바'라고 불리는 단기 아르바이트생이라 하더라도, 월 60시간 이상(주 15시간 이상) 근무한다면 예외 없이 가입 대상이 됩니다. 이를 위반할 경우 소급된 보험료는 물론이고 상당한 금액의 과태료가 부과되며, 향후 정부 지원금 사업 참여 제한 등 유무형의 불이익을 당하게 됩니다.

법인 대표이사(CEO)의 독특한 지위와 보험 적용을 이해해야 합니다. 법인의 대표이사는 회사의 경영권을 가진 '사용자'이면서 동시에 법인으로부터 급여를 받는 '근로소득자'라는 이중적 지위를 갖습니다. 이것으로 인해 4대 보험 적용 방식에서도 일반 직원과는 다른 특례가 적용됩니다. 국민연금 및 건강보험은 대표이사는 법인의 등기 임원으로서 당연히 '직장가입자'가 됩니다. 이는 지역 가입자로 분류되는 개인사업자와 비교했을 때 상당한 장점이 될 수 있습니다.

개인사업자는 재산과 자동차 등에 보험료가 부과되지만, 법인 대표는 오직 자신이 설정한 '보수 월액(급여)'에 비례해서만 보험료를 내기 때문입니다. 이는 합법적인 가계 지출 관리의 수단이 되기도 합니다. 고용보험 및 산재보험은 기본적으로 대표이사는 '근로자'가 아니기에 가입 의무가 없습니다. 따라서 실업급여를 받을 수 없으며, 업무 중 사고에 대한 산재 보상도 원칙적으로는 불가합니다. 그러나 50인 미만 근로자를 사용하는 중소기업 대표의 경우, 본인의 선택에 따라 '자영업자 고용보험'이나 '중소기업 사업주 산재보험'에 임의 가입하여 리스크에 대비할 수 있는 길이 열려 있습니다.

노무 관리의 첫 단추로 근로계약서와 임금 지급의 4대 원칙이 있습니다. 회사가 커가면서 인재를 채용하는 과정은 설레는 일이지만, 법적으로는 가장 정교한 문서 작업이 수반되어야 하는 시기이기도 합니다. 근로기준법은 약자인 근로자를 보호하기 위해 매우 엄격한 기준을 제시하고 있으며, 법인은 이를 철저히 준수해야 합니다.

근로계약서는 분쟁 방지를 위한 가장 강력한 방어기제입니다. 근로계약서는 단순한 종이 한 장이 아닙니다. 임금의 구성 항목, 소정 근로시간, 유급 주휴일, 연차 유급휴가 등 핵심적인 근로 조건이 명시된 '법적 약속'입니다. 계약을 체결하는 것만큼이나 중요한 것이 근로자에게 해당 계약서 사본을 직접 서면으로 전달(교부)하는 의무가 있는 것입니다. 이를 어길 시 최대 500만 원의 벌금이 부과될 수 있습니다. 최근에는 포괄임금제나 탄력근로제 등 복잡한 근로 형태가 많아지고 있습니다. 초기부터 노무사의 자문을 받아 법인의 업종 특성에 맞는 표준 근로계약서를 마련해 두는 것이 향후 발생할 수 있는 임금 체불 논란이나 부당 해고 분쟁을 예방하는 지름길입니다.

임금 지급의 4대 원칙과 원천징수 실무를 이해해야 합니다. CEO가 가장 엄격하게 관리해야 할 숫자는 매출액보다 '급여 지급'입니다. 임금은 반드시 다음의 네 가지 원칙을 지켜야 합니다. 통화 지급 원칙은 반드시 현금으로 지급해야 하며, 주식이나 현물로 대체할 수 없습니다. 직접 지급 원칙은 근로자 본인 명의의 계좌로 입금해야 합니다. 가족이나 타인 계좌로의 입금은 인정되지 않습니다.

전액 지급의 원칙에 따라 임금은 4대 보험료와 세금(소득세 등) 외에는 회사가 임의로 공제하고 지급할 수 없습니다. 정기 지급 원칙은 매월 정해진 날짜(예: 10일, 25일 등)에 어김없이 지급되어야 합니다. 단 하루라도 늦어질 경우 임금 체불의 위험이 발생합니다. 또한, 법인은 '원천징수 의무자'로서 직원의 급여에서 세금과 보험료를 미리 떼어 국가에 대신 납부해야 합니다. 매월 10일까지 진행되는 원천세 신고와 납부는 법인 재무팀(혹은 세무 대리인)의 가장 중요한 루틴 업무가 됩니다.

퇴직급여 제도와 노무 리스크 관리의 고도화를 해야 합니다. 2022년 이후 대한민국 모든 사업장은 단 1명의 근로자만 있더라도 퇴직급여 제도를 설정해야 합니다. 이는 과거처럼 퇴직 시점에 목돈을 마련하는 방식이 아니라, 재직 기간 중 꾸준히 적립하는 '퇴직연금' 중심으로 변화하고 있습니다.

퇴직연금(DB형 vs DC형)의 선택이 필요합니다. 확정급여형(DB)은 퇴직 시 받을 금액이 정해져 있으며, 회사가 적립금을 직접 운용합니다. 임금 상승률이 높은 대기업이나 안정적인 조직에 유리합니다. 확정기여형(DC)은 회사가 매년 연봉의 1/12 이상을 근로자의 개별 계좌에 넣어주고, 근로자가 직접 운용합니다. 연봉 인상률보다 투자 수익률이 높을 것으로 기대하거나, 임금 피크제를 도입한 기업, 혹은 퇴직금 체불 리스크를 원천 차단하고 싶은 초기 법인에 권장되는 방식입니다. CEO의 전략적 판단이 필요합니다. 초기 창업 법인이라면 매달 비용 처리가 확정되고 부채 리스크가 적은 DC형 퇴직연금을 도입하는 것이 재무 건전성 측면에서 훨씬 유리합니다.

노무 리스크와 기업 가치(Exit Value)의 상관관계를 이해해야 합니다. 투자자나 인수 희망자가 법인을 실사(Due Diligence)할 때 가장 먼저 들여다보는 것 중 하나는 노무 리스크입니다. 미지급 연차수당, 퇴직금 과소 적립, 근로계약서 미작성 등은 모두 회사의 부채로 간주됩니다. 이러한 사소한 실무적 결함이 향후 수십억 원의 투자 유치나 매각 협상에서 결정적인 결격 사유가 될 수 있음을 CEO는 잊지 말아야 합니다.

투명 경영의 마침표를 위해 시스템으로서의 노무 관리를 해야 합니다. 결국 4대 보험과 노무 관리는 CEO가 회사를 '사람' 중심으로 운영하고 있으며, 사회적 시스템의 구성원으로서 책임을 다하고 있다는 증거입니다. 모든 급여 명세서와 보험료 납입 확인서는 단순한 기록을 넘어 법인의 공신력을 뒷받침하는 데이터가 됩니다.

노무 관리는 법인(주식회사) 운영에서 가장 까다롭고 귀찮은 업무일 수 있습니다. 하지만 이 기본을 소홀히 하는 경영자는 결코 거대한 조직을 이끌 수 없습니다. 법인(주식회사)이라는 배가 거친 시장의 파도를 헤치고 나갈 때, 선원(사원)들이 안심하고 노를 저을 수 있도록 4대 보험이라는 구명조끼와 근로계약서라는 항해 규칙을 완벽하게 갖추어야 합니다. 그것이 진정한 기업가 정신의 시작입니다.

이제 당신의 주식회사는 법적, 재무적, 인적 자원 관리 측면에서 완벽한 외형을 갖추었습니다. 등기를 통해 태어났고, 사업자 등록을 통해 시장에 나갔으며, 금융 거래와 노무 시스템을 통해 생존과 성장을 위한 혈맥을 뚫었습니다.

이제 남은 것은 이 시스템을 효율적으로 운영하며 비용을 최적화하는 것입니다. 특히 초기 창업자에게 가장 큰 부담이 되는 '사무실 임차료'와 '고정비'를 어떻게 혁신적으로 줄일 수 있을지가 다음의 과제입니다.

다음 글에서는 물리적 공간의 한계를 넘어, 사무실 없이도 주식회사를 완벽하게 운영할 수 있는 유형별 운영법에 대해 상세히 알아보겠습니다.

17.
초기 비용 최적화
: 사무실 유형별 주식회사 운영법

주식회사를 설립한다는 것은 단순히 법적 실체를 만드는 행위를 넘어, 개인의 자산 운용을 시스템화하고 자본 이득을 극대화하려는 '재테크의 정수'에 도달하는 과정이라 할 수 있습니다. 그러나 많은 초보 창업자가 범하는 치명적인 오류 중 하나는 외형적인 격식을 갖추기 위해 초기 자본을 비효율적인 곳에 쏟아붓는 것입니다. 기업의 성장은 마치 나무가 자라는 과정과 같아서 영양분이 공급되어야 할 줄기와 잎 대신 불필요한 고정 비용이라는 '해충'이 뿌리를 갉아먹기 시작하면 그 기업은 채 꽃을 피우기도 전에 고사하고 맙니다.

특히 초기 창업 법인에 있어 가장 위협적인 고정 지출 항목은 단연 '사무실 임차료'입니다. 전통적인 관점에서는 번듯한 사무실이 신뢰의 상징이었으나, 현대의 디지털 경제 체제에서 CEO가 견지해야 할 투자적 관점은 철저하게 'ROI(투자 대비 수익률)'에 집중되어야 합니다. 즉 수익 창출에 직접적으로 이바지하지 못하거나 매몰 비용 (Sunk Cost)의 성격이 강한 지출은 경영자의 의지에 따라 극단적으로 최소화해야 합니다. 이러한 배경에서 저자본 1인 주식회사 또는 소규모 주식회사가 선택할 수 있는 가장 전략적인 대안은 '사무실 없는(Non-Office)' 운영 모델 또는 저렴한 사무실을 채택하는 것입니다. 이는 단순한 근검절약을 넘어, 확보된 유동 자본을 핵심 사업 모델의 고도화와 마케팅에 재투자함으로써 기업 가치를 단기간에 끌어올리는 영리한 경영 판단입니다.

물리적 공간의 한계를 극복하는 '비상주 사무실' 또는 저렴한 사무실 활용 전략을 고민해 봐야 합니다. 현행법상 주식회사를 설립하고 사업자 등록을 완료하기 위해서는 법인 등기부등본상에 기재될 공식적인 주소지, 즉 본점 소재지가 반드시 확보되어야 합니다. 과거에는 이를 위해 반드시 물리적인 점유 공간이 필요했으나, 이제는 실제 공간을 임차하지 않고도 법적 요건을 완벽하게 충족할 수 있는 '비상주 사무실(Virtual Office)'이라는 혁신적인 서비스가 보편화되었습니다.

비상주 사무실의 정의와 다각적 이점을 분석해 보겠습니다. 비상주 사무실이란 사업자가 상주하지 않으며, 법인 설립 및 사업자 등록에 필요한 '임대차계약서'를 제공하고 우편물 수발신 등 행정적인 지원을 담당하는 공유 오피스의 일종입니다. 이 모델이 1인 또는 소규모 기업가에게 주는 가치는 단순히 비용 절감을 넘어 경영 전반에 걸친 효율성을 보장합니다.

첫째, 비용의 획기적 최적화입니다. 일반적인 소형 사무실을 임차할 경우 보증금 외에도 매달 수십만 원에서 수백만 원에 이르는 월

세와 관리비, 인테리어 비용이 발생합니다. 반면 비상주 사무실은 월 수만 원대의 저렴한 구독형 비용만으로 운영이 가능합니다. 이 차액을 1년 단위로 환산하면 초기 창업자에게는 생존을 결정짓는 거대한 시드머니가 됩니다.

둘째, 기업의 대외 공신력 유지와 제고입니다. 초기 비용을 아끼기 위해 자택 주소지로 법인을 설립할 경우, 거래처나 금융기관으로부터 "영세한 개인사업체"라는 인상을 줄 위험이 있습니다. 대부분의 비상주 사무실은 강남, 여의도, 구로디지털단지, 대도시 등 주요 업무 지구의 랜드마크 빌딩이나 전문 오피스 빌딩에 위치합니다. 따라서 명함이나 홈페이지에 기재되는 주소만으로도 기업의 전문성을 시각적으로 전달할 수 있습니다.

셋째, 합법적인 행정 절차의 신속성입니다. 비상주 사무실 업체는 법인 설립에 최적화된 임대차 또는 전대차 계약서를 즉시 발행하며, 이는 관할 등기소와 세무서에서 문제없이 수리됩니다. 개인이 직접 부동산을 발품 팔아 구하는 시간을 획기적으로 단축해 줍니다.

리스크 관리와 선택의 핵심 기준은 세무와 실사 대응에 있습니다. 비상주 사무실을 선택할 때 경영자가 반드시 고려해야 할 전략적 요소는 '지역 선택'과 '실사 대응 능력'입니다. 대한민국 세법상 '과밀억제권역' 내에서 법인을 설립할 경우, 설립 시 납부해야 하는 등록면허세가 일반 지역의 3배로 중과세됩니다. 따라서 초기 비용을 극단적으로 줄이고자 하는 CEO라면 과밀억제권역 밖에 위치한 '성장관리권역'이나 비과밀 지역의 비상주 사무실을 선택하여 세금 폭탄을 피하는 지혜가 필요합니다.

또한, 최근 세무 당국은 허위 사업자 등록을 방지하기 위해 사업장 실사를 강화하는 추세입니다. 비상주 사무실 선정 시에는 세무서의 현장 점검이나 은행 업무를 위한 실사가 발생했을 때, 해당 업체가 상주 인력을 통해 적절히 응대하고 회의실 등 실사 공간을 즉각 제공할 수 있는 역량이 있는지 반드시 확인해야 합니다. 이러한 관리 체계가 미비한 업체를 선택할 경우, 사업자 등록이 거절되거나 직권 폐업되는 치명적인 리스크에 직면할 수 있습니다.

주소지 유형별 경영 효율성과 가치 비교를 분석하겠습니다. CEO는 자택, 비상주 사무실, 일반 상가 임차 또는 매입이라는 세 가지 선택지 사이에서 기회비용을 정교하게 계산해야 합니다. 각 옵션은 기업의 업종과 성장 단계에 따라 서로 다른 효용을 제공합니다.

자택 주소지 활용 모델은 비용 측면에서는 '0원'이라는 절대적 우위를 점하지만, 사생활 보호 측면에서는 최악의 선택이 될 수 있습니다. 법인 등기부등본은 누구나 열람이 가능하므로 대표자의 거주지가 만천하에 공개됩니다. 또한, 소프트웨어 개발이나 온라인 마케팅처럼 100% 재택이 가능한 업종이 아닌 경우, 세무서에서 사업자 등록을 반려할 확률이 높습니다. 특히 아파트나 빌라를 사업장으로 등록할 경우 대외적인 신뢰도 하락은 피할 수 없는 감점 요인입니다.

비상주 사무실 모델(CEO 권장 모델)은 비용과 효용의 균형점(Sweet Spot)에 위치합니다. 월 몇 만 원의 소액으로 전문적인 업무 주소지를 확보함으로써 사생활을 완벽히 보호하고, 과밀억제권역 외부 지역 선택을 통해 세금 리스크를 선제적으로 방어합니다. 특히 외부 거래처와의 계약이 잦은 B2B 업종이나 투자를 준비하는 스타트업에게 가장 권장되는 형태입니다.

상가 임차 및 구매 모델은 물리적인 업무 공간이 반드시 필요하거나, 제품의 재고를 적재해야 하는 유통업, 혹은 오프라인 고객 응대가 필수적인 서비스업의 경우 선택하게 됩니다. 하지만 초기 자본의 상당 부분이 부동산에 묶이게 되므로 유동성 위기를 초래할 수 있습니다. 다만, 자본력이 충분하고 부동산 자체의 지가 상승을 노리는 투자 관점에서의 구매라면 시세차익이라는 부가 수익을 기대할 수 있으나, 이는 초기 1인 법인 또는 소규모 법인의 영역이라기보다 성장기 이후의 전략에 가깝습니다. 성장기 이후에 자금 여력이 생기면 반드시 상가 임차 및 구매를 하여 사업의 확장에 도움이 되도록 해야 합니다.

운영 비용의 디지털 전환과 행정 시스템의 최적화를 이루어야 합니다. 사무실이라는 물리적 하드웨어를 제거했다면, 이제는 기업 운영의 소프트웨어인 '통신'과 '행정' 비용을 디지털화하여 군더더기를 제거해야 합니다. 이는 단순히 지출을 줄이는 것을 넘어 업무의 기동성을 확보하는 과정입니다.

통신 인프라의 가상화 및 통합을 고려해 볼 수 있습니다. 과거의 사무실에는 육중한 전화기와 팩스 기기가 자리를 차지했습니다. 하지만 현대의 CEO는 스마트폰 하나로 모든 통신 업무를 통합해야 합니다. 가상 전화 및 070 서비스는 유선 전화 가입 대신 스마트폰 앱으로 구동되는 인터넷 전화(IP-Phone)를 활용합니다. 이를 통해 외부에서도 법인 대표 번호로 전화를 걸고 받을 수 있어 전문성을 유지하면서도 기본료를 최소화할 수 있습니다.

스마트 팩스 시스템은 종이를 소모하는 물리적 팩스 대신 웹이나 앱 기반의 모바일 팩스를 도입합니다. 수신된 문서는 즉시 PDF로 저장되어 클라우드에 보관되므로 문서 분실 위험이 없고 별도의 소모품 비용이 발생하지 않습니다. 필요 시에는 복합기를 구매하여 팩스 회선을 연결하는 하이브리드 방식을 택할 수도 있으나, 공간 효율성 면에서는 디지털 팩스가 우위에 있습니다.

페이퍼리스(Paperless) 경영과 클라우드 아카이빙을 도입해야 합니다. 물리적인 서류 뭉치와 파일철은 공간을 점유하고 검색 효율성을 떨어뜨립니다. 모든 계약서, 지출 증빙 자료, 법인 인감 증명서 등은 스캔 후 클라우드 시스템(Google Drive, Dropbox, Notion 등)에 체계적으로 구조화하여 보관해야 합니다. 이러한 디지털 문서 관리 시스템은 CEO가 전 세계 어디에 있든 즉각적으로 서류를 확인하고 전송할 수 있는 환경을 구축해 주며, 향후 직원이 늘어났을 때도 별도의 교육 없이 즉시 협업이 가능한 자산이 됩니다.

유연한 협업 공간 활용 및 미팅 전략을 수립합니다. 사무실이 없다고 해서 미팅 공간이 없는 것은 아닙니다. 비상주 사무실 서비스에 포함된 월별 무료 회의실 이용 시간을 전략적으로 배분하여 중요한 계약이나 IR 미팅 시 활용합니다. 정기적인 팀 회의나 파트너 협업은 화상 회의 프로그램(Zoom, Google Meet)을 통해 시공간의 제약 없이 진행함으로써 이동 시간이라는 무형의 기회비용까지 절감해야 합니다.

비용 절감을 넘어선 경영 효율화의 실현이 필요합니다. 사무실 없이 주식회사를 운영한다는 결정은 단순히 통장의 잔고를 지키는 행위가 아닙니다. 이는 CEO의 물리적인 구속을 해방시키고, 기업의 핵심 역량을 오로지 '본질적인 수익 창출'에만 집중시키겠다는 강력한 경영 의지의 표명입니다. 사무실 임차료로 지출될 뻔한 수천만 원의 자본은 회사의 성장을 가속화할 '종잣돈'이 되어 마케팅, 인재 영입, 기술 개발에 투입되어야 합니다.

이러한 고강도의 비용 최적화 과정을 거쳐 구축된 법인은 가볍고 빠르며 강력합니다. 불필요한 고정비라는 족쇄를 벗어던진 1인 또는 소규모 주식회사는 시장의 변화에 기민하게 대응하며 기업 가치를 극대화할 수 있을 것입니다. 이렇게 축적된 자본과 효율적인 시스템은 추후 법인의 성공적인 EXIT나 규모 확장을 위한 견고한 기반이 될 것입니다.

다음 3부에서는 이렇게 확보된 소중한 법인 자금을 어떻게 하면 더욱 현명하게 관리하고 법인 회계의 기초인 복식부기의 원리와 회계 프로그램 활용에 대한 구체적인 실무 지침을 다루도록 하겠습니다.

3부

주식회사 운영과 세무 관리
: 세금 방패를 갖추는 법

18.
법인 회계의 기초
: 복식부기의 원리와 회계 프로그램 활용

　법인 회계는 자본주의의 언어로 소통하는 경영의 기초를 이해해야 합니다. 주식회사를 설립하고 운영한다는 것은 단순히 상품이나 서비스를 판매하는 행위를 넘어, '법인 회계'라는 고도화된 언어를 통해 기업의 실체를 기록하고 대외적으로 증명하는 과정을 의미합니다. 개인사업자가 가계부 수준의 기록으로 운영이 가능하다면, 주식회사는 독립된 인격체로서 자신의 모든 경제적 활동을 논리적이고 체계적인 수치로 환산하여 보고해야 할 의무가 있습니다.

　특히 성공적인 투자 유치나 기업 공개(IPO), 혹은 매각(EXIT)을 꿈꾸는 CEO에게 회계는 단순한 세무 신고용 자료가 아닙니다. 회계는 기업의 과거를 비추는 거울이자 미래를 설계하는 설계도이며, 투자자와 채권자라는 이해관계자와 소통하는 유일한 공식 창구입니다. 따라서 CEO는 복식부기의 원리를 깊이 있게 이해하고, 이를 현대적인 회계 프로그램 시스템과 결합하여 기업의 투명성과 경영 효율성을 동시에 확보해야 합니다. 이것이 바로 자본주의의 정수를 이해하고 기업 가치를 극대화하는 경영 리더십의 시작입니다.

법인 회계의 근간인 '복식부기'의 원리와 경영학적 가치를 이해해야 합니다. 주식회사는 법적 의무에 따라서 발생하는 모든 거래를 '복식부기(Double-Entry Bookkeeping)' 방식으로 기록해야 합니다. 이는 하나의 거래가 발생했을 때 이를 서로 다른 두 개의 측면에서 바라보고 기록하는 입체적인 기록 방식입니다.

복식부기의 핵심 공식은 대차평형의 원리와 자본의 평형입니다. 복식부기를 관통하는 가장 위대한 원리는 '대차평형의 원리'입니다. 모든 회계적 사건은 좌측인 차변(借邊, Debit)과 우측인 대변(貸邊, Credit)에 동시에 기록되며, 이 두 변의 합계는 항상 일치해야 합니다. 이를 수식으로 나타내면 다음과 같습니다.

자산 = 부채 + 자본

이 공식은 단순한 수학적 등식을 넘어 경영의 본질을 설명합니다. '자산'은 기업이 현재 보유하고 있는 경제적 자원을 의미하며, '부채'와 '자본'은 그 자원을 어디서 조달했는지를 설명합니다. 즉 남의 돈(부채)으로 조달했는지, 주주 본인의 돈(자본)으로 조달했는지를 명확히 하는 것입니다.

예를 들어, 법인이 은행에서 1억 원을 대출받아 통장에 입금되었다면, 회계 장부의 차변에는 '현금 1억 원(자산의 증가)'이 기록되고, 동시에 대변에는 '차입금 1억 원(부채의 증가)'이 기록됩니다. 이러한 기록 방식은 돈의 흐름뿐만 아니라 그 원천까지 추적할 수 있게 함으로써, 장부 조작을 방지하고 자기 검증 기능을 수행합니다. 만약 차변과 대변의 합계가 단 1원이라도 어긋난다면 기록 과정에 오류가 있음을 즉시 인지할 수 있는 것입니다.

주요 재무제표의 전략적 독해법을 이해해야 합니다. CEO는 복식부기 시스템을 통해 산출되는 두 가지 핵심 재무 보고서를 완벽히 독해할 줄 알아야 합니다. 첫째, 재무상태표(Balance Sheet, BS)입니다. 이는 특정 시점(결산일) 기준으로 기업의 재무적 건강 상태를 스냅샷처럼 찍어서 보여주는 정적 보고서입니다. 자산 구성의 유동성, 부채의 규모와 상환 능력, 그리고 실제 주주의 몫인 자본의 건전성을 한눈에 파악할 수 있습니다. 투자자들은 이 표를 보고 "이 회사가 위기 상황을 버틸 기초 체력이 있는가?"를 판단합니다. 둘째, 손익계산서(Income Statement, IS)입니다. 이는 일정 기간(회계연도) 동안 기업이 얼마나 활동적으로 움직였는지를 보여주는 동적 보고서입니다. 매출액에서 각종 비용을 차감하여 최종적인 당기순이익을 도출하는 과정을 보여줍니다. CEO는 이를 통해 "우리 사업 모델이 실제로 이익을 내고 있는가?"와 "어떤 항목에서 비용 누수가 발생하는가?"를 분석하여 다음 분기의 경영 전략을 수정할 수 있습니다.

디지털 회계 시스템 구축을 통한 경영 효율화를 이루어야 합니다. 수천 건의 거래를 수기로 복식부기 장부에 기록하는 것은 현대 경영 환경에서 불가능에 가깝습니다. 따라서 스마트한 1인 또는 소규모 주식회사 CEO는 클라우드 기반의 SaaS(Software as a Service) 회계 프로그램을 도입하여 시스템에 의한 경영을 실현해야 합니다.

회계 프로그램의 선택 기준과 자동화의 이점을 고려해야 합니다. 회계 프로그램을 선택할 때는 단순히 가격만을 고려해서는 안 됩니다. '연동성'과 '자동화'가 핵심입니다. 법인 통장, 법인 카드, 홈택스(전자세금계산서)와 실시간으로 연동되어 거래 내역을 자동으로 수집하는 기능은 필수적입니다.

SaaS 기반의 현대적 회계 프로그램(예: 더존, 세무사랑, 경리나라 등)을 활용하면 다음과 같은 이점을 누릴 수 있습니다. 실시간 재무 모니터링으로 세무사의 보고를 기다릴 필요 없이, 현재 우리 회사의 현금 흐름과 손익 상태를 실시간 대시보드로 확인할 수 있습니다. 자동 분개 시스템으로 과거의 거래 패턴을 학습한 인공지능이 복잡한 계정과목 설정을 자동으로 제안하므로, 회계 지식이 부족한 CEO도 초기 입력 단계에서의 실수를 줄일 수 있습니다. 증빙 관리의 간소화로 종이 영수증을 모으는 수고 없이 디지털 증빙을 통해 법적 요건을 충족하고 세무 리스크를 방어할 수 있습니다.

계정과목 설정을 정교하게 하고 세무 리스크를 방어해야 합니다. 회계 프로그램 운영의 성패는 '계정과목'을 얼마나 정확하게 설정하느냐에 달려 있습니다. 이는 단순한 기록의 문제를 넘어 향후 세무 조사나 회계 감사의 직접적인 대상이 되기 때문입니다. 수익과 비용을 엄격히 구분하지 못하면 매출로 잡아야 할 금액을 부채(선수금)로 잘못 처리하거나, 자산으로 등록해야 할 비품(컴퓨터 등)을 즉시 비용 처리하는 경우 법인세 계산에 오류가 생깁니다. 특히 대표자의 개인적 지출을 법인 비용으로 처리하는 행위는 '가지급금'이라는 부메랑이 되어 대표자에게 소득세 폭탄과 배임의 리스크를 안겨줄 수 있습니다. 자산 및 부채를 체계적으로 관리하여 차량운반구, 비품, 무형자산 등의 감가상각을 반영하고 은행 차입금의 원리금 상환 일정을 회계 프로그램 내에서 관리함으로써 자금 계획의 오차를 없애야 합니다.

CEO의 재무적 리더십과 기업 가치(EXIT) 전략이 필요합니다. 회계는 실무자의 영역이 아니라 CEO의 의사결정 영역입니다. 재무제표를 읽지 못하는 CEO는 지도 없이 항해하는 선장과 같습니다.

외부 전문가와의 전략적 파트너십이 필요합니다. 많은 CEO가 세무사에게 모든 것을 일임하고 결과만 통보받습니다. 그러나 회계 지식을 갖춘 CEO는 세무사와의 대화 수준이 다릅니다. 세무사가 작성해 온 보고서에서 '매입채무의 비정상적 증가'나 '재고자산의 과다계상' 같은 문제를 먼저 발견하고 질문할 수 있어야 합니다. 이는 세무 대리인의 실수를 방지함은 물론, 우리 회사의 업종 특성에 맞는 최적화된 절세 전략을 함께 도출하는 밑거름이 됩니다.

경영 판단의 데이터 근거 확보가 필요합니다. 회계 데이터는 기업의 비효율성을 제거하는 강력한 도구입니다. 예를 들어, 매출은 늘고 있는데 통장의 현금은 계속 줄어드는 상황이라면 재무제표상의 '매출채권(못 받은 돈)' 비중을 확인하여 회수 전략을 수정해야 합니다. 또한 특정 비용 항목이 전년 대비 급격히 상승했다면 그 원인을 분석하여 비용 구조를 혁신할 수 있습니다. 이러한 데이터 기반의 의사결정은 감에 의존하는 경영보다 훨씬 높은 승률을 보장합니다.

투자 유치와 EXIT를 위한 재무제표 마사지(Window Dressing)가 아닌 가치 관리가 필요합니다. 투자자(VC)나 인수 희망자는 기업의 겉모습이 아닌 재무제표의 '질(Quality)'을 봅니다. 장부상 이익만 부풀린 회사는 실사 과정에서 금방 밑천이 드러납니다. 오히려 회계 프로그램을 통해 투명하게 관리된 장부는 그 자체로 기업의 높은 신뢰성을 상징합니다.

체계적인 복식부기 시스템을 통해 매월 결산을 진행하고, 이를 바탕으로 개선된 재무 지표(영업이익률, 부채비율, ROE 등)를 제시할 수 있는 CEO는 협상 테이블에서 압도적인 우위를 점하게 됩니다. 결국 회계 지식은 기업의 매각 가격을 결정짓는 핵심 역량인 셈입니다.

자본주의의 정수, 회계를 통한 성장의 가속화를 이루어야 합니다. 법인 회계는 단순히 세금을 내기 위한 수단이 아닙니다. 그것은 주식회사라는 항체가 거친 시장 경제에서 살아남기 위해 반드시 갖춰야 할 면역 체계이자, 더 큰 성장을 위해 외부 자본을 끌어들이는 강력한 자석입니다. 복식부기의 원리를 이해하고 회계 프로그램을 통해 이를 경영 시스템에 안착시키는 과정은 고통스러울 수 있지만, 그 결과물인 투명한 재무제표는 CEO에게 강력한 확신과 자유를 선물할 것입니다.

이제 회계라는 도구를 장착했다면, 다음 단계는 이 숫자들을 바탕으로 실제 현금 흐름을 통제하고 CEO 본인의 보상을 최적화하는 단계로 나아가야 합니다.

다음 글에서는 법인 회계 시스템 위에서 CEO의 급여를 어떻게 책정하는 것이 법인세와 소득세 측면에서 가장 유리한지, 그리고 효율적인 배당 및 상여금 전략은 무엇인지 구체적인 수치를 바탕으로 알아보겠습니다.

19.
CEO의 급여 책정
: 합리적인 인건비 설정과 세금 절약

법인 경영의 핵심 축인 CEO 보수의 이중적 지위를 이해해야 합니다. 주식회사를 운영하는 경영자(CEO)는 대외적으로는 기업을 대표하는 사업가이지만, 법적·세무적 관점에서는 법인이라는 독립된 인격체와 근로계약을 맺은 고위 근로자, 즉 '임원'으로서의 지위를 동시에 갖습니다. 이러한 이중적 지위는 CEO가 수령하는 보수의 성격을 매우 독특하게 만듭니다. CEO에게 지급되는 급여는 개인 차원에서는 생계유지와 자산 형성을 위한 소득이지만, 법인 차원에서는 법인의 순자산을 감소시키는 '인건비'라는 비용 항목에 해당하기 때문입니다.

따라서 CEO의 급여를 얼마로 결정하느냐는 단순히 개인의 수입 규모를 정하는 행위를 넘어섭니다. 이는 법인의 과세 표준을 결정짓는 법인세 전략과 개인의 누진세율을 결정하는 소득세 전략이 교차하는 지점이며, 나아가 기업의 재무 건전성과 향후 가업 승계 및

EXIT 전략까지 좌우하는 고도의 재무적 의사결정입니다. 이번 글에서는 CEO 급여 책정의 기본 원칙과 세액 최적화를 위한 구간별 전략, 그리고 퇴직금과 상여금을 활용한 장기적 자금 회수 방안에 대해 상세히 기술하고자 합니다.

CEO 급여 책정의 대전제는 '합리적 수준'과 세무적 정당성 확보입니다. 법인세법 제19조에 따르면, 법인의 순자산을 감소시키는 거래 중 통상적으로 용인되는 비용은 '손금(비용)'으로 인정됩니다. CEO의 급여 역시 이 원칙에 따라 법인의 이익에서 차감되어 법인세를 낮추는 효과를 줍니다. 그러나 과세 당국은 대주주이기도 한 CEO가 임의로 급여를 높게 책정하여 법인세를 부당하게 줄이는 것을 방지하기 위해 매우 엄격한 '합리성 기준'을 적용하고 있습니다.

정관 및 내부 규정의 법적 효력을 알아야 합니다. 가장 기본적이면서도 빈번하게 발생하는 세무 리스크는 지급 규정의 부재입니다. 상법과 법인세법은 임원의 보수를 주주총회의 결의 또는 정관이 정한 바에 따르도록 명시하고 있습니다. 만약 이러한 사전 절차 없이 급여나 상여금을 지급했다면, 아무리 실제 업무에 대한 대가라 할지라도 세무 조사 시 '부당 행위'로 간주되어 전액 손금불산입(비용 불인정) 처분을 받을 수 있습니다. 이는 법인세 추징뿐만 아니라 CEO 개인에게는 상여로 처분되어 소득세까지 가산되는 '세금 폭탄'의 원인이 됩니다. 따라서 정관에 구체적인 보수 한도를 설정하고, 이사회의 의결을 거친 보수 지급 규정을 반드시 서면화하여 비치해야 합니다.

건전한 사회 통념에 비추어 본 합리성이 있어야 합니다. 세무 당국은 해당 CEO의 급여가 동종 업계의 유사한 규모를 가진 기업들과 비교했을 때 현저히 높은지 여부를 면밀히 관찰합니다. 만약 기업의 영업 이익은 적자임에도 불구하고 CEO만 과도하게 높은 급여를 가져가거나, 업무 수행 능력에 비례하지 않는 보수를 책정할 경우 이를 '법인 자금의 사적 유출'로 해석할 소지가 큽니다. 특히 특수관계인(가족 등)을 임원으로 등재하고 급여를 지급할 경우 실제 근무 여부와 직책에 맞는 보수 체계인지를 입증하는 것이 무엇보다 중요합니다.

세금 최적화(Tax Optimization) 전략으로 누진세 구간의 정교한 설계가 필요합니다. CEO 급여 전략의 핵심은 '법인세 절감액'과 '개인 소득세 증가액' 사이의 교차점을 찾는 것입니다. 대한민국 조세 체계는 양쪽 모두 소득이 커질수록 높은 세율을 적용하는 누진세 구조를 취하고 있으나, 그 구간과 세율 차이가 큽니다.

법인세와 소득세의 세율 격차 분석을 해야 합니다. 2026년 기준 법인 세율은 과세 표준 2억 원 이하 구간에서 10%(지방세 별도)라는 낮은 세율을 적용받습니다. 반면 개인 소득세는 연봉이 높아질수록 6%에서 시작해 최고 45%까지 급격히 상승합니다. 단순 계산으로 법인의 영업 이익이 많아 법인 세율이 20% 또는 25% 구간에 진입해 있다면, CEO의 급여를 높여 비용으로 처리하는 것이 법인세 절감에 유리합니다. 그러나 CEO 개인의 연봉이 이미 고세율 구간(예: 35% 이상)에 있다면, 법인세를 줄이기 위해 급여를 올리는 행위가 도리어 개인의 소득세와 사회보험료 부담을 더 크게 늘리는 결과를 초래할 수 있습니다.

이익 유보와 급여 분산의 선택을 해야 합니다. 이 때문에 현명한 경영자는 모든 이익을 급여로 수령하지 않습니다. 법인의 세율이 개인 소득세율보다 낮은 지점까지만 급여를 책정하고, 남은 이익은 법인 내부에 '미처분이익잉여금'으로 유보하는 전략을 사용합니다. 이렇게 유보된 자금은 향후 법인의 투자 재원으로 활용되거나, 추후 설명할 '퇴직 소득' 또는 '배당 소득'으로 분산하여 인출함으로써 전체적인 실효 세율을 낮추는 도구가 됩니다.

4대 보험료의 준조세적 성격을 고려해야 합니다. 많은 경영자가 간과하는 부분 중 하나가 준조세 성격의 사회보험료입니다. 건강보험료와 국민연금은 급여액에 비례하여 산정되는데, 이는 소득세와 합산되어 실질적인 가처분 소득을 크게 줄입니다. 법인 CEO는 근로자로서 보험료를 회사와 절반씩 부담하지만, 합산된 요율은 급여의 약 18%에서 19%에 달합니다. 급여를 전략적으로 낮게 유지하면 이러한 고정적인 비용 부담을 완화할 수 있으며, 특히 지역 가입자인 개인사업자에 비해 법인 경영자는 급여 소득 이외의 자산에 대한 보험료 부과 기준에서 상대적으로 자유롭다는 장점이 있습니다.

자금 인출을 다각화하여 상여금과 퇴직금을 전략적으로 배치해야 합니다. 급여만으로 자금을 회수하는 것은 비효율적일 수 있습니다. 따라서 상여금과 퇴직금이라는 두 가지 카드를 적절히 병행해야 합니다.

성과급(상여금)의 탄력적 운용이 필요합니다. 상여금은 고정 급여와 달리 회사의 경영 성과에 따라 유동적으로 지급할 수 있는 항목입니다. 예기치 않게 법인의 이익이 과도하게 발생한 해에는 합법적인 상여금 규정에 근거하여 추가 보수를 지급함으로써 법인세 과세 표준을 즉각적으로 낮출 수 있습니다. 다만, 상여금 역시 정관에 명시된 '임직원 상여금 지급 규정'을 위반하여 특정 임직원에게만 차별적으로 지급되는 경우 세무상 비용으로 인정되지 않으므로 주의가 필요합니다.

EXIT 전략의 꽃인 퇴직금 설계가 필요합니다. CEO에게 가장 유리한 자금 인출 수단은 단연 퇴직금입니다. 퇴직 소득은 다른 소득(근로, 사업 등)과 합산되지 않고 별도로 과세되는 '분리과세' 방식이며, 근속 연수에 따른 공제 혜택이 매우 큽니다. 동일한 금액을 급여로 받을 때보다 퇴직금으로 받을 때의 실효 세율이 압도적으로 낮습니다.

전략적 준비로 임원 퇴직금은 소득세법상 한도(퇴직 전 3년간 평균 급여의 1/12 × 근속연수 × 2배수) 내에서 설계해야 합니다. 이를 위해 재임 기간 중 적정한 수준의 급여를 유지하여 퇴직금 산정의 기준이 되는 '평균 급여'를 관리해야 합니다.

법인을 자녀에게 물려주거나 제3자에게 매각할 때, 유보된 이익잉여금을 퇴직금으로 일시에 인출하면 법인 가치를 적정하게 조절하여 증여세 부담을 줄이는 동시에 CEO의 노후 자금을 절세하면서 확보할 수 있습니다.

지속 가능한 성장을 위한 재무 아키텍처를 구축해야 합니다. 주식회사 CEO의 보수 설계는 매월 받는 월급봉투의 크기를 결정하는 단순한 행정 업무가 아닙니다. 그것은 법인의 재무구조를 최적화하고, 세무 리스크를 선제적으로 방어하며, 최종적으로 경영자가 일구어낸 기업의 가치를 가장 효율적으로 개인화하는 고도의 금융 공학입니다.

따라서 경영자는 매년 결산 시기에 앞서 다음과 같은 체크리스트를 점검해야 합니다. 우리 회사의 정관에 임원 보수 및 퇴직금 지급 규정이 최신 법규에 맞게 정비되어 있는가? 현재의 급여 수준이 법인세 절감액보다 개인 소득세 부담을 과도하게 키우고 있지는 않은가? 향후 5년에서 10년 뒤의 EXIT(은퇴 또는 매각) 시점을 고려할 때 현재의 유보 이익 규모가 적절한가? 이러한 전략적 접근이야말로 법인과 CEO가 함께 성장하며 부를 축적할 수 있는 가장 확실한 길입니다.

다음 글에서는 급여와 더불어 지분 구조를 활용한 절세의 또 다른 축인 '배당 전략'과 상여금을 현명하게 꺼내 쓰는 방안에 대해 보다 심도 있게 다루어 보겠습니다.

20.
배당과 상여금
: 법인의 이익을 현명하게 꺼내 쓰는 방법

CEO의 부를 결정짓는 자금 인출의 기술을 알아야 합니다. 주식회사를 경영하는 CEO에게 기업의 성장은 곧 개인의 자산 증식과 직결되어야 합니다. 그러나 법인(주식회사)이 벌어들인 이익은 엄연히 법인이라는 독립된 주체의 소유이며, 이를 CEO 개인의 가계 자산으로 전환하는 과정에는 '세금'이라는 거대한 장벽이 존재합니다. 경영자의 최종적인 목표는 단순히 매출을 올리는 것이 아니라, 법인의 EXIT(매각, 승계 등) 가치를 극대화함과 동시에 창출된 이익을 가장 낮은 세비용으로 인출하는 체계를 구축하는 것입니다.

앞선 글에서 다룬 '급여'가 CEO의 기본적인 생활 보장과 사회보험료의 기준점을 설정하는 기초 공사였다면, 여기에서 다룰 '상여금'과 '배당'은 법인 내부에 축적된 유보 이익(Retained Earnings)이라는 저수지에서 자금을 효율적으로 끌어오기 위한 정교한 수로 설계와 같습니다. 각각의 경로는 법인세와 개인 소득세라는 두 가지 측면에서 상반된 효과를 내기 때문에, 경영자는 이들의 특성을 명확히 이해하고 조세 최적화 지점을 찾아야 합니다.

상여금(Bonus) 전략으로 법인의 비용 처리를 통한 이익 환수가 가능합니다. 상여금은 임직원이 제공한 노동의 질과 성과에 대해 지급하는 일시적 보상입니다. 세무상으로 상여금은 급여와 마찬가지로 법인의 '손금(비용)'으로 인정된다는 강력한 장점이 있습니다. 법인세 절감의 강력한 도구입니다. 법인이 높은 이익을 기록하여 법인세 과세 표준이 2억 원을 상회할 경우, 해당 구간에는 약 20%(지방세 포함 시 22%)의 세율이 적용됩니다. 이때 CEO, 임원, 직원에게 상여금을 지급하면 그 금액만큼 법인의 이익이 줄어들어 20%의 법인세 절감 효과를 즉각적으로 누릴 수 있습니다. 이는 법인의 자금을 외부로 유출하면서도 세금 계산 시에는 법인의 비용으로 인정받는 '일거양득'의 효과를 가져옵니다.

세무 리스크의 핵심은 '지급 규정'의 엄격성에 있습니다. 하지만 세무 당국은 대주주인 임원이 마음대로 상여금을 가져가는 것을 경계합니다. 상여금이 법인세법상 비용으로 인정받기 위해서는 반드시 다음의 요건을 충족해야 합니다. 사전 규정의 구체화된 상여금 지급 규정이 문서화되어 있어야 합니다. 이 규정에는 지급 대상, 지급 시기, 산정 기준(예: 영업이익의 몇 %, 목표 달성 여부 등)이 객관적으로 명시되어야 합니다. 소급 적용을 금지해야 합니다. 이익이 많이 났다고 해서 그제야 급하게 규정을 만들어 지급하는 것은 인정되지 않을 가능성이 높습니다. 차별적 지급을 금지해야 합니다. 특정 임원 또는 직원에게만 합리적 근거 없이 과도하게 지급된 상여금은 '이익처분에 의한 상여'로 간주되어 법인의 비용으로 인정되지 않고 추징 대상이 됩니다.

　소득세 누진세율과의 충돌을 고려해야 합니다. 상여금은 개인에게는 '근로소득'입니다. 따라서 기존 급여와 합산되어 누진세율이 적용됩니다. 만약 CEO가 이미 고액 연봉자라면 상여금에 대한 세율은 35~45%에 달할 수 있습니다. 이 경우 법인이 아끼는 법인세(20%)보다 CEO 개인이 내야 하는 소득세가 더 많아지는 '배보다 배꼽이 큰' 상황이 발생합니다. 따라서 상여금 지급 전 반드시 CEO 개인의 소득세 구간을 시뮬레이션해야 합니다.

　배당(Dividend) 전략으로 자본 수익의 활용과 금융소득 관리를 해야 합니다. 배당은 CEO가 경영자로서가 아닌, '주주'로서 자본을 투자한 대가를 받는 것입니다. 이는 법인의 비용이 아니며, 법인세를 모두 납부하고 남은 뒤의 이익(이익잉여금)을 나누는 행위입니다. 배당의 법적 절차와 책임을 이해해야 합니다. 배당은 상법상 엄격한 절차를 요합니다. 이익잉여금이 존재해야 하며, 주주총회의 결의를 통해 배당 금액을 확정해야 합니다. 1인 주주 회사 또는 소규모 주주회사라 할지라도 적법한 주주총회 의사록을 작성해 두지 않으면 향후 세무 조사나 법적 분쟁 시 배당의 정당성을 입증하기 어려울 수 있습니다.

　금융소득 종합과세와 2천만 원의 마법을 활용해야 합니다. 배당 전략의 핵심은 '세율 차이'를 이용하는 것입니다. 분리과세 구간(2천만 원 이하)은 연간 금융소득(배당+이자)이 2천만 원 이하인 경우, 15.4%의 세율로 과세가 종결됩니다. 이는 CEO의 급여가 아무리 높더라도 적용되는 고정 세율입니다. 따라서 근로소득세율이 35% 이상인 고소득 CEO라면, 급여를 더 올리는 것보다 연간 2천만 원까지는 배당으로 받는 것이 최소 20% 이상의 세금을 절약하는 길입니다.

종합과세 구간(2천만 원 초과)에서는 금융소득이 2천만 원을 초과하면 초과분은 다른 소득(급여 등)과 합산되어 다시 누진세율의 적용을 받습니다. 이 경우 '배당세액공제(Gross-up)' 제도 등을 통해 이중과세를 일부 조정받지만, 여전히 높은 세율 부담은 피하기 어렵습니다.

중간배당과 차등배당을 활용할 수 있습니다. 정기 배당 외에도 사업연도 중에 1회에 한해 실시할 수 있는 '중간배당'을 통해 법인의 자금 흐름을 조절할 수 있습니다. 또한 과거에는 대주주가 배당을 포기하고 소액주주(자녀 등)에게 더 많은 배당을 주는 '차등배당(초과배당)'이 증여의 수단으로 활용되기도 했으나, 현재는 세법 개정으로 인해 실익을 꼼꼼히 따져보아야 합니다.

종합 전략은 세무 최적화를 위한 최적의 배합(Optimal Mix)입니다. 성공적인 법인(주식회사) 경영자는 급여, 상여, 배당이라는 세 가지 카드를 매년 회사의 재무 상태에 맞게 섞어서 사용합니다. 이를 위한 구체적인 로드맵은 다음과 같습니다.

1단계는 급여의 'Golden Mean' 설정입니다. 가장 먼저, 법인의 비용으로 인정받으면서도 CEO 개인의 4대 보험료 부담이 지나치게 커지지 않는 수준의 기본급을 설정합니다. 이는 매달 고정적으로 발생하는 비용이므로 법인의 현금 흐름을 고려하여 신중히 결정합니다.

2단계는 연간 2천만 원 배당의 정례화입니다. 법인에 이익잉여금이 있다면, 매년 2천만 원까지는 무조건 배당으로 인출하는 것이 유리합니다. 이는 15.4%라는 낮은 확정 세율을 활용하는 가장 기본적인 '절세 꿀팁'입니다.

3단계는 법인 세율과 소득세율의 역전 지점 파악입니다. 법인의 영업 이익이 급증하여 법인 세율이 높은 구간(20% 이상)에 진입할 것으로 예상된다면, 상여금을 검토합니다. 이때 핵심은 '법인세 절감률 > 개인 소득세 증가율'인 지점까지 상여금을 지급하는 것입니다. 만약 CEO의 개인 소득세율이 이미 최고 구간(45%)에 도달했다면, 상여금을 지급하기보다는 차라리 법인세 20%를 내고 법인 내부에 자금을 쌓아두는 것이 단기적으로는 이익입니다.

4단계는 장기 EXIT을 위한 이익 유보입니다. 법인 내부에 쌓인 유보 이익은 결코 사라지는 돈이 아닙니다. 이 자금은 추후 '퇴직금'이라는 명목으로 인출될 때 진가를 발휘합니다. 퇴직 소득은 분리과세 대상이므로, 수십 년간 쌓인 이익을 한 번에 가져오더라도 일반 근로소득보다 훨씬 낮은 실효 세율을 적용받을 수 있습니다.

숫자를 넘어 경영 철학으로 임해야 합니다. CEO의 보수 체계를 설계하는 것은 단순한 산술 계산이 아닙니다. 이는 국가의 조세 정책을 이해하고, 그 안에서 기업의 영속성을 보장받으며 경영자의 정당한 몫을 찾아가는 과정입니다. 무조건 세금을 안 내는 것이 목표가 아니라, '합법적인 테두리 안에서 리스크를 최소화하며 부의 가치를 극대화하는 것'이 진정한 전략가로서의 면모입니다.

이러한 전략은 매년 세법 개정안과 법인의 실적에 따라 유동적으로 변해야 합니다. 따라서 전문 세무사와의 정기적인 미팅을 통해 우리 회사만의 '맞춤형 인출 시나리오'를 점검하고, 정관 및 내부 규정을 실시간으로 업데이트하는 노력이 반드시 병행되어야 할 것입니다.

　다음 글에서는 회사 운영 시 꼭 필요한 접대비와 광고선전비 경비 처리에 대해 심도 있게 다루도록 하겠습니다.

21.
접대비와 광고선전비
: 경비 처리의 마지노선과 한도

　매출 증대의 양대 축, 지출의 '성격'이 세금을 결정합니다. 기업이 시장에서 생존하고 성장하기 위해서는 고객과의 관계를 돈독히 하는 '네트워킹'과 잠재 고객에게 브랜드를 알리는 '마케팅'이 동시에 이루어져야 합니다. 이 과정에서 발생하는 비용이 바로 접대비(기업업무추진비)와 광고선전비입니다. 하지만 경영자의 입장에서는 똑같이 매출을 위해 쓴 돈이라 할지라도, 국세청의 시각은 전혀 다릅니다.

　접대비(기업업무추진비)는 자칫 경영자의 사적 유흥이나 비공식적인 자금 유출로 변질될 가능성이 높다고 판단하여 엄격한 '한도(Cap)'를 설정합니다. 반면, 광고선전비는 기업의 성장을 돕는 생산적인 지출로 보아 원칙적으로 '한도 없는 비용'으로 인정합니다. 따라서 CEO는 이 두 비용의 경계선을 정확히 이해하고, 동일한 지출이라도 세무상 더 유리한 항목으로 분류될 수 있도록 전략적 의사

결정을 내려야 합니다.

접대비(接待費, 기업업무추진비)는 보이지 않는 규제의 벽과 관리의 기술이 필요합니다. 접대비는 법인의 업무와 관련하여 특정한 거래처나 이해관계자에게 기부, 사례, 증여 등 명목 여하를 불문하고 지출한 모든 비용을 의미합니다.

접대비(기업업무추진비)는 사업 관련성의 엄격한 입증 책임이 있습니다. 접대비가 법인의 비용(손금)으로 인정받기 위한 대전제는 '업무 관련성'입니다. CEO의 개인적인 동창회 모임 식사비나 가족 행사 비용을 법인 카드로 결제하는 행위는 접대비가 아닌 '가공 경비'로 간주됩니다. 이는 단순히 비용 부인을 넘어 CEO 개인에 대한 상여 처분(소득세 추가 징수)과 법인세 추징이라는 이중과세의 원인이 됩니다.

증빙 요건은 3만 원(경조사비는 20만 원)을 초과하는 지출에 대해 반드시 법인 신용카드나 세금계산서 등 적격 증빙을 갖춰야 합니다. 만약 이를 어기고 현금으로 지출하거나 영수증이 미비할 경우, 해당 금액은 한도 계산도 하기 전에 즉시 비용에서 제외됩니다.

기록의 디테일이 필요합니다. 특히 5만 원을 초과하는 고액 접대비(기업업무추진비)의 경우, 단순히 카드 전표만 보관하는 것이 아니라 '누구와, 어떤 사업적 목적으로, 어디서' 만났는지를 증명할 수 있는 상담 일지나 접대비 명세서를 작성해 두는 것이 세무 조사 대응의 핵심입니다.

법정 한도액의 구조와 초과액의 위험성을 알아야 합니다. 접대비(기업업무추진비)는 기업이 마음대로 늘릴 수 없습니다. 세법은 기업의 규모와 매출액에 비례하여 '비용 인정 마지노선'을 정해 두고 있습니다.

중소기업의 기본 한도는 중소기업의 경우 연간 3,600만 원(일반 기업은 1,200만 원)을 기본으로 인정해 주며, 여기에 매출액의 일정 비율(0.03% ~ 0.3%)을 추가로 더해줍니다.

손금불산입이란 한도를 1원이라도 초과하는 금액은 장부상에는 비용으로 기록될지언정, 세금을 계산할 때는 비용으로 인정되지 않습니다. 즉 회사는 돈을 쓰고도 그만큼의 이익이 난 것으로 간주되어 추가 법인세를 내야 하는 불합리한 상황에 직면하게 됩니다.

광고선전비(廣告宣傳費)는 성장을 촉진하는 무한한 확장성이 있습니다. 광고선전비는 불특정 다수인을 대상으로 상품이나 서비스의 인지도를 높이기 위해 지출하는 비용입니다. 접대비(기업업무추진비)와 가장 큰 차이점은 '지급 대상의 불특정성'과 '비용 인정의 무제한성'에 있습니다.

광고선전비는 한도 없는 손금 인정의 매력이 있습니다. 세법상 광고선전비는 기업 활동의 건전한 투자로 보아 별도의 한도를 두지 않습니다. 매출액 대비 광고비 비중이 아무리 높더라도 업무와 직접 관련이 있고 증빙이 확실하다면 전액 법인세 절감 효과를 볼 수 있습니다. 이는 고성장을 목표로 하는 스타트업이나 신제품 출시를 앞둔 제조 기업에게 매우 유리한 제도적 장치입니다.

광고선전비로 인정받기 위한 조건을 알아야 합니다. 단순히 광고라고 주장한다고 해서 모두 인정받는 것은 아닙니다. 대상은 특정 거래처가 아닌 일반 대중(불특정 다수)에게 노출되어야 합니다. 방법은 TV, 신문, SNS 광고뿐만 아니라 불특정 다수에게 배포하는 견본품, 달력, 수첩 등도 포함됩니다. 증빙은 광고 대행사와 작성한 계약

서, 실제 광고 집행 내역(스크린샷, 결과 리포트), 매입 세금계산서 등
이 완벽하게 갖추어져야 합니다.

CEO를 위한 실무적 쟁점은 접대비(기업업무추진비)인가, 광고비인
가입니다. 실무에서는 특정 지출이 접대비인지 광고비인지 모호한
'회색지대'가 반드시 발생합니다. 이때의 판단 기준은 '지출의 주된
목적'과 '수혜자'입니다.

기념품 및 견본품의 증정으로 알아봅니다. 사례 A는 자사 로고
가 새겨진 1만 원 상당의 기념품을 전시회 방문객 모두에게 나누어
주었다면 이는 광고선전비입니다. 사례 B는 동일한 기념품을 특정
주요 거래처 50곳의 임직원들에게만 택배로 발송했다면 이는 특정
인을 대상으로 한 접대비(기업업무추진비)로 분류됩니다.

고객 초청 행사와 세미나를 알아봅니다. 고객을 모서 놓고 식사
를 대접하는 행위는 접대비(기업업무추진비)처럼 보일 수 있습니다.
하지만 해당 행사가 '신제품 설명회'나 '기술 세미나' 형식을 갖추고
불특정 고객을 대상으로 공고된 후 진행되었다면, 여기서 발생한 식
사비와 임차료는 광고선전비 또는 행사비로 처리하여 한도 제한을
피할 수 있습니다.

기부금과의 차이는 업무와 무관하게 아무런 대가 없이 지출하는
돈은 '기부금'입니다. 기부금 역시 접대비(기업업무추진비)와 별도의
한도 규정이 있으므로, 지출의 성격을 정확히 규명하는 것이 중요합
니다.

CEO의 전략적 지출 관리 로드맵을 구축해야 합니다. CEO는 법
인의 현금 흐름을 관리할 때 단순한 비용 지출을 넘어 '세무적 효율
성'을 극대화하는 설계를 해야 합니다.

접대비(기업업무추진비)의 '광고비화' 전략을 고려해야 합니다. 법정 한도가 정해진 접대비 항목을 가급적 광고선전비나 교육훈련비, 회의비 등의 항목으로 전환할 수 있는지 검토해야 합니다. 예를 들어, 거래처 임원과의 1:1 골프 접대보다는 다수의 거래처 실무자를 대상으로 한 '산업 트렌드 강연 및 오찬'을 기획하는 것이 세무상 훨씬 안전하고 비용 인정 범위도 넓습니다.

기업 가치(Value-up) 관점에서의 해석이 필요합니다. 투자자나 인수합병(M&A) 시장에서는 기업의 비용 구조를 면밀히 살핍니다. 접대비(기업업무추진비) 비중이 지나치게 높은 기업은 '리베이트나 관행적 영업에 의존하는 낙후된 기업'으로 비칠 위험이 있습니다. 반면, 광고선전비 비중이 높은 기업은 '브랜드 자산에 투자하며 미래 성장 동력을 확보하는 기업'으로 평가받습니다. 즉 광고선전비의 활용은 세금 절감을 넘어 EXIT 가치를 높이는 전략적 지표가 됩니다.

실시간 모니터링 시스템을 구축해야 합니다. 연말에 가서야 접대비(기업업무추진비) 한도 초과를 발견하면 대처할 방법이 없습니다. 분기별로 결산을 진행하여 현재까지 집행된 접대비가 연간 예상 한도의 몇 %를 차지하고 있는지 확인해야 합니다. 한도가 임박했다면 연말의 대규모 접대 행사는 지양하거나 다른 명목의 마케팅 활동으로 대체하는 유연함이 필요합니다.

투명한 증빙이 최고의 절세 전략입니다. 접대비와 광고선전비의 관리는 단순히 장부상의 숫자를 옮기는 게임이 아닙니다. 이는 법인의 투명성을 증명하고, 세무 당국의 불필요한 간섭으로부터 경영권을 보호하는 방패를 만드는 과정입니다.

CEO는 모든 지출에 대해 "이 돈이 누구에게, 왜 갔는가?"라는 질문에 답할 수 있어야 합니다. 명확한 규정, 철저한 증빙 보관, 그리고 항목 간의 전략적 배분을 통해 법인세 리스크를 최소화해야 합니다. 이것이 바로 법인의 내실을 다지고 지속 가능한 성장을 도모하는 현명한 리더의 재무 경영입니다.

다음 글에서는 이러한 비용 집행을 포함하여 법인의 한 해 성과를 확정짓는 법인세 신고 구조와 회계 연도별 세무 스케줄 관리에 대해 심도 있게 다루겠습니다.

22.
법인세의 이해
: 세율 구조와 절세를 위한 회계 연도 전략

법인세 관리의 경영학적 의의와 CEO의 역할을 알아야 합니다. 주식회사를 이끄는 최고경영자(CEO)에게 있어 법인세(Corporate Income Tax)는 단순한 사후적 비용 지출이 아닙니다. 이는 기업의 순이익을 결정짓는 핵심 변수이자, 재투자 재원 확보 및 기업의 EXIT 가치(기업 가치 평가)에 직결되는 전략적 지표입니다. 법인은 독립된 권리 의무의 주체로서 경제 활동을 통해 이윤을 창출하며, 국가로부터 부여받은 법적 지위의 대가로 그 소득에 대한 세금을 납부합니다.

현대 경영에서 CEO는 단순한 납세 의무자를 넘어, 법인세법의 구조적 특성을 이해하고 이를 재무 의사 결정에 녹여내는 '조세 전략가'가 되어야 합니다. 효율적인 법인세 관리는 법인의 현금 흐름을 최적화하며, 이는 곧 연구개발(R&D) 투자나 신규 사업 확장으로 이어지는 선순환 구조를 만듭니다. 반면, 세무 관리에 무관심하여 불필요한 가산세를 부담하거나 최적의 절세 타이밍을 놓치는 것은 경영상의 기회비용을 초래하는 결과가 됩니다.

법인세의 기본 구조 및 과세 체계에 대한 심층 이해가 필요합니다. 과세 대상의 본질은 각 사업연도의 소득 산출입니다. 법인세는 법인이 정한 회계 기간, 즉 사업연도 동안 창출한 '각 사업연도 소득'을 과세 표준의 출발점으로 삼습니다. 이를 공식화하면 '법인세 과세 표준 = 총수익(익금) - 총손금(비용)'으로 정의할 수 있습니다.

여기서 '총수익'은 단순한 매출액에 국한되지 않습니다. 기업 운영 과정에서 발생하는 자산의 처분 이익, 유휴 자금 운영을 통한 이자 수익, 배당금 수익 등 법인의 순자산을 증가시키는 모든 경제적 유입을 포괄합니다. 따라서 CEO는 매출 외의 자산 변동이 법인세 부담에 미치는 영향을 상시 모니터링해야 합니다.

반면, 절세의 핵심인 '총손금'은 법인세법상 인정되는 모든 비용적 요소를 의미합니다. 임직원의 급여와 상여금, 사업장 임차료, 마케팅을 위한 광고선전비, 업무 수행을 위한 여비교통비 등이 이에 해당합니다. 법인세 관리의 본질은 결국 '법적으로 정당한 손금을 얼마나 체계적으로 증빙하고 누락 없이 반영하느냐'에 달려 있습니다. 특히 업무 관련성이 입증되는 지출을 합법적으로 손금화하는 과정은 CEO의 재무적 판단력을 요구하는 영역입니다.

납세 의무의 시의성과 결산 절차의 중요성을 알아야 합니다. 법인세는 신고 납부 제도를 채택하고 있습니다. 대다수 12월 말 결산 법인의 경우, 사업연도 종료일로부터 3개월 이내인 이듬해 3월 31일까지 관할 세무서에 신고와 납부를 완료해야 합니다. 이 3개월의 기간은 단순한 서류 정리 기간이 아니라, 지난 1년간의 경영 성과를 확정하고 각종 세액 공제 및 감면 혜택을 최종 점검하는 골든타임입니다. 신고 기한을 넘길 경우 막대한 가산세가 부과될 뿐만 아니라 세무조사의 리스크가 높아지므로, CEO는 결산 시점의 일정을 엄격히 관리해야 합니다.

누진세율 구조에 따른 구간별 대응 전략이 필요합니다. 대한민국의 법인세 체계는 소득 규모가 커질수록 높은 세율이 적용되는 누진세(Progressive Tax) 구조를 띠고 있습니다. 2026년 기준 세율 구간을 면밀히 살펴보면 기업의 성장 단계별로 취해야 할 세무 포지션이 명확해집니다.

과세 표준 2억 원 이하(세율 10%)는 초기 창업 기업이나 소규모 중소기업에 적용되는 '최저 세율 구간'입니다. 개인 소득세의 최고 세율이 지방소득세를 포함하여 49.5%에 달하는 것과 비교하면, 10%라는 세율은 파격적인 혜택입니다. CEO는 법인(주식회사)의 이익을 무리하게 개인화하기보다, 이 낮은 세율 구간을 활용하여 법인 내부에 이익을 유보하고 이를 다시 기업 성장을 위한 재원으로 재투자하는 것이 유리합니다.

과세 표준 2억 원 초과에서부터 200억 원 이하(세율 20%)는 대다수 건실한 중소기업과 중견기업이 속하는 구간입니다. 세율이 10%p 급격히 상승하는 지점이므로, 과세 표준이 2억 원을 근소하게 초과할 것으로 예상될 때는 전략적인 비용 집행을 통해 과세 구간을 조정하는 지혜가 필요합니다.

고소득 구간(200억 초과 22%, 3,000억 초과 25%)은 대기업군에 해당하며, 사회적 책임과 더불어 고도화된 글로벌 조세 회피 방지 및 연결 납세 제도 등의 정교한 관리가 요구되는 구간입니다.

CEO를 위한 실전적 법인세 절감 및 회계 관리 전략이 필요합니다. 법인세는 사후에 계산되는 결과물이지만, 관리는 연중 내내 선행되어야 합니다. 특히 회계 연도 종료가 다가오는 4분기에는 다음과 같은 전략적 조치가 필요합니다.

결산기 비용 집행의 전략적 조절(Timing Difference)이 필요합니다. 법인세는 기간 귀속의 원칙을 따릅니다. 즉 비용을 어느 연도에 반영하느냐에 따라 납부 세액이 달라집니다. 당해 연도 이익이 예상보다 높게 치솟을 것으로 판단된다면, 이듬해로 예정된 지출을 앞당겨 집행함으로써 과세 표준을 낮추는 '타이밍 전략'이 유효합니다.

선제적 운영 경비 지출로는 노후화된 사무용 기기 교체, 임직원들의 역량 강화를 위한 교육 훈련비 지출, 대규모 광고 캠페인의 조기 집행 등이 있습니다. 이러한 지출은 법인(주식회사)의 경쟁력을 높이는 동시에 즉각적인 손금 산입 효과를 가져옵니다.

고가의 기계 장치나 업무용 차량 등 자산을 취득할 경우, 해당 자산의 가치가 소멸하는 기간에 걸쳐 비용 처리하는 감가상각 제도를 활용합니다. 가속상각 등 법이 허용하는 범위 내에서 초기 비용 반영을 극대화하여 과세 부담을 뒤로 이연시킬 수 있습니다.

인건비 및 배당 설계를 통한 소득 분산 전략을 세워야 합니다. 법인의 이익을 그대로 두면 법인세가 부과되지만, 이를 임직원의 급여나 상여금으로 지급하면 법인 입장에서는 '손금'이 되어 법인세가 줄어듭니다.

급여 및 상여금 체계 최적화를 하여 CEO, 임원, 직원의 보수를 결정할 때, 법인세율(20%)과 개인의 종합 소득세율 구간을 비교 분석해야 합니다. 법인세 20%를 내는 것보다 개인 소득세로 내는 것이 유리한 지점까지는 적극적으로 급여를 인상해 법인세를 방어하는 것이 정석입니다.

전략적 배당 정책을 활용합니다. 법인세 납부 후 남은 이익(미처분 이익잉여금)이 과도하게 쌓이면 나중에 기업 승계나 청산 시 큰 세금 부담으로 돌아옵니다. 따라서 매년 정기적 혹은 비정기적 배당을 통해 소득을 분산해야 합니다. 특히 금융소득 종합과세 기준인 2천만 원까지는 저율 과세되므로, 이를 적극 활용하여 법인과 개인의 세금 부담을 균형 있게 분산시켜야 합니다.

정부 지원 정책 및 세액 공제·감면을 극대화해야 합니다. 대한민국 조세 체계는 국가 경제 활성화에 이바지하는 기업에게 강력한 인센티브를 제공합니다. 이는 '몰라서 못 받는' 경우가 가장 많은 영역이기도 합니다.

R&D(연구·인력개발비) 세액 공제는 기술 중심 기업에게 가장 파급력이 큰 제도입니다. 연구소 운영 및 연구 요원의 인건비 중 상당 부분을 법인세에서 직접 차감해주므로, 기술 개발 노력을 세금 혜택으로 보상받을 수 있습니다.

중소기업 특별 세액 감면 및 고용 증대 세액 공제는 지역 균형 발전과 일자리 창출을 위한 제도로, 정부는 특정 요건을 갖춘 중소기업의 법인세를 감면해 줍니다. 특히 신규 채용이 있을 경우 1인당 일정 금액을 세금에서 깎아주는 고용 관련 공제는 놓쳐서는 안 될 필수 항목입니다.

지속 가능한 성장을 위한 세무 리더십을 발휘해야 합니다. 법인세 관리는 단순히 세금을 적게 내는 기술이 아니라, 법인의 재무 건전성을 확보하고 미래 성장 동력을 지키는 경영 활동의 핵심입니다.

CEO는 재무제표상의 숫자가 세무적으로 어떤 의미를 갖는지 끊임없이 질문해야 합니다.

납세 의무는 사업연도가 끝난 후 발생하지만, 그 결과값은 1년 동안 CEO가 내린 수많은 결정의 합입니다. 따라서 평소 세무 전문가와의 긴밀한 소통을 통해 재무 상태를 점검하고, 전략적으로 비용을 통제하며, 정부의 다양한 세제 혜택을 선제적으로 도입하는 '세무 리더십'을 발휘해야 합니다. 효율적으로 관리된 1원의 세금은 곧 1원의 투자 자본이 된다는 사실을 명심해야 합니다.

다음 글에서는 법인세만큼이나 빈번하게 발생하며 자금 순환에 직접적인 영향을 미치는 부가가치세 신고 및 관리 실무에 대해 상세히 다루어 보도록 하겠습니다.

23.
부가세 신고 실무
: 매입 세액 공제와 적격 증빙의 중요성

주식회사 경영에 있어 부가가치세가 갖는 전략적 의미에 대해 알아보겠습니다. 대한민국에서 주식회사를 운영하는 CEO에게 세무 관리는 단순한 행정 절차를 넘어 기업의 생존과 직결되는 핵심 경영 요소입니다. 흔히 기업의 성과를 판단할 때 법인세에만 매몰되기 쉽지만, 실질적인 기업의 '현금 흐름(Cash Flow)'을 좌우하는 복병은 바로 부가가치세(Value Added Tax, 이하 부가세)입니다.

부가세는 이론적으로 최종 소비자가 부담하는 세금이며, 사업자는 이를 잠시 보관했다가 국가에 전달하는 '징수 대행자'의 역할을 수행합니다. 그러나 실무적으로는 이 과정에서 발생하는 매입 세액의 공제 여부, 적격 증빙의 구비 상태에 따라 법인의 가용 자금이 수천만 원에서 수억 원까지 차이가 날 수 있습니다. 따라서 CEO는 부가세의 구조를 단순한 산식으로 이해하는 수준을 넘어, 매입 세액 공제라는 강력한 절세 수단을 어떻게 활용할 것인지에 대한 통찰력을 갖추어야 합니다.

부가가치세의 구조적 이해는 매출세액과 매입세액의 상쇄 원리입니다. 부가가치세는 글자 그대로 기업이 사업 활동을 통해 창출한 '부가가치'에 대해서만 과세하는 것을 원칙으로 합니다. 하지만 과세 관청이 모든 기업의 개별 부가가치를 일일이 계산하는 것은 불가능하기 때문에, 우리 세법은 '전단계세액공제법'이라는 방식을 채택하고 있습니다.

매출세액은 국가를 대신해 보관하는 예치금입니다. 법인이 재화나 용역을 공급할 때, 공급가액의 10%를 고객으로부터 추가로 징수합니다. 이를 매출세액이라 합니다. 중요한 것은 이 돈이 법인의 매출 수익이 아니라는 점입니다. 많은 초보 경영자들이 통장에 들어온 매출세액을 법인의 자산으로 오인하여 운영자금으로 사용했다가 부가세 납기일에 자금난을 겪는 경우가 허다합니다. CEO는 매출세액을 '언젠가 반납해야 할 국가의 돈'으로 인식하고 별도의 계좌로 관리하는 철저함을 보여야 합니다.

매입 세액은 법인(주식회사)의 현금을 지키는 방어막입니다. 매출세액과 반대로 법인이 사업을 영위하기 위해 지출하는 모든 비용(원재료 구매, 임차료, 마케팅 비용, 비품 구입 등)에는 10%의 부가세가 포함되어 있습니다. 이를 매입 세액이라 합니다. 부가세 신고의 핵심은 바로 이 매입 세액을 얼마나 많이, 그리고 정확하게 '공제'받느냐에 달려 있습니다.

납부 세액의 산출과 실무적 시사점을 알아보겠습니다.

납부 세액 = 매출 세액(Output Tax) - 매입 세액(Input Tax)

이 공식에 따라, 매입 세액이 커질수록 법인이 실제로 국가에 납부해야 할 현금 비중은 줄어듭니다. 예를 들어, 1억 원의 매출을 올린 법인이 7천만 원의 매입을 발생시켰다면, 고객에게 받은 1천만 원의 세액 중 거래처에 지불한 700만 원을 차감한 300만 원만 납부하면 됩니다. 결과적으로 효율적인 매입 관리는 곧 직접적인 현금 유출을 막는 절세 전략이 됩니다.

매입 세액 공제의 생명줄은 적격 증빙의 철저한 관리입니다. 국세청은 기업의 주장만으로 매입 세액을 공제해 주지 않습니다. 해당 지출이 실제 사업을 위해 사용되었음을 입증하는 '법적 요건을 갖춘 문서', 즉 적격 증빙이 반드시 존재해야 합니다. 적격 증빙이 없는 지출은 부가세 공제를 받지 못할 뿐만 아니라, 향후 법인세 계산 시 비용으로 인정받지 못해 '세금 폭탄'으로 돌아올 위험이 큽니다.

4대 적격 증빙의 세부 특징과 관리 노하우를 알아보겠습니다. 전자세금계산서는 가장 강력하고 확실한 증빙입니다. 법인 간 거래에서 가장 표준이 되는 증빙입니다. 종이 세금계산서와 달리 국세청망에 즉시 등록되므로 분실 위험이 적고 투명합니다. CEO는 매입 거래 시 상대방이 과세 사업자인지 확인하고, 반드시 법인 등록번호가 기재된 전자세금계산서를 수취하도록 직원들을 교육해야 합니다. 계산서는 면세 거래의 필수품입니다. 농축수산물, 의료, 교육 등 부가세가 면제되는 재화나 용역을 구매할 때는 '세금'자가 빠진 일반 '계산서'를 받습니다. 이는 부가세 매입 세액 공제 대상은 아니지만, 법인세 산출 시 비용 처리를 위해 반드시 확보해야 하는 적격 증빙입니다. 법인 신용카드 매출전표는 실무적 편의성의 핵심입니다. 소액 지출이나 임직원의 복리후생비, 식대 등을 결제할 때 사용됩니다. 법인 명의의 카드를 사용하면 카드사로부터 사용 내역이 국세청으로 자동 전송되어 별도로 전표를 보관하지 않아도 되는 장점이 있습니다. 단, 카드 전표상의 가맹점이 간이과세자이거나 면세 사업자인 경우 부가세 공제가 되지 않으므로 주의가 필요합니다. 지출 증빙용 현금영수증은 현금 거래의 안전장치입니다. 부득이하게 현금으로 결제해야 하는 경우, 반드시 사업자등록번호를 제시하고 '지출 증빙용' 현금영수증을 발급받아야 합니다. 개인 휴대폰 번호로 받는 '소득공제용'은 법인의 매입 세액 공제 증빙으로 사용할 수 없음을 명심해야 합니다.

공제가 불가능한 '함정' 항목은 CEO의 주의가 필요한 영역입니다. 적격 증빙을 완벽히 갖추었더라도 세법의 정책적 목적에 따라 매입 세액 공제가 거절되는 항목들이 있습니다. 이를 사전에 파악하지 못하면 자금 계획에 차질이 생깁니다. 접대비(기업업무추진비) 관련 지출인 거래처 접대를 위한 식사, 선물, 골프 비용 등에 포함된 부가세는 공제되지 않습니다. 이는 과다한 접대 문화를 방지하기 위한 세법상의 조치입니다.

비영업용 소형 승용차 유지비는 일반적인 5인승 세단, SUV 등의 구입비, 리스료, 렌트료, 기름값, 수리비는 부가세 공제 대상이 아닙니다. 단, 배기량 1,000cc 미만의 경차나 9인승 이상 승합차, 트럭 등은 전액 공제가 가능하므로 업무용 차량 구매 시 전략적 선택이 필요합니다. 면세 사업 관련 매입은 법인이 부가세가 면제되는 사업(예: 출판, 교육)을 병행하고 있다면, 해당 사업부에서 발생한 매입은 공제받을 수 없습니다. 사업과 직접 관련 없는 지출로 CEO 개인의 가계 지출이나 가족 여행 비용 등을 법인 카드로 결제하고 부가세 공제를 시도하는 행위는 세무 조사의 1순위 타깃이 됩니다.

부가세 신고 및 납부 실무와 시기별 대응과 환급 전략에 대해 알아보겠습니다. 법인 사업자는 개인사업자와 달리 신고 횟수가 잦고 검토해야 할 자료의 양이 방대합니다. 시기를 놓치면 무거운 가산세가 부과되므로 연간 세무 일정을 완전히 숙지해야 합니다.

분기별 신고 일정표(법인 기준)가 있습니다. 법인은 1년을 1기와 2기로 나누고, 각 기수별로 '예정신고'와 '확정신고'를 진행하여 총 4번의 신고 의무를 집행합니다. 1기 예정은 대상 기간이 1월 1일부터 3월 31일까지이고 신고 및 납부 기한은 4월 25일까지입니다. 1기 확정은 대상 기간이 4월 1일부터 6월 30일까지이고, 신고 및 납부 기한은 7월 25일까지입니다. 2기 예정은 대상 기간이 7월 1일부터 9월 30일까지이고, 신고 및 납부 기한은 10월 25일까지입니다. 2기 확정은 대상 기간이 10월 1일부터 12월 31일까지이고, 신고 및 납부 기한은 다음 해 1월 25일까지입니다.

부가세 환급 제도의 전략적 활용을 알아보겠습니다. 매출 세액보다 매입 세액이 많은 경우, 국가는 그 차액을 법인에게 돌려줍니다. 특히 초기 설비 투자가 많은 제조업이나 IT 기업에게 부가세 환급은 가뭄의 단비와 같은 역할을 합니다. 일반 환급은 정기 확정신고 시 신청하며, 신고 기한 경과 후 30일 이내에 환급됩니다. 조기 환급(Early Refund)은 수출 기업이나 대규모 설비 투자를 한 기업, 재무 구조 개선 중인 기업이 대상입니다. 매달 혹은 2달에 한 번씩 신청할 수 있으며, 신청 후 15일 이내에 신속하게 환급금이 지급됩니다. 이는 신규 공장 건설이나 고가의 장비 도입 시 법인의 현금 유동성을 확보하는 데 매우 결정적인 역할을 합니다.

실무 운영 팁은 세무사와의 협력과 시스템 구축을 하는 것입니다. 부가세 신고는 겉으로 보기에는 단순한 계산 같지만, 수천 장의 전표 중 공제 가능 항목과 불가능 항목을 걸러내는 작업은 고도의 전문성을 요합니다. 회계 시스템 도입은 ERP나 간단한 회계 소프트웨어를 도입해 매일 적격 증빙을 스캔하고 데이터화하는 습관이 필요합니다. 전문 세무사 활용은 단순 신고 대행을 넘어 우리 회사의 지출 패턴에서 놓치고 있는 공제 항목이 없는지 정기적으로 확인하고 피드백을 받아야 합니다.

CEO의 습관이 법인의 곳간을 채웁니다. 부가가치세 관리는 단순히 세금을 적게 내는 기술이 아니라, 법인의 투명성을 입증하고 가용 자원을 최적화하는 경영의 기초 체력입니다. 모든 지출에 대해 "이것이 법인 명의의 적격 증빙인가?"를 자문하고, 임직원들에게 증빙 수취의 엄격함을 강조하는 CEO의 습관이 결국 법인의 이익을 극대화합니다.

철저한 부가세 관리를 통해 확보된 현금은 다시 기업의 R&D나 마케팅 재원으로 투입되어 더 큰 부가가치를 창출하는 선순환 구조를 만들어낼 것입니다. 부가세 신고는 3개월마다 찾아오는 귀찮은 행정 절차가 아니라, 우리 회사의 매입 구조를 점검하고 현금 흐름을 재정비하는 소중한 기회임을 잊지 말아야 합니다.

다음 글에서는 법인 자금 관리의 '양날의 검'이라 불리는 가지급금과 가수금의 위험성, 그리고 이를 현명하게 해소하여 재무 건전성을 확보하는 구체적인 방안에 대해 심층적으로 다루어 보겠습니다.

24.
가지급금과 가수금
: 법인 운영 시 발생하는 위험한 계정 관리

　법인과 개인의 '선'을 지키는 것이 경영의 시작입니다. 주식회사를 설립하고 운영하는 과정에서 많은 CEO가 범하는 가장 위험한 착각은 '회사의 돈이 곧 내 돈'이라는 생각입니다. 법인은 자연인인 대표이사와는 별개의 독립된 '법적 인격체'입니다. 따라서 법인의 자금은 정해진 절차(배당, 급여, 상여, 퇴직금 등)를 거치지 않고서는 단 1원도 사적으로 이동해서는 안 됩니다.

　이 원칙이 무너질 때 발생하는 회계상의 기형적인 계정과목이 바로 가지급금(假支給金)과 가수금(假受金)입니다. 이들은 장부상에 남겨진 '회계적 찌꺼기'에 불과해 보이지만, 실상은 세무 당국의 강력한 제재 대상이자 기업의 대외 신용도를 추락시키고, 나아가 성공적인 투자 유치나 M&A(EXIT) 및 상장(IPO)을 가로막는 결정적인 장애물입니다. 본 글에서는 이 두 계정의 본질과 리스크, 그리고 이를 현명하게 해소하는 전략을 심층적으로 다룹니다.

가지급금(假支給金)은 법인의 자산을 갉아먹는 독소 조항입니다. 가지급금이란 명칭 그대로 '임시로 지급한 돈'을 의미합니다. 법인에서 현금 유출은 분명히 발생했으나 그 용처가 불분명하거나, 증빙이 부족하여 확정적인 계정과목으로 처리하지 못한 상태로 남겨진 자산 항목입니다. 세법은 이를 '법인이 대표자에게 무이자로 자금을 대여해 준 행위'로 간주합니다.

가지급금이 발생하는 구체적 배경과 실태를 알아봅니다. 단순히 대표이사가 유흥비로 법인 자금을 쓰는 경우 외에도, 실무에서는 다음과 같은 복합적인 이유로 가지급금이 누적됩니다. 대표이사의 사적 유용과 회계 처리 미비입니다. 법인 카드로 가족 식사비, 개인 여행 경비, 명품 구입 등을 결제하고 이를 사업적 비용으로 둔갑시키려 할 때 발생합니다. 적격 증빙 없는 실질 비용 지출입니다. 사업상 리베이트나 영업 활동 중에 발생하는 비공식적인 현금 지출이 대표적입니다. 돈은 나갔지만 세금계산서나 영수증을 받을 수 없는 경우, 이 구멍을 메우기 위해 일단 가지급금으로 처리하게 됩니다. 가공 경비 계상의 부작용입니다. 법인세를 줄이기 위해 가짜 인건비나 허위 외주비를 장부에 올렸다가, 나중에 세무 조사에서 적발되어 해당 비용이 부인당하면 그 전액이 고스란히 가지급금으로 전환됩니다. 이는 조세 포탈의 위험까지 안고 있는 매우 위험한 사례입니다.

가지급금의 치명적인 4대 세무 리스크에 대해 알아보겠습니다. 세무 당국은 가지급금을 단순한 회계 실수가 아닌 '자금 유용'으로 보기 때문에 징벌적 수준의 불이익을 부과합니다.

리스크 1

인정이자 발생과 그에 따른 법인세의 연쇄 상승이 발생합니다. 세법상 법인은 대표이사에게 돈을 빌려주었으므로 '시장 이자율(연 4.6% 수준)'만큼의 이자 수익을 거둬야 합니다. 실제로 이자를 받지 않았더라도 국세청은 이 이자만큼 법인의 수익이 발생한 것으로 간주하여 법인세를 추가로 부과합니다. 이를 '익금산입'이라 하며, 매년 복리로 늘어나는 인정이자는 법인의 재무를 심각하게 훼손합니다.

리스크 2

지급이자 손금불산입(이중 처벌)이 발생합니다. 법인이 외부로부터 대출을 받아 이자를 내고 있다면, 가지급금 비율만큼의 이자 비용을 비용(손금)으로 인정해주지 않습니다. 즉 "남에게 이자 내며 빌린 돈이 있으면서 대표에게 무이자로 빌려줄 여유가 있느냐"라는 논리입니다. 이는 법인세를 대폭 상승시키는 원인이 됩니다.

리스크 3

대표이사 개인의 소득세 폭탄(상여 처분)이 발생합니다. 가장 무서운 부분입니다. 가지급금을 상환하지 못하고 장기간 방치하거나 법인을 폐업할 경우, 국세청은 해당 금액을 대표이사가 받은 '상여금'으로 처리합니다. 이 경우 대표이사는 최대 45%(지방소득세 포함 시 49.5%)에 달하는 누진세율의 근로소득세를 한꺼번에 납부해야 합니다. 수억 원의 가지급금이 있다면 세금만 수억 원이 나올 수 있습니다.

리스크 4

금융권 대출 제한 및 기업 가치 하락이 발생합니다. 가지급금은 재무제표상 '회수 가능성이 낮은 부실 자산'으로 평가됩니다. 신용 평가사는 이를 매우 부정적으로 보며, 은행권 대출 연장이 거부되거나 금리가 대폭 상승하는 불이익을 줍니다. 특히 투자자들은 가지급금을 CEO의 모럴 해저드(도덕적 해이)로 간주하여 투자 결정 시 최우선적으로 배제합니다.

가수금(假受金)은 법인의 투명성을 흐리는 그림자 부채입니다. 가수금은 가지급금과 반대로 '정체불명의 돈이 법인 통장에 들어온 것'을 말합니다. 주로 대표이사가 개인 사재를 털어 법인의 급한 불을 끄는 경우에 발생하며, 장부상에는 '법인이 대표에게 갚아야 할 부채'로 기록됩니다.

가수금이 발생하는 주요 시나리오를 알아봅니다. 초기 창업 자금의 지원으로, 법인 설립 초기 자본금이 부족하여 대표이사가 개인 자금으로 임차료나 설비비를 대신 결제하는 경우입니다.

일시적 유동성 위기 극복을 위하여 법인의 매출이 정체되어 직원 급여나 원자재 대금을 지급할 돈이 없을 때, 대표가 개인 자금을 입금하여 해결하는 사례입니다.

매출 누락의 은폐 수단입니다. 고객으로부터 현금으로 받은 매출액을 법인 통장에 넣으면서, 매출 신고를 하지 않고 '대표가 빌려준 돈(가수금)'으로 처리하여 세금을 탈루하려는 시도입니다.

가수금의 리스크와 관리의 필요성이 있습니다. 가수금은 겉보기에 대표가 회사에 도움을 준 것처럼 보이지만, 세무적으로는 또 다른 위험을 내포하고 있습니다.

이자 지급 의무와 채무면제이익을 고려해야 합니다. 법인은 원칙적으로 가수금에 대해 대표에게 이자를 지급해야 합니다. 반대로 대표가 "이 돈 안 받겠다"라고 선언하면 법인에게는 '채무면제이익'이 발생하여 법인세를 내야 합니다.

세무조사의 빌미를 제공할 수 있습니다. 세무 당국은 고액의 가수금을 '매출 누락'이나 '자금 세탁'의 흔적으로 의심합니다. 자금 출처가 불분명한 가수금이 많으면 세무 조사 대상자로 선정될 확률이 급격히 높아집니다.

가업 상속 시 불이익이 있습니다. 가수금은 대표이사의 개인 자산(채권)으로 분류되므로, 상속 발생 시 상속세 계산에 포함되어 유족들에게 거액의 상속세 부담을 안길 수 있습니다.

성공적인 경영을 위한 가지급금·가수금 해소 전략을 세워야 합니다. 이러한 리스크를 해결하기 위해서는 단순한 회계 처리를 넘어 전략적인 접근이 필요합니다.

가지급금 해소를 위한 3단계 솔루션을 알아봅니다. 현금 상환 및 자산 매각이 있습니다. 가장 깔끔한 방법은 대표이사가 개인 자금으로 법인에 돈을 갚는 것입니다. 개인 부동산이나 주식을 처분하여 상환하거나, 개인적으로 대출을 받아 해결할 수 있습니다.

급여 및 상여금 활용이 있습니다. 대표이사가 받을 급여나 상여금을 실제로 지급받지 않고 가지급금과 상계 처리하는 방식입니다. 다만, 이 과정에서 발생하는 고율의 소득세를 부담해야 한다는 단점이 있습니다.

자기주식 취득(자사주 매입) 및 퇴직금 정산이 있습니다. 법인이 대표이사가 보유한 주식을 매입하고 그 대금을 가지급금과 상계하는 방식입니다. 이는 관련 절차가 매우 까다로우며, 세법상 '배당'이나 '양도'로 간주될 수 있어 전문가의 세밀한 설계가 필수적입니다.

가수금 처리를 통해 재무 건전성을 강화해야 합니다. 가수금의 출자전환(Debt to Equity Swap)이 있습니다. 법인이 갚아야 할 가수금을 자본금으로 바꾸는 방식입니다. 대표이사는 채권 대신 주식을 더 가지게 되고, 법인은 부채가 줄어들고 자본이 늘어나 부채 비율이 획기적으로 개선됩니다. 이는 신용등급 상승으로 이어져 대출 및 투자 유치에 유리하게 작용합니다.

정기적인 원금 상환이 있습니다. 법인의 현금 흐름이 좋아질 때마다 무리하지 않는 선에서 대표이사에게 원금을 상환합니다. 이때 상환받는 돈은 대표이사 개인에게 세금이 부과되지 않는 '원금 회수'이므로 매우 효율적인 자금 회수 방법입니다.

투명한 회계가 기업의 영속성을 보장합니다. 주식회사의 CEO는 단순한 영업 전문가를 넘어 '최고 재무 관리자'의 마인드를 가져야 합니다. 가지급금과 가수금은 발생시키기 쉽지만, 이를 해결하는 데는 발생 비용의 몇 배에 달하는 세금과 시간, 노력이 수반됩니다.

"법인과 개인은 남이다"라는 철저한 인식 아래, 모든 지출에는 적격 증빙을 갖추고 사적인 지출은 개인 자산으로 해결하는 문화가 정착되어야 합니다. 깨끗한 재무제표는 세무 리스크로부터 자유로워질 뿐만 아니라, 향후 기업을 매각하거나 자녀에게 승계할 때 그 가치를 정당하게 평가받을 수 있는 가장 강력한 무기가 됩니다.

지금 당장 우리 회사의 장부를 펼쳐 보시기 바랍니다. 혹시 정체불명의 '찌꺼기'가 쌓여가고 있지는 않은지 확인해야 합니다. 그 찌꺼기를 치우는 것이 지속 가능한 성장을 위한 CEO의 최우선 과제임을 잊지 마시기를 바랍니다.

다음 글에서는 법인 운영의 또 다른 핵심축인 정책 자금을 활용해서 주식회사만 받을 수 있는 정부 지원금 목록에 대해 심층적으로 알아보겠습니다.

25.
정책 자금 활용
: 주식회사만 받을 수 있는 정부 지원금 목록

주식회사의 CEO는 경영 패러다임의 전환을 통해 자영업자에서 자본가로 변화해야 합니다. 현대 자본주의 시장에서 사업의 성공은 단순히 '좋은 제품을 파는 것'에 그치지 않습니다. 진정한 의미의 성공적인 경영자는 자신의 노동력이나 개인적인 자산만을 투입하여 수익을 창출하는 '자영업자'의 한계를 넘어, 법인(주식회사)이라는 시스템을 구축하고 이를 통해 외부의 자본을 끌어들이는 '자본가'로서의 마인드셋을 갖추어야 합니다. 특히 대한민국과 같이 중소기업 및 스타트업 육성 정책이 체계적으로 갖춰진 환경에서, 국가의 자본(정책 자금)을 얼마나 영리하게 활용하느냐는 사업의 확장 속도와 최종적인 EXIT(투자 회수) 가치를 결정짓는 분수령이 됩니다.

많은 예비 창업자가 초기의 행정적 번거로움이나 복잡한 회계 처리 때문에 주식회사 대신 개인사업자를 고민하곤 합니다. 하지만 장기적인 관점에서 주식회사는 단순한 사업 형식을 넘어, 국가와 시장으로부터 '공신력'을 부여받는 강력한 라이선스입니다. 주식회사는 개인사업자에 비해 투명성, 영속성, 책임의 한계 측면에서 압도적인 우위를 점하며, 이는 곧 정부 및 공공기관의 다양한 정책 지원 사업에서 '우선순위'를 점할 수 있는 티켓이 됩니다. 이번 글에서는 주식회사 형태의 창업이 왜 정책 자금 확보에 유리한지, 그리고 CEO가 이를 어떻게 전략적으로 활용해야 하는지 구체적인 분야별로 상세히 분석하고자 합니다.

금융 지원의 전략적 활용인 정책 자금 대출 및 보증의 메커니즘을 알아봅니다. 사업 운영에 있어 '자금'은 인체의 혈액과 같습니다. 특히 초기 창업 기업은 매출이 발생하기 전까지 상당한 '데스 밸리(Death Valley)'를 지나야 하며, 이때 가장 저렴하고 안정적인 자산이 바로 정부의 정책 금융입니다.

중소벤처기업진흥공단(중진공)을 통한 저리 자금 조달이 있습니다. 중진공 정책자금은 민간 은행보다 낮은 금리와 긴 거치 기간을 제공한다는 점에서 모든 CEO가 1순위로 고려해야 할 자원입니다. 중진공은 단순히 신용도만 보지 않고 기업의 '미래 성장성'과 '기술성'을 종합적으로 평가합니다. 여기서 주식회사가 유리한 이유는 법적으로 정해진 '정관'과 '이사회 구조' 등을 통해 사업의 지속 가능성을 서류상으로 명확히 증명할 수 있기 때문입니다. 특히 창업 7년 미만의 기업을 대상으로 하는 '창업기업지원자금'이나 고용 창출 실적이 우수한 기업을 위한 '신성장기반자금' 등은 주식회사 체제에서 체계적인 사업계획서를 제출했을 때 승인 확률과 대출 한도가 비약적으로 상승합니다.

기술보증기금(기보) 및 신용보증기금(신보)의 레버리지 효과가 있습니다. 담보가 부족한 초기 법인(주식회사)에게 기보와 신보의 보증서는 은행 문턱을 넘게 해주는 유일한 열쇠입니다. 기보는 특허나 독자적인 노하우 등 '기술력'을 중점적으로 보며, 신보는 사업 모델과 재무적 건전성을 봅니다. 주식회사는 복식부기 의무화로 재무제표의 투명성이 보장되며, 자본금 증자 기록이나 주주명부 등을 통해 기업의 자본 구조를 명확히 보여줄 수 있습니다. 이러한 투명성은 심사역에게 "이 기업은 시스템에 의해 운영되고 있다"라는 확신을 주며, 개인사업자의 가계와 혼용된 지출 구조와 대비되어 훨씬 높은 보증 한도를 이끌어내는 근거가 됩니다.

R&D 및 사업화 지원을 통한 무형 자산의 축적을 활용할 수 있습니다. 대출이 '갚아야 할 돈'이라면, 정부 보조금(Grant)은 '기업의 성장을 위해 국가가 투자하는 자금'입니다. 이는 법인의 지분을 희석하지 않으면서도 현금 흐름을 개선할 수 있는 최고의 레버리지입니다.

사업화 지원 사업은 예비/초기 창업 패키지의 필수 조건입니다. 중소벤처기업부에서 주관하는 '창업 패키지' 사업은 매년 수천만 원에서 억 단위의 사업화 자금을 지원합니다. 주목할 점은 많은 지원 사업이 선정 단계에서는 예비 창업자일지라도 협약 기간 내에 반드시 '법인(주식회사) 설립'을 완료할 것을 명시한다는 점입니다. 이는 정부가 개인의 일탈이나 사업 중단 리스크를 방지하고, 법인이라는 공적 체계 안에서 지원금이 관리되기를 원하기 때문입니다. 따라서 처음부터 주식회사로 시작하는 것은 이러한 대규모 보조금 사업에 즉각 대응할 수 있는 '준비된 상태'를 의미합니다.

기술개발(R&D) 지원사업과 기업부설연구소를 활용해야 합니다. 기술 기반의 주식회사는 R&D 지원 사업을 통해 인건비와 시제품 제작비를 조달할 수 있습니다. '디딤돌 과제'나 '창업성장기술개발사업' 등이 대표적입니다. 이러한 사업의 필수 요건 중 하나가 바로 '기업부설연구소' 또는 '연구전담부서'의 설치입니다. 주식회사는 조직도상 연구 인력을 명확히 구분하고 이사회 결의 등을 통해 연구개발에 대한 의지를 대외적으로 표명하기 용이합니다. R&D 자금 수령은 단순한 비용 지원을 넘어, 해당 법인이 국가로부터 기술력을 공인받았다는 이정표가 되어 향후 VC(벤처캐피털) 투자 유치 시 기업 가치(Valuation)를 높이는 핵심 지표가 됩니다.

인적 자원 확보와 경영 고도화 시스템을 구축해야 합니다. 기업의 본질은 결국 '사람'입니다. 하지만 초기 기업이 우수한 인재를 영입하기에는 비용 부담이 큽니다. 주식회사는 이 문제를 정부의 고용 지원 정책과 인증 제도를 통해 영리하게 해결할 수 있습니다.

고용 지원금 및 노무 관리의 투명성을 활용해야 합니다. 청년 일자리 도약 장려금 등 각종 고용 지원금은 정규직 채용과 4대 보험 가입을 전제로 합니다. 주식회사는 체계적인 정관과 인사 규정을 갖추고 있어 근로기준법 준수 여부를 증빙하기가 훨씬 수월합니다. 또한, 임직원에게 '스톡옵션(주식매수선택권)'을 부여할 수 있다는 점은 주식회사만이 가진 고유의 특권입니다. 당장 높은 연봉을 줄 수 없더라도 미래의 EXIT(출구 전략) 가치를 공유함으로써 핵심 인재를 락인(Lock-in)할 수 있는 강력한 동기부여 수단을 갖게 되는 것입니다.

벤처기업 및 이노비즈 인증의 가치를 알아야 합니다. 벤처기업 인증은 단순한 '증서' 이상의 가치를 지닙니다. 법인세 50% 감면(창업 벤처 기준), 취득세 감면, 광고비 할인, 코스닥 상장 시 요건 완화 등 방대한 혜택이 따라옵니다. 이러한 인증 제도는 기업의 기술성과 사업성을 엄격히 평가하는데, 주식회사 형태의 안정적인 지배구조와 재무 관리 시스템이 뒷받침될 때 비로소 획득 가능성이 극대화됩니다. 이는 대외적으로 "우리 회사는 국가가 인증한 혁신 기업"이라는 브랜딩 효과를 주어 매출 증대와 직결됩니다. 이노비즈(Inno-Biz)는 Innovation(혁신)과 Business(기업)의 합성어로, 기술 우위를 바탕으로 경쟁력을 확보한 '기술혁신형 중소기업'을 의미합니다. 쉽게 말해, 단순히 현재 돈을 잘 버는 기업보다는 미래 성장 가능성이 높은 기술력을 가진 중소기업을 정부(중소벤처기업부)가 공식 인증해 주는 제도입니다. 설립 3년이 넘은 중소기업 중 기술력이 뛰어나 국가가 '앞으로 크게 될 회사'라고 공인해 준 기업입니다.

CEO를 위한 실무적 정책자금 운용 전략을 통해 국가 자본을 효과적으로 활용하려면 CEO의 정보력과 준비성이 뒷받침되어야 합니다.

정보 채널화를 통해 K-스타트업(K-Startup), 기업마당(Bizinfo), 각 지자체 테크노파크의 공고를 정기적으로 확인하는 시스템을 갖춰야 합니다. 정책 자금은 상반기에 집중되는 경향이 있으므로 연초에 연간 로드맵을 수립하는 것이 중요합니다.

재무 정체성(Financial Identity)을 관리해야 합니다. 법인 운영에서 가장 경계해야 할 것은 '가지급금' 및 '가수금'입니다. 대표이사가 개인 용도로 법인 자금을 사용하는 행위는 정책 자금 심사에서 탈락 1순위 사유가 됩니다. 투명한 복식부기와 결산 관리를 통해 '깨끗한 재무제표'를 유지하는 것이 곧 가장 높은 신용 등급을 받는 비결입니다.

전문성과 결합해야 합니다. 사업계획서는 단순한 나열이 아닌 '국가 정책의 방향성'과 '우리 기업의 기술력'이 만나는 접점을 서술하는 예술입니다. 필요하다면 전문 컨설턴트나 세무사와의 협업을 통해 법적, 회계적 리스크를 사전에 제거하고 논리적인 사업계획서를 도출해야 합니다.

EXIT를 향한 전략적 동반자가 바로 법인(주식회사) 플랫폼입니다. 결국 주식회사를 설립하고 운영한다는 것은, CEO 개인의 역량에 의존하는 구멍가게를 운영하는 것이 아니라 '스스로 굴러가는 수익 창출 플랫폼'을 설계하는 과정입니다. 정책 자금은 이 플랫폼이 완성되어 시장에서 높은 가치로 평가받기(EXIT)까지 필요한 연료를 국가가 저렴하게 공급해 주는 제도입니다.

성공하는 CEO는 '지금 당장 내 수중에 떨어지는 현금'보다 '법인의 자산 가치 상승'에 집중합니다. 국가의 자본을 레버리지로 삼아 기술을 개발하고, 인재를 채용하며, 시스템을 구축해야 합니다. 주식회사는 당신의 꿈을 현실화하고, 노동 소득의 한계를 넘어 자본 소득의 영역으로 진입하게 해줄 가장 강력한 도구입니다. 당신은 이제 단순한 운영자가 아닌, 거대한 자본의 흐름을 조율하는 전략가이자 투자자로서 그 첫발을 내디뎠습니다. 체계적인 준비와 국가 자원의 전략적 활용을 통해 당신의 법인(주식회사)이 시장에서 빛나는 결실을 보기를 진심으로 기원합니다.

다음 글에서는 법인 운영의 또 다른 사항인 위기를 기회로 바꾸는 주식회사 폐업(청산)과 파산의 법적 이해에 대해 심층적으로 알아보겠습니다.

궁극의 재테크 EXIT와
영속적인 부의 승계

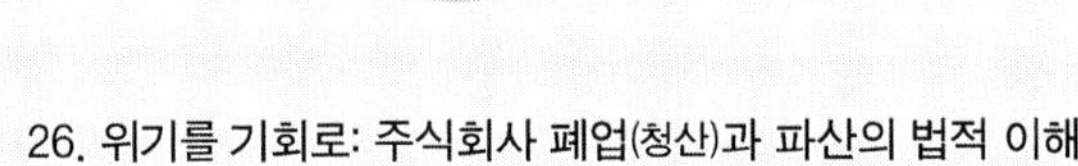

26.
위기를 기회로
: 주식회사 폐업(청산)과 파산의 법적 이해

CEO의 마지막 책무인 리스크의 격리와 종결에 대해 알아야 합니다. 경영학에서 흔히 말하는 '성공'은 기업의 성장과 EXIT(매각 또는 상장)을 의미하지만, 냉혹한 비즈니스의 세계에서 모든 시도가 승리로 끝날 수는 없습니다. 진정으로 노련한 CEO는 사업이 번창할 때뿐만 아니라, 예상치 못한 대내외적 변수로 인해 사업이 존속 불가능한 위기에 처했을 때 그 진가를 발휘합니다. 이때 가장 중요한 역량은 '실패를 개인의 삶과 완전히 분리하는 리스크 관리'입니다.

주식회사 체제를 선택한 CEO에게 주어진 가장 강력한 법적 권리는 '유한 책임'입니다. 이는 사업의 실패가 CEO 개인의 파멸로 이어지는 것을 방지하여, 향후 재기할 수 있는 발판을 마련해 줍니다. 사업의 마침표를 찍는 과정인 '폐업(청산)'과 '파산'은 단순히 문을 닫는 행위가 아니라, 법적으로 얽혀 있는 채권·채무 관계를 공정하게 정리하여 CEO 개인에게 전이될 수 있는 법적 리스크를 차단하는 고도의 전략적 프로세스입니다. 이번 글에서는 이 두 절차의 차이점과 실무적 유의 사항을 심도 있게 분석하고자 합니다.

자발적이고 질서 있는 정리로서 주식회사의 청산(Liquidation)이 있습니다. '청산'은 회사가 경제적으로 지급능력이 충분한 상태에서, 사업적 목적 달성이나 경영상의 판단에 의해 스스로 법적 실체를 소멸시키는 절차입니다. 이는 '질서 있는 퇴장'을 의미하며, 잔여재산을 주주들에게 환원하는 수익적 성격을 띠기도 합니다.

청산 절차를 단계별 실무적으로 분석해 봅니다. 청산은 단순히 세무서에 폐업 신고를 하는 것으로 끝나지 않습니다. 법적으로 '해산'과 '청산'이라는 두 단계를 거쳐야 합니다.

해산 결의와 청산인 선임이 필요합니다. 주주총회 특별 결의를 통해 회사의 운명을 결정합니다. 발행 주식 총수의 3분의 1 이상과 출석 주주의 3분의 2 이상의 찬성이 필요한 엄격한 절차입니다. 선임된 청산인(주로 대표이사)은 이때부터 회사의 일상 업무를 중단하고 오로지 '정리 업무'에만 전념하게 됩니다.

채권자 보호와 공고가 필요합니다. 법인은 수많은 이해관계자와 연결되어 있습니다. 따라서 신문 공고 등을 통해 "우리 회사가 문을 닫으니, 채권이 있는 자는 신고하라"는 통지 기간을 최소 2개월간 두어야 합니다. 이 절차를 소홀히 할 경우 청산인은 향후 손해배상 책임에서 자유로울 수 없습니다.

자산 환가 및 잔여 재산 분배가 필요합니다. 회사가 보유한 기계장치, 부동산, 미수금 등을 모두 현금화하여 모든 빚을 청산합니다. 여기서 남는 돈이 있다면 비로소 주주들에게 지분율에 따라 배분됩니다. 이는 주주가 투자금 이상의 수익을 회수하는 마지막 단계입니다.

청산의 법적 의의는 유한 책임의 완결입니다. 청산 절차가 완료되어 '청산 종결 등기'가 마무리되면 회사는 법적으로 소멸합니다. 회사의 자산으로 모든 채무를 변제했다면, CEO는 자신이 출자한 자본금 외에 개인 자산을 투입할 의무가 전혀 없습니다. 이는 주식회사가 제공하는 가장 안전한 '방어막'이 작동한 결과입니다.

법원의 개입을 통한 강제적 정리인 주식회사 파산(Bankruptcy)이 있습니다. 사업이 악화되어 부채가 자산을 초과하거나, 더 이상 현금 흐름을 통해 채무를 변제할 수 없는 '지급 불능' 상태에 빠졌을 때 선택해야 하는 것이 '법인 파산'입니다. 이는 CEO가 포기하는 것이 아니라, 법이라는 공적 시스템을 통해 리스크를 강제로 종결짓는 적극적인 관리 행위입니다.

파산 절차의 공정성과 효율성을 지켜야 합니다. 파산 신청 및 선고 시 CEO는 회사의 상태를 객관적으로 파악하여 법원에 파산을 신청합니다. 법원은 요건을 검토한 후 파산을 선고하고, 독립적인 제3자인 '파산 관재인(보통 변호사)'을 선임합니다. 이 시점부터 CEO는 경영권을 내려놓게 되며, 이는 오히려 채권자들의 독촉과 압박으로부터 CEO를 해방시키는 효과를 가집니다.

자산의 공정한 배당이 필요합니다. 파산관재인은 회사의 남은 자산을 샅샅이 조사하여 현금화합니다. 그리고 법이 정한 우선순위(임금, 조세, 일반 채권 등)에 따라 형평성 있게 배분합니다. 개별 채권자의 강제 집행이나 불필요한 소송전을 법원이 일괄적으로 통제해 주기 때문에, 정리가 매우 질서정연하게 이루어집니다.

법인격의 소멸과 부채의 탕감이 이루어집니다. 파산 절차가 종결되면 해당 법인은 소멸하며, 법인이 갚지 못한 남은 빚도 함께 사라집니다.

파산의 핵심 의의는 채무의 대물림 차단에 있습니다. 가장 중요한 점은 '법인의 빚은 대표이사의 빚이 아니다'라는 원칙의 확인입니다. 파산 절차를 정상적으로 밟았다면, 법인의 남은 부채가 수십억 원이라 할지라도 CEO 개인의 예금이나 주택 등 사유 재산으로 이를 갚을 의무는 없습니다. 이는 CEO가 실패의 트라우마를 딛고 신속하게 재도전할 수 있게 돕는 사회적 안전망입니다.

CEO 리스크 관리의 마지노선인 연대보증과 독소 조항을 관리해야 합니다. 주식회사의 유한 책임이라는 강력한 방패에도 불구하고, CEO를 사지로 몰아넣는 치명적인 변수가 바로 '개인 연대보증'입니다.

연대보증은 유한 책임의 무력화를 하게 됩니다. 과거 금융권에서는 법인 대출 시 대표이사 개인의 연대보증을 관행적으로 요구해 왔습니다. 연대보증을 서는 순간, 주식회사의 리스크 차단막은 무너집니다. 법인이 파산하더라도 연대보증을 선 CEO 개인은 그 채무를 평생 떠안아야 하기 때문입니다. 따라서 CEO는 자금 조달 단계에서부터 연대보증을 최소화하거나 아예 하지 않는 전략을 짜야 합니다.

정책 자금의 활용과 연대보증 면제 트렌드를 활용해야 합니다. 다행히 최근 정부 정책은 '실패 후 재기'를 장려하기 위해 중소벤처기업진흥공단, 기술보증기금, 신용보증기금 등 정책 금융 기관을 중심으로 대표이사 개인의 연대보증을 대폭 폐지하고 있습니다. CEO는 외부 투자를 받거나 대출을 실행할 때, '연대보증 면제' 조건을 최우선으로 검토해야 합니다. 이는 사업 실패 시 자신의 인생을 지키는 가장 확실한 보험입니다.

위기 시 CEO가 취해야 할 현명한 행동 지침을 알아야 합니다. 사업이 어려워질수록 CEO는 감정적인 판단을 배제하고 법률적, 회계적 관점에서 냉철해져야 합니다.

지체 없는 결정을 해야 합니다. 자산보다 부채가 많아지는 시점을 정확히 포착해야 합니다. 무리하게 개인 자금을 쏟아부어 막는 '돌려막기'는 결국 개인의 재기 불능으로 이어집니다. 골든타임을 놓치기 전에 전문가와 상담하여 파산 여부를 결정해야 합니다.

회계의 투명성을 유지해야 합니다. 파산 절차에서 가장 문제가 되는 것이 '가지급금'이나 '횡령/배임' 이슈입니다. 평소 법인 자금을 개인 자금처럼 사용한 기록이 있다면 법원은 유한책임을 인정하지 않고 대표이사 개인에게 책임을 물을 수 있습니다. 투명한 복식부기 관리는 나중에 발생할지 모를 법적 분쟁에서 CEO를 지켜주는 유일한 증거입니다.

조세 채무에 대한 경각심을 유지해야 합니다. 일반적인 채무는 파산으로 소멸하지만, 세금(국세, 지방세)은 '과점주주의 제2차 납세의무' 규정에 의해 CEO 개인에게 따라붙을 수 있습니다. 따라서 법인 정리 시 세금 체납 문제를 가장 우선적으로 해결하는 전략이 필요합니다.

주식회사는 CEO의 인생을 지키는 플랫폼입니다. 주식회사를 설립하고 운영한다는 것은 단순히 돈을 벌기 위한 수단만이 아닙니다. 그것은 사업의 리스크를 법적 체계 안에서 관리하고, 실패의 충격을 최소화하며, 언제든 다시 일어설 수 있는 구조를 만드는 '지능적인 투자 행위'입니다.

성공적인 CEO는 사업의 시작 단계에서 이미 그 끝(EXIT)을 시뮬레이션합니다. 폐업과 파산이라는 절차를 정확히 이해하고 준비하는 CEO는, 어떠한 위기 앞에서도 당황하지 않고 자신과 가족의 안위를 지켜낼 수 있습니다. 주식회사라는 방어 플랫폼을 명확히 이해하고 활용해야 합니다. 그것이 바로 자본주의 사회에서 CEO가 가질 수 있는 가장 강력한 지혜이자 생존 전략입니다.

다음 글에서는 법인 운영의 또 다른 사항인 EXIT의 로드맵인 M&A와 IPO, 나에게 맞는 출구 전략에 대해 심층적으로 알아보겠습니다.

27.
EXIT의 로드맵
: M&A와 IPO, 나에게 맞는 출구 전략?

EXIT(출구 전략)은 단순한 매각을 넘어선 가치의 실현입니다. 많은 창업자가 사업을 시작하며 '어떻게 수익을 낼 것인가'에 집중하지만, 진정한 의미의 전략적 CEO는 '어떻게 이 사업을 완성하고 자본을 회수할 것인가'를 먼저 고민합니다. 여기서 '사업의 완성'이란 단순히 매출을 올리는 단계를 넘어, 기업이 가진 유무형의 가치를 자본 시장에서 공인받고 이를 현금화하는 EXIT을 의미합니다.

EXIT은 CEO 개인에게는 노동 소득의 굴레를 벗어나 막대한 자본 이득을 얻는 기회이며, 법인(주식회사)에게는 새로운 자본과 시스템을 수혈받아 제2의 도약을 준비하는 계기가 됩니다. EXIT 로드맵은 크게 M&A(인수합병)와 IPO(기업공개)라는 두 갈래 길로 나뉩니다. 이 두 경로는 단순히 규모의 차이가 아니라, 준비 과정과 평가 지표, 그리고 경영 환경 자체가 완전히 다른 트랙입니다. 따라서 CEO는 사업 초기에 구축하는 법인의 시스템이 어떤 EXIT 경로에 더 적합한지 냉철하게 판단하고 전략적으로 설계해야 합니다.

M&A(인수합병)는 기술과 시장의 결합을 통해 이루어지는 기민한 퇴장입니다. M&A는 주식회사 창업자들에게 가장 현실적이면서도 강력한 EXIT 수단입니다. 대기업이나 중견기업은 새로운 기술력을 확보하거나 시장 진입 시간을 단축하기 위해 유망한 중소 법인을 인수합니다.

CEO 입장에서 M&A는 IPO보다 훨씬 빠르게 자본을 회수하고 다음 도전을 준비할 수 있는 '연쇄 창업가(Serial Entrepreneur)'의 핵심 전략입니다.

M&A의 전략적 이점과 실행 속도를 알아봅니다. M&A의 가장 큰 매력은 '속도'와 '유연성'입니다. IPO가 수만 명의 대중 투자자를 상대해야 하므로 엄격한 공적 규제를 받는 반면, M&A는 인수자와 피인수자 간의 1:1 협상을 중심으로 진행됩니다. 따라서 시장 환경이 급변하거나 특정 기술의 가치가 최고조에 달했을 때, 수개월 내에 신속하게 딜(Deal)을 마무리할 수 있습니다. 또한, 재무제표상의 이익이 크지 않더라도 해당 법인이 보유한 독보적인 기술력(Deep Tech), 충성도 높은 사용자 데이터, 혹은 핵심 인력(Acqui-hiring)의 가치만으로도 높은 평가를 받을 수 있습니다.

가치 평가(Valuation)의 핵심은 시너지와 배수(Multiple)라 할 수 있습니다. M&A 시장에서 기업 가치는 단순히 '자산 마이너스 부채'로 계산되지 않습니다. 인수자가 우리 회사를 사갔을 때 발생할 '미래의 시너지'가 가격에 반영됩니다.

EBITDA 배수법은 주로 사용되는 방식이며, 기업이 영업 활동을 통해 벌어들인 현금 창출 능력에 산업별 가중치(Multiple)를 곱하여 계산합니다.

영업권(Goodwill) 평가는 브랜드 파워, 특허권, 숙련된 조직원 등 장부상에 나타나지 않는 무형 자산이 가격 결정의 핵심 변수가 됩니다. 특히 SaaS(서비스형 소프트웨어) 모델의 경우, 월 반복 매출(MRR)의 크기에 따라 기업 가치가 기하급수적으로 상향 조정되기도 합니다.

IPO(기업 공개)는 자본 시장의 꽃이자 기업의 성인식입니다. IPO는 법인의 주식을 증권시장에 상장하여 불특정 다수에게 공개하는 과정입니다. 이는 단순히 자금을 조달하는 수단을 넘어, 기업이 국가와 시장으로부터 '공신력'을 인정받는 최고의 훈장과 같습니다.

IPO의 요구 조건은 투명성과 시스템 경영입니다. IPO 트랙에 올라탄 법인은 더 이상 CEO 개인의 소유물이 아닙니다. 시장은 '시스템에 의한 경영'을 요구합니다.

재무 및 회계의 투명성이 아주 크게 필요합니다. 한국채택국제회계기준(K-IFRS) 적용과 외부 감사가 필수적이며, 단 1원의 불투명한 자금 흐름(가지급금, 가수금 등)도 용납되지 않습니다.

내부 통제 시스템이 필요합니다. 특정 개인의 결정이 아닌, 이사회와 감사위원회 등 법적 절차에 따라 의사결정이 이루어지는 체계적인 거버넌스를 갖추어야 합니다.

장기 성장 동력이 필요합니다. 상장 이후에도 주주들에게 지속적인 이익을 배당하거나 주가를 부양할 수 있는 확고한 시장 지배력과 비전이 증명되어야 합니다.

자본 조달의 규모와 지속성이 있어야 합니다. IPO의 가장 큰 장점은 대규모 자산 회수와 동시에 향후 필요한 자금을 시장에서 언제든 추가로 조달(유상증자 등)할 수 있다는 점입니다. 또한 상장사라는 타이틀은 인재 영입과 해외 진출 시 엄청난 브랜드 자산이 됩니다. 비록 준비 기간이 길고 공시 의무 등 유지 비용이 높지만, 성공 시 얻게 되는 자본 이득은 M&A와 비교할 수 없을 정도로 거대합니다.

나에게 맞는 EXIT 로드맵의 전략적 선택의 기준을 알아보겠습니다. CEO는 자신의 사업 아이템과 성향에 따라 로드맵을 선택해야 합니다. 두 경로의 핵심 차이점을 심층 분석해 보겠습니다.

M&A(인수합병)의 목표 가치는 상대적·중단기적 이익 실현이며, 핵심 평가 요소는 기술, 인력, 시장 점유율, 전략적 가치이며, 회수 기간은 3년에서 5년 내외로 빠른 편이며, 경영권 상태는 인수자에게 경영권을 양도(주로 퇴장)하며, CEO 리스크는 협상 결렬 시 대안이 부족하다는 점입니다.

IPO(기업 공개)의 목표 가치는 장기적 기업 가치 극대화이며, 핵심 평가 요소는 재무 건전성, 성장성, 내부 통제, 시스템 가치이며, 회수 기간은 7년에서 10년 이상으로 장기적 준비가 필요하며, 경영권 상태는 경영권 유지 및 전문 경영인 체제 전환이며, CEO 리스크는 상장 실패 시 재무적 타격 및 평판 하락입니다.

성공적인 EXIT을 위한 CEO의 단계별 실행 전략을 구축해야 합니다. EXIT은 어느 날 갑자기 이루어지는 이벤트가 아닙니다. 창업 첫날부터 준비된 법인(주식회사)만이 기회를 잡을 수 있습니다.

초기 단계(설립부터 3년)에는 'M&A Ready' 상태를 유지합니다. 이 시기에는 어떤 EXIT 경로를 선택하든 공통적으로 적용되는 '기본기' 를 다져야 합니다. 무형 자산의 법인화를 해야 합니다. 모든 특허, 상표권, 연구 데이터는 반드시 CEO 개인이 아닌 '법인 명의'로 등록되어야 합니다. M&A 실사 시 가장 먼저 확인하는 항목입니다. 재무 정화를 해야 합니다. 가지급금 및 가수금을 원천 차단하고, 복식부기를 생활화하여 '언제든 실사를 받아도 깨끗한' 장부를 유지해야 합니다.

중기 단계(3년에서 7년)에는 로드맵의 구체화 및 스케일업을 해야 합니다. 사업 모델이 검증되었다면, 이제 IPO로 방향을 틀지, 혹은 매력적인 M&A 타깃으로 남을지 결정해야 합니다.

IPO 선택 시에는 주관사(증권사)를 선정하고 내부 회계 관리 제도를 도입합니다. VC(벤처캐피털)로부터 대규모 투자를 유치하여 외형 성장을 가속화합니다.

M&A 선택 시에는 잠재적 인수 후보군(동종 업계 대기업 등)과의 파트너십을 강화하고, 그들이 필요로 하는 핵심 기능을 보완하는 방향으로 R&D를 집중합니다.

EXIT는 CEO 마인드셋의 완성입니다. 주식회사를 설립한 CEO는 단순한 '장사꾼'이 되어서는 안 됩니다. 법인(주식회사)이라는 유기체를 시장에 내놓았을 때 가장 높은 가격을 받을 수 있도록 가꾸는 '가치 설계자'가 되어야 합니다.

EXIT는 실패하거나 사업을 포기하는 것이 아닙니다. 오히려 자신이 일궈온 가치를 시장으로부터 보상받고, 그 자본을 바탕으로 더 큰 경제적 자유와 새로운 도전을 시작하는 '성공의 관문'입니다. 투명성, 무형 자산의 축적, 그리고 시스템 경영이라는 세 가지 열쇠를 쥐고 있다면, 당신은 M&A와 IPO라는 두 가지 문 중 어떤 것이든 열 수 있는 준비된 CEO입니다. 당신이 설계한 로드맵이 법인(주식회사)의 성장과 함께 거대한 자본의 결실로 이어지기를 기원합니다.

다음 글에서는 법인 운영의 또 다른 사항인 기업 가치를 올려 회사를 '팔기 좋은 상품'으로 만드는 5단계에 대해 심층적으로 알아보겠습니다.

28.
기업 가치 올리기
: 회사를 '팔기 좋은 상품'으로 만드는 5단계

경영의 종착지, '회사'라는 상품의 완성을 이룰 필요가 있습니다. 현명한 CEO는 사업을 시작하는 시점부터 자신의 회사를 하나의 독자적인 '상품'으로 규정합니다. 일반적인 상품의 고객이 소비자라면, '회사'라는 상품의 고객은 벤처캐피털(VC)과 같은 투자자나 전략적 인수자(Acquirer)입니다. 소비자가 가성비와 품질을 따지듯, 회사를 사는 고객들은 해당 법인(주식회사)이 얼마나 '예측이 가능하고, 지속 가능하며, 확장 가능한지'를 냉철하게 평가합니다.

성공적인 EXIT를 달성하기 위해서는 단순히 매출 규모를 키우는 것을 넘어, 인수자가 수천억 원의 거금을 들여서라도 이 회사를 사고 싶게 만드는 '매력적인 패키징'이 필요합니다. 이를 위해 CEO는 운영(Operation)의 영역을 넘어 자산화(Assetization)의 영역으로 진입해야 합니다. 이번 글에서는 회사를 가장 높은 가치로 평가받게 만드는 5가지 핵심 전략을 상세히 분석하고, 이를 통해 CEO가 어떻게 '자본가적 승리'를 거둘 수 있는지 고찰하고자 합니다.

제1단계는 시스템화로 사람의 노동을 프로세스의 자산으로 전환하는 것입니다. 인수자가 가장 두려워하는 것은 '창업자나 핵심 개발자가 나가면 회사가 멈추는 리스크'입니다. 이를 방지하기 위해 회사는 특정 개인의 역량에 의존하는 구조에서 탈피하여, 잘 짜인 기계처럼 돌아가는 시스템을 구축해야 합니다.

경영 자동화와 매뉴얼의 힘을 구축해야 합니다. 회사의 모든 핵심 업무 프로세스는 '표준 운영 절차(SOP)'로 문서화되어야 합니다. 신입 사원이 들어와도 매뉴얼만 보고 업무의 80%를 즉시 수행할 수 있는 수준이 되어야 합니다. 마케팅 자동화 도구(SaaS), CRM(고객 관계 관리) 시스템, 전사적 자원 관리(ERP) 등을 적극 도입하여 데이터가 누락 없이 축적되도록 하는 것이 시스템화의 핵심입니다.

지적 자산(IP)의 법인화를 해야 합니다. 많은 초기 기업이 범하는 실수는 핵심 기술이나 노하우를 특정 개인의 기억 속에 남겨두는 것입니다. 투자자는 이를 '형체 없는 자산'으로 간주하여 가치를 낮게 평가합니다. 따라서 모든 아이디어와 기술은 특허로 출원하고, 브랜드는 상표권으로 등록하며, 내부 교육 자료와 코드는 공식 저장소에 체계적으로 기록해야 합니다. 이 모든 권리는 반드시 '법인 명의'여야 합니다. 그래야만 매각 시 '양도 가능한 상품'으로서의 가치를 인정받게 됩니다.

제2단계는 반복 수익 구조를 확립해 미래 현금 흐름의 가시성을 증명해야 합니다. 단발적인 큰 계약보다 작더라도 매달 꼬박꼬박 들어오는 구독료가 기업 가치 산정 시 훨씬 높은 점수를 받습니다. 이는 미래 수익을 통계적으로 예측할 수 있게 해주기 때문입니다.

구독 모델과 리텐션(Retention)의 경제학이 중요합니다. 월간 반복 매출(MRR)이나 연간 반복 매출(ARR)은 현대 기업 가치 평가의 척도입니다. 인수자는 "내년에도 이만큼의 돈이 들어올 것인가?"라는 질문에 대한 답을 원합니다. 따라서 한 번의 판매로 끝나는 구조를 어떻게든 서비스형(SaaS)이나 유지보수형 모델로 전환해야 합니다.

데이터로 증명하는 고객 생애 가치(LTV)가 있어야 합니다. 단순히 매출액을 제시하는 것보다, 고객 한 명을 데려오는 비용(CAC) 대비 그 고객이 평생 우리 회사에 가져다줄 이익(LTV)이 몇 배인지를 데이터로 보여주어야 합니다. 이탈률(Churn Rate)이 낮고 재구매율이 높다는 증거는 우리 회사가 시장에서 강력한 '해자(Moat)'를 가지고 있다는 가장 확실한 재무적 증거가 됩니다.

제3단계는 재무 및 법률 투명성으로 무결점이 곧 프리미엄입니다. 아무리 사업 모델이 훌륭해도 장부가 지저분하면 딜(Deal)은 성사되지 않습니다. 인수 심사(DD) 과정은 회사의 먼지를 털어내는 과정이며, 여기서 발견되는 리스크는 곧 가격 깎기(Hair-cut)의 빌미가 됩니다.

가지급금과 가수금은 완전히 해소되어야 합니다. CEO 개인의 돈과 법인의 돈이 섞여 있는 회사는 '가족 경영의 한계'를 벗어나지 못한 것으로 간주됩니다. 가지급금은 단순한 회계적 실수를 넘어 횡령 및 배임 이슈로 번질 수 있는 치명적인 결함입니다. 상장이나 매각을 준비한다면 최소 3년 전부터는 모든 영수증을 적격 증빙으로 관리하고, 법인 카드는 100% 공적 용도로만 사용하는 엄격한 통제가 필요합니다.

법률 리스크의 선제적 관리가 필요합니다. 주주 간 계약서가 불분명하거나, 임직원과의 근로 계약에서 퇴직금 산정 등이 모호한 경우 인수자는 추후 발생할 소송 리스크를 우려하여 인수를 포기합니다. 모든 계약 문서를 디지털화하여 정비하고, 지분 구조를 단순하고 명확하게 유지하는 것이 '팔기 좋은 상품'의 기본 포장지입니다.

제4단계는 독점적 지위를 확보하여 틈새시장의 지배자가 되는 것입니다. 모든 사람을 만족시키려는 서비스는 누구에게도 매력적이지 않습니다. 투자자는 "우리가 이 영역만큼은 1등이다"라고 말할 수 있는 회사에 열광합니다.

니치 마켓(Niche Market) 장악 전략이 필요합니다. 좁은 시장에서 압도적인 점유율을 기록하는 것은 확장 가능성을 증명하는 가장 좋은 방법입니다. 특정 타깃이나 특정 지역, 특정 산업군에서 "우리가 없으면 이 시장이 돌아가지 않는다"라는 점을 증명해야 합니다. 이러한 점유율은 인수자에게 강력한 진입 장벽으로 인식되어, 단순한 자산 가치 이상의 '경영권 프리미엄'을 얻게 해줍니다.

기술적 해자와 인증의 자산화가 필요합니다. "우리 기술이 좋다"는 주장보다 "우리는 10개의 특허를 보유하고 있으며 국가로부터 이노비즈 인증을 받은 벤처기업이다"라는 객관적 증표가 훨씬 힘이 있습니다. 이러한 인증은 공신력을 부여할 뿐만 아니라, 인수 후 세제 혜택이나 정책 금융 승계 등 부가적인 경제적 이점을 인수자에게 선사합니다.

제5단계는 핵심 인력 리스크 관리를 통해 조직의 영속성을 보장하는 것입니다. 회사는 시스템으로 돌아가야 하지만 그 시스템을 운영하고 발전시키는 핵심 인재들의 이탈은 기업 가치의 급락을 초래합니다. 특히 M&A에서 인수자는 기존 멤버들이 매각 후에도 회사를 지켜줄지 여부를 매우 중요하게 여깁니다.

창업자 의존도 감소와 권한 위임이 필요합니다. CEO가 없어도 주간 회의가 돌아가고 의사결정이 이루어지는 조직 구조를 보여주어야 합니다. 핵심 임직원들에게 성과에 따른 보상 체계와 권한을 배분하여 회사가 CEO 개인의 원맨쇼가 아닌 '팀 스포츠'임을 증명해야 합니다.

리텐션 보너스와 언아웃(Earn-out)을 설계해야 합니다. 핵심 인재들이 매각 시점에 이탈하지 않도록 스톡옵션이나 매각 후 잔류 조건부 인센티브를 미리 설계해 두는 지혜가 필요합니다. 또한, 매각 대금 중 일부를 일정 기간 경영 성과에 따라 사후에 지급받는 '언아웃' 계약은 인수자의 불안감을 해소하고 최종 매각 가치를 높이는 고도의 협상 기술로 활용됩니다.

준비된 CEO만이 자본의 열매를 맺습니다. 회사를 운영하는 것은 마라톤이지만, EXIT는 그 마라톤을 완주하고 받는 금메달과 같습니다. 위에서 언급한 5단계 전략은 단순히 '나중에 팔 때 잘 보이려고 하는 행위'가 아닙니다. 이 과정 자체가 사실은 가장 탄탄하고 효율적인 회사를 만드는 과정과 정확히 일치합니다.

투명한 재무 구조를 갖추고, 시스템에 의해 수익이 창출되며, 독보적인 시장 지위를 가진 회사는 굳이 팔려고 애쓰지 않아도 투자자와 인수자가 먼저 찾아오게 되어 있습니다. 당신은 지금 단순히 생존을 위해 일하고 있습니까? 아니면 '위대한 상품'을 개발하고 있습니까? 오늘부터라도 귀하의 법인(주식회사)이 가진 5가지 영역의 지표를 점검하고, 부족한 부분부터 전문가와 함께 보완해 나가면 됩니다. 철저히 패키징된 주식회사는 당신에게 평생의 노동보다 더 큰 자본가로서의 보상을 안겨줄 것입니다.

다음 글에서는 법인 운영의 또 다른 사항인 투자 유치의 기술인 주식 가치를 높이는 외부 자본 활용법에 대해 심층적으로 알아보겠습니다.

29.
투자 유치의 기술
: 주식 가치를 높이는 외부 자본 활용법

자본 유치의 본질적 의미와 CEO의 역할을 알아봅니다. 주식회사를 경영함에 있어 외부 자본을 유치한다는 행위는 단순히 부족한 운영 자금을 충당하는 수동적인 조달 행위에 그치지 않습니다. 현대 비즈니스 환경에서 투자 유치는 회사가 보유한 비즈니스 모델과 기술력, 그리고 미래 성장 잠재력을 자본 시장으로부터 공식적으로 검증받고 인정받는 일종의 '가치 공인' 절차입니다.

성공적인 경영자는 외부에서 유입된 자본을 단순히 비용으로 소모하는 것이 아니라, 이를 주당 가치를 획기적으로 높이기 위한 강력한 '금융 레버리지'로 활용할 줄 알아야 합니다. 적기에 투입된 자본은 인재 채용, 기술 개발, 시장 점유율 확대를 가속화하며, 이는 결과적으로 기업의 최종적인 엑시트(EXIT) 가치를 극대화하는 필수적인 로드맵이 됩니다. 따라서 CEO는 자본 유치를 재무적인 이벤트가 아닌, 회사의 운명을 결정짓는 고도의 경영 기술로 인식하고 접근해야 합니다.

투자 유치 단계의 고도화와 법인 가치 평가의 진화 과정을 관리해야 합니다. 기업이 탄생하여 상장에 이르기까지의 과정은 각기 다른 목적과 성격의 자본이 투입되는 단계별 여정입니다. 이 과정에서 결정되는 기업 가치(Valuation)는 다음 단계의 투자 유치를 결정짓는 기준점이 되므로, CEO는 각 단계의 특성을 명확히 이해해야 합니다.

초기 시장 진입과 검증하는 씨드(Seed) 및 시리즈 A 단계를 알아봅니다. 가장 초기 단계인 씨드(Seed) 라운드에서는 아직 구체적인 매출 지표가 부재한 경우가 많습니다. 이때의 주요 자금 출처는 엔젤 투자자나 정부 지원 사업이 주를 이루며, 투자 목적은 가설로만 존재하던 아이디어를 실제 제품으로 구현(MVP, Minimum Viable Product 최소 기능 제품 제작)하고 시장성을 타진하는 데 있습니다. 이 시기에 회사의 가치 평가는 정량적 수치보다는 팀원들의 역량, 기술의 독창성, 그리고 해결하고자 하는 시장의 문제 크기에 집중됩니다.

이후 시장 궁합(PMF, Product-Market Fit)을 확인한 뒤 진입하는 시리즈 A(Series A) 단계는 본격적인 사업 확장의 신호탄입니다. 초기 벤처캐피탈(VC)은 해당 기업이 특정 시장에서 독점적 지위를 확보할 가능성이 있는지를 중점적으로 평가하며, 이때부터는 초기 매출 지표와 고객 유지율(Retention)이 가치 평가의 핵심 잣대가 됩니다.

규모의 경제 실현과 시장 지배력을 확보하는 시리즈 B/C 및 Pre-IPO에 대하여 알아봅니다. 사업 모델이 안정 궤도에 오르면 대규모 마케팅과 글로벌 진출을 위해 시리즈 B와 C 단계의 대규모 투자가 필요합니다. 이 단계에서는 중대형 VC와 사모펀드(PE)가 주요 투자자로 참여하며, 월간 반복 매출(MRR), 연간 반복 매출(ARR), 그리고 성장의 지속 가능성을 나타내는 재무 안정성을 엄격하게 평가합니다.

마지막 상장 직전 단계인 Pre-IPO 과정에서는 전략적 투자자(SI)가 대거 참여하고, 상장 심사 기준에 부합하는 투명성 및 비교 기업들의 시가총액을 바탕으로 최종적인 가치가 결정됩니다. CEO는 이러한 각 단계가 단절된 이벤트가 아니라 최종 EXIT 가치를 향해 쌓아 올리는 견고한 뼈대임을 인식하고, 매 라운드마다 전략적 지표 관리에 힘써야 합니다.

경영권 방어를 위한 지배구조 설계와 지분 희석 최소화 전략을 알아봅니다. 외부 자본의 유입은 필연적으로 기존 주주의 지분율 하락, 즉 '지분 희석'을 동반합니다. 유능한 CEO는 자본이라는 동력을 확보하면서도 회사의 방향타를 놓치지 않기 위해 정교한 경영권 방어 전략을 수립해야 합니다.

우선주 발행을 통한 의결권 보호를 위해 RCPS를 전략적으로 활용해야 합니다. 가장 대표적인 전략은 의결권이 제한되거나 없는 상환전환우선주(RCPS)를 발행하는 것입니다. 투자자에게는 배당이나 잔여 재산 분배 시의 우선권을 부여함으로써 투자 위험을 낮춰주는 대신, 경영의 핵심인 의결권 지분은 CEO가 온전히 유지하는 방식입니다. 이를 실무적으로 구현하기 위해서는 회사의 '정관'에 해당 주식의 종류와 발행 조건, 전환 가격 산정 방식 등을 사전에 치밀하게 명시해 두어야 합니다. 이는 자본 시장의 신뢰를 얻으면서도 경영의 연속성을 확보하는 가장 기본적이면서도 강력한 수단입니다.

가치 하락에 대비한 희석 방지(Anti-dilution) 조항의 이해가 필요합니다. 투자 계약 시 반드시 검토해야 할 항목 중 하나는 희석 방지 조항입니다. 이는 시장 상황 악화 등으로 인해 다음 투자 유치 시 기업 가치가 이전보다 낮게 평가되는 '다운 라운드(Down Round)'가 발생했을 때 기존 투자자들을 보호하는 장치입니다. 투자자는 이 조항을 통해 주당 가치를 조정받거나 추가 주식을 확보하여 자신의 지분율을 방어하려 할 것입니다. CEO는 이러한 조항이 차기 투자 유치 과정에서 새로운 투자자에게 진입 장벽이 되거나 경영진의 지분을 과도하게 침해하지 않도록 협상 과정에서 조정 가능 범위를 명확히 설정해야 합니다.

투자자 매료를 위한 핵심 성과 지표(KPI)와 전략적 파트너십을 알아봅니다. 투자자는 자선사업가가 아니며 오직 '성장의 확실성'과 '회수 가능성'에 배팅합니다. 따라서 CEO는 회사의 성장을 직관적으로 증명할 수 있는 정교한 재무 지표를 제시해야 합니다.

수익성과 성장성을 동시에 입증하는 재무 지표가 있어야 합니다. 첫째, 매출총이익(Gross Margin)은 비즈니스 모델의 근본적인 체력을 보여줍니다. 단순히 매출 규모가 크더라도 원가 비중이 높아 마진율이 낮다면 지속 가능한 성장이 어렵기 때문입니다. 높은 마진율은 곧 높은 기업 가치로 직결됩니다. 둘째, 성장의 기울기입니다. 투자자는 매년 10%씩 완만하게 성장하는 기업보다, 비록 현재 규모는 작더라도 기하급수적으로 꺾여 올라가는 'J-커브' 형태의 성장 잠재력에 열광합니다. 셋째, 현금 흐름의 투명성입니다. 아무리 화려한 매출 지표를 자랑하더라도 법인 통장의 실질적인 현금 흐름과 일치하지 않거나, 가지급금 및 가수금 등의 회계적 결함이 있다면 투자자의 신뢰를 얻을 수 없습니다. 투명한 재무 구조는 투자 유치의 가장 기본 매너이자 강력한 무기입니다.

단순 자본 이상의 가치는 전략적 투자자(SI) 유치 전략입니다. 자본의 질 또한 중요합니다. 단순히 수익만을 목적으로 하는 재무적 투자자(FI)와 달리, 같은 업종이나 연관 산업 내의 전략적 투자자(SI)를 유치하는 것은 비즈니스 확장에 지대한 영향을 미칩니다. SI는 자금뿐만 아니라 자신들이 보유한 유통망, 기술 노하우, 브랜드 인지도 등을 공유하여 피투자 기업의 성장을 직접적으로 견인합니다. 이러한 시너지는 시장 점유율을 단기간에 끌어올려 차기 라운드에서의 가치 평가를 획기적으로 높이는 기폭제가 됩니다.

계약 실무와 사후 관리를 통해 CEO의 미래를 결정짓는 독소 조항을 검토해야 합니다. 투자 유치의 마지막 관문은 '투자 계약서(Term Sheet)'의 서명입니다. 이때 무심코 지나친 조항 하나가 훗날 경영권 탈취나 엑시트의 방해 요소가 될 수 있으므로 전문가의 조언을 받아 면밀히 검토해야 합니다.

특히 동반매도권(Tag-along Right)은 대주주가 지분을 팔고 나갈 때 투자자도 함께 팔 수 있는 권리로, CEO의 단독 엑시트를 제한할 수 있습니다. 반대로 우선매수권은 기존 주주가 지분을 제3자에게 넘기기 전 투자자에게 먼저 살 기회를 주는 것으로, 지배구조의 변동을 통제하는 역할을 합니다. 아울러 투자 유치 이후에도 창업자가 안정적으로 경영 활동에 전념할 수 있도록 보장하는 창업자 보호 조항을 관철시키는 것 역시 CEO의 역량입니다.

금융 공학의 정수로서의 투자 유치를 해야 합니다. 결론적으로 투자 유치는 단순히 돈을 빌려오는 것이 아니라, 회사를 하나의 매력적인 '금융 상품'으로 디자인하여 시장에 내놓는 과정입니다. CEO

는 최고의 가격으로 협상하되 지분 희석을 최소화하고, 유입된 자본을 통해 기업 가치를 기하급수적으로 키워내는 금융 공학적 사고를 갖추어야 합니다. 이러한 일련의 과정을 성공적으로 완수할 때, 비로소 회사는 단순한 사업체를 넘어 시장의 신뢰를 받는 위대한 기업으로 거듭날 수 있을 것입니다.

다음 글에서는 법인 운영의 또 다른 사항인 대주주 지분 관리를 통해 경영권 방어와 지분 희석 최소화 전략에 대해 심층적으로 알아보겠습니다.

30.
대주주 지분 관리
: 경영권 방어와 지분 희석 최소화 전략

지분은 경영자의 의지이자 기업의 생존권입니다. 주식회사의 구조에서 대주주, 특히 창업자이자 CEO에게 지분(Equity)이란 단순한 재산권의 행사를 넘어선 의미를 지닙니다. 이는 기업의 장기적인 비전을 실현할 수 있는 '의사 결정의 정당성'이며, 외부의 적대적 위협으로부터 회사를 보호하는 '방어막'이자, 기업 성장의 결과물을 공정하게 회수하는 '엑시트(EXIT)의 설계도'입니다.

많은 초보 경영자들이 자본 유치라는 가시적인 성과에 매몰되어 지분 희석의 위험성을 간과하곤 합니다. 그러나 지분 구조는 한 번 고착되면 수정하기가 매우 어렵고, 이는 곧 경영권의 상실로 이어져 창업자가 자신이 세운 회사에서 쫓겨나는 비극의 단초가 되기도 합니다. 따라서 CEO는 기업의 성장 단계마다 전략적인 지분 구조를 설계하고, 자본을 얻는 대가로 통제권을 얼마나 양보할 것인지에 대한 고도의 정치적·법률적 계산을 마쳐야 합니다.

경영권 방어의 철벽인 상법 기반의 '마법의 숫자'와 그 전략적 함의를 알아봅니다. 대한민국 상법은 주주총회의 의결 요건에 따라 주주의 권한을 명확히 구분하고 있습니다. CEO는 각 지분율 구간이 갖는 법적 구속력을 이해하고, 이를 '경영권 방어의 마지노선'으로 설정해야 합니다.

절대적 지배력의 상징인 66.7%(3분의 2) 초과 지분과 100% 지분의 의미를 알아봅니다. 지분율이 66.7%를 초과한다는 것은 상법상 '특별 결의' 사항을 독자적으로 결정할 수 있음을 의미합니다. 특별 결의는 회사의 근간을 흔드는 중대한 결정들을 포함합니다. 정관의 변경, 자본금의 감소(감자), 회사의 해산, 합병 및 분할, 영업의 양도 등 기업의 운명이 걸린 사안들이 여기에 해당합니다. 만약 CEO가 이 지분을 보유하고 있다면, 어떠한 소수 주주의 반대에도 아랑곳하지 않고 기업의 구조를 개편할 수 있는 '절대 군주'의 지위를 갖게 됩니다.

나아가 100% 지분을 보유한 1인 주식회사는 의사 결정 속도 면에서 압도적인 우위를 점합니다. 주주총회 소집 절차를 생략하거나 서면 결의로 대체할 수 있어 급변하는 시장 환경에 대응하는 기민한 경영이 가능해집니다.

실질적 경영권의 기준점인 50% 초과(과반수)에 대해 알아봅니다. 지분율 '50% + 1주'는 민주주의 원칙에 따른 '보통결의' 사항의 단독 결정권을 부여합니다. 이는 일상적인 경영 활동의 핵심인 이사와 감사의 선임 및 해임, 재무제표의 승인, 그리고 배당의 결정권을 독점함을 의미합니다. 이사를 선임할 수 있다는 것은 이사회를 장악할 수 있다는 뜻이며, 이는 곧 대표이사의 지위를 공고히 유지할 수 있는 실질적인 방패가 됩니다. 따라서 외부 투자를 받더라도 이 선을 유지하는 것이 심리적·실무적 안정감을 주는 최우선 목표가 되어야 합니다.

방어적 통제권의 보루인 33.4%(3분의 1) 초과에 대해 알아봅니다. 현실적으로 대규모 투자를 유치하다 보면 과반 지분을 유지하기 어려워지는 시점이 옵니다. 이때 CEO가 반드시 사수해야 할 최후의 보루가 바로 33.4%입니다. 이 지분율은 특별 결의 사항에 대한 '거부권(Veto)'을 행사할 수 있는 수치입니다. 비록 본인의 의사대로 회사를 끌고 갈 수는 없더라도, 타인에 의해 회사가 팔리거나 합병되는 등의 치명적인 결정을 막아낼 수 있는 최소한의 안전장치입니다.

지분 희석 최소화 전략으로 자본의 논리와 통제의 기술에 대해 알아봅니다. 기업은 성장을 위해 외부 자금의 수혈이 필수적입니다. 관건은 '지분을 얼마나 적게 주면서 얼마나 많은 돈을 가져오는가?'에 달려 있습니다. 이는 단순한 협상이 아니라 정교한 재무적·법률적 전략의 산물입니다.

기업 가치(Valuation) 극대화와 심리적 협상이 필요합니다. 지분 희석을 줄이는 가장 원론적이고 강력한 방법은 투자를 받기 전 회사의 가치를 높이는 것입니다. 똑같은 10억 원을 투자받더라도 기업 가치가 50억 원일 때와 100억 원일 때 CEO가 내주어야 하는 지분율은 2배나 차이 납니다. 이를 위해 CEO는 단순히 현재의 매출뿐만 아니라 반복 수익(MRR), 독점적 원천 기술(IP), 시장의 점유율 확대 가능성, 그리고 팀의 역량을 데이터로 증명해야 합니다. 가치를 높게 평가받는 것은 지분을 지키는 것과 직결됩니다.

금융 도구의 전략적 활용으로 상환전환우선주(RCPS)에 대해 알아봅니다. 스타트업 투자에서 흔히 쓰이는 상환전환우선주(RCPS)는 양날의 검이지만, 잘 활용하면 경영권 방어에 효과적입니다. 투자자에게는 배당 우선권이나 상환권 같은 재무적 이익을 제공하되, 발행 조건에 따라 의결권을 제한하거나 특정 상황에서만 행사하도록 설계할 수 있습니다. 이를 통해 CEO는 보통주 중심의 의결권 구조를 유지하며 실질적인 경영 지배력을 보존할 수 있습니다.

주주 간 계약서(SHA)를 통한 법적 요새를 구축해야 합니다. 지분율이라는 숫자만으로 해결되지 않는 문제는 '계약'으로 보완해야 합니다. 주주 간 계약서는 상법상의 한계를 넘어 주주들 사이의 약속을 규정합니다. 의결권 위임 약정은 특정 사안에 대해 소수 주주들이 CEO의 의사에 따르도록 미리 약속하는 장치입니다. 이사회 구성권은 지분율과 관계없이 이사회의 과반수 지명권을 CEO가 갖도록 명시함으로써 주식회사의 실질적인 경영권을 행사합니다. 동반매각청구권(Drag-along) 및 동반매수청구권(Tag-along)은 EXIT 과정에서 CEO의 주도권을 보장하고 소외되지 않도록 하는 장치들을 촘촘히 설계해야 합니다.

내부 결속과 지분 분쟁 예방을 위해 공동 창업자 지분 관리가 필요합니다. 많은 기업이 외부의 공격이 아닌 내부의 균열로 무너집니다. 공동 창업자 간의 지분 배분은 '공평함'이 아니라 '기여와 책임'의 관점에서 접근해야 합니다.

기여도 기반의 차등 배분 원칙을 세워야 합니다. 초기에 고생을 같이했다는 이유만으로 지분을 'N분의 1'로 나누는 것은 경영학적으로 매우 위험한 선택입니다. 의사결정의 교착 상태(Deadlock)를 방지하기 위해 반드시 최종 결정권자인 CEO가 확고한 우위를 점해야 합니다. 각 창업자의 기술적 역량, 자본 투입량, 향후 예상되는 기여도에 따라 지분을 차등화하고, 이를 명문화하여 나중에 발생할 '누가 더 고생했는가?'에 대한 감정적 소모를 차단해야 합니다.

베스팅(Vesting) 제도의 도입으로 변심에 대비한 안전장치를 마련해야 합니다. 공동 창업자가 지분만 챙기고 중도에 퇴사하는 것은 남은 창업자들에게 치명적인 피해를 줍니다. 이를 방지하기 위해 '베스팅(Vesting)' 제도를 반드시 도입해야 합니다. 예를 들어 4년의 베스팅 기간을 설정하면 창업자는 매년 25%씩만 자신의 지분에 대한 완전한 권리를 갖게 됩니다. 만약 2년 만에 회사를 떠난다면 나머지 50%의 지분은 회사가 액면가에 회수하거나 실효시키는 구조입니다. 이는 창업 멤버들이 장기적으로 기업 가치 제고에 몰입하게 만드는 강력한 유인책이 됩니다.

스톡옵션의 전략적 배분에 대해 알아봅니다. 핵심 인재 유치를 위해 발행하는 스톡옵션 역시 지분 관리의 영역입니다. 과도한 스톡옵션 발행은 기존 주주의 지분을 희석시키므로, 전체 발행 주식 수의 일정 비율(보통 10~15%) 내에서 체계적으로 관리되어야 합니다. 이는 인재를 확보하면서도 CEO의 통제력을 갉아먹지 않는 선에서 정교하게 집행되어야 합니다.

지분 관리는 기업 경영의 예술이자 과학입니다. 결론적으로, 주식회사의 대주주에게 지분 관리란 단순히 숫자를 관리하는 것이 아니라 기업의 영속성을 설계하는 고도의 전략 활동입니다. 지분은 자본 시장에서 성장을 위한 '화폐'로 쓰이지만, 그 화폐를 너무 쉽게 지출한 경영자는 결국 자신이 일군 터전에서 소외되는 결과를 초래합니다.

CEO는 상법상의 마법의 숫자를 숙지하여 방어선을 구축하고, 투자 유치 시에는 다양한 금융 도구와 계약적 장치를 동원해 희석을 방어하며, 내부적으로는 베스팅과 같은 제도를 통해 창업팀의 결속력을 유지해야 합니다.

"지분은 양보할 수 있어도 경영권은 양보할 수 없다"라는 명제 아래, 성장의 과실을 나누되 배의 키는 끝까지 놓지 않는 전략적 유연함이 성공적인 EXIT와 기업의 지속 가능한 번영을 만드는 핵심 열쇠가 될 것입니다.

다음 글에서는 법인 운영의 또 다른 사항인 가업 승계의 필수 전략인 상속 및 증여세 절감의 황금 공식에 대해 심층적으로 알아보겠습니다.

31.
가업 승계의 필수 전략
: 상속 및 증여세 절감의 황금 공식

가업 승계의 본질적 의미와 한국적 특수성을 알아야 합니다. 주식회사를 설립하여 시장에서 성공을 거두고, 최종적으로 기업 공개(IPO)나 M&A를 통한 엑시트(EXIT)를 달성하는 것은 모든 창업자의 꿈입니다. 그러나 대한민국 사회에서 창업 CEO에게 기업은 단순한 자산 그 이상의 의미를 지닙니다. 수십 년간 일궈온 기업의 철학과 기술력, 그리고 고용을 유지하며 자녀에게 경영권을 물려주는 '가업 승계(Succession)'는 창업자의 경영 일생을 마무리하는 최종 단계이자, 개인 자산 관리의 완성을 의미합니다.

하지만 한국의 경영 환경에서 가업 승계는 결코 순탄하지 않은 과정입니다. 대한민국은 OECD 국가 중 최고 수준의 상속 및 증여세율을 유지하고 있습니다. 최고 세율 50%에 달하는 누진세 구조는 준비되지 않은 승계 과정에서 기업 지배력을 상실하게 만드는 결정적인 원인이 됩니다. 특히 비상장 주식은 거래가 활발하지 않음에도 불구하고 세법상의 엄격한 평가 기준에 의해 그 가치가 고평가되는 경향이 있어, 승계 시점에 막대한 현금 납부 의무를 발생시킵니다. 이는 기업의 가용 자금을 고갈시키고, 심한 경우 경영권 방어를 불가능하게 하여 가업 자체가 공중분해되는 비극으로 이어지기도 합니다. 따라서 CEO는 장기적인 관점에서 '세금 부담의 최소화'와 '경영권의 안정적 이전'이라는 두 마리 토끼를 잡기 위한 전략적 시나리오를 구축해야 합니다.

세금 폭탄의 구조적 분석으로 상속세 및 증여세의 메커니즘을 이해해야 합니다. 가업 승계의 첫 단추는 적(敵)을 아는 것, 즉 현재의 세율 구조와 평가 방식을 명확히 이해하는 것입니다. 한국의 상속 및 증여세는 '유산세' 방식을 채택하고 있어, 물려받는 사람의 몫이 아니라 물려주는 전체 재산 규모를 기준으로 세액이 결정됩니다.

누진세율의 공포와 최고 세율의 적용을 알아야 합니다. 현재 세율 체계는 1억 원 이하 10%에서 시작하여, 30억 원을 초과하는 순간 50%라는 막대한 세율 구간에 진입합니다. 중소기업이라 할지라도 수십 년간 이익잉여금이 축적되었다면 비상장 주식 가치는 30억 원을 훌쩍 넘기는 경우가 허다합니다. 여기에 최대 주주 할증 평가가 적용될 경우 실질 세율은 더 높아질 수 있습니다. 이는 국가가 기업 가치의 절반을 가져가는 결과로 이어지며, 상속인이 이 세금을 납부하기 위해 주식을 매각하거나 회사 자금을 무리하게 인출할 때 기업의 기초 체력은 급격히 저하됩니다.

비상장 주식 가치 평가의 불확실성을 고려해야 합니다. 비상장 기업의 주식 가치는 시가가 존재하지 않으므로 '상속세 및 증여세법' 상 보충적 평가 방법에 의존합니다. 보통 최근 3년간의 순손익가치와 현재의 순자산가치를 3:2(또는 2:3)로 가중 평균하여 산출합니다. 문제는 회사가 성장 가도를 달리고 있을 때나 대규모 설비 투자가 이루어진 직후에 승계가 발생하면, 장부상 수치가 매우 높게 평가되어 세금 부담이 폭발적으로 증가한다는 점입니다. 이러한 '가치 산정의 메커니즘'을 이해하지 못한 채 막연히 승계를 미루는 것은 세금 폭탄의 도화선에 불을 붙이는 것과 같습니다.

승계 시점의 황금 공식은 '낮은 가치'를 포착하는 선제적 증여입니다. 가업 승계 전략의 핵심은 '타이밍'입니다. 기업 가치가 우상향할 것이라는 전제하에, 가장 낮은 지점에서 지분을 이전하는 것이 세무 관리의 기본 원칙입니다.

저가 증여의 원칙(Pinching the Value)을 활용해야 합니다. 기업은 생애 주기별로 가치의 등락이 존재합니다. 신규 사업 투자로 인해 일시적으로 이익이 급감했거나, 경기 불황으로 업황이 좋지 않을 때, 혹은 대규모 연구개발(R&D) 비용 지출로 인해 당기순이익이 낮아진 시점이 역설적으로 '증여의 골든타임'이 됩니다. 예를 들어 기업 가치가 10억 원일 때 증여하면 1억 원 남짓한 세금으로 해결될 문제이지만, 기업이 성장하여 100억 원의 가치가 된 후에 상속된다면 40억 원 이상의 세금을 내야 합니다. 미리 증여한 이후 발생하는 모든 미래 가치 상승분은 오롯이 자녀의 몫이 되며, 이는 상속세 과세 대상에서 영구히 제외되는 강력한 효과를 발휘합니다.

분할 증여와 시간의 복리를 활용해야 합니다. 증여세는 10년 단위로 합산됩니다. 따라서 자녀가 어릴 때부터 10년 주기로 지분을 조금씩 나누어 증여하는 '분할 증여'는 누진세율의 적용을 분산시키는 효과가 있습니다. 또한, 성인 자녀 기준 10년간 5천만 원의 증여재산 공제를 적극 활용해야 합니다. 비록 5천만 원이라는 금액이 기업 전체 가치에 비해 작아 보일 수 있으나, 주식 가치가 낮을 때 발행 주식 수 기준으로 증여해 둔다면 20~30년 후 그 주식의 가치는 수십 배로 불어날 수 있습니다. 이는 '시간'을 자녀의 편으로 만드는 전략입니다.

국가 지원 제도의 전략적 활용으로 가업 상속 공제와 증여세 과세 특례를 활용해야 합니다. 정부는 중소·중견기업의 고용 유지와 기술 전수를 장려하기 위해 매우 파격적인 혜택을 제공하고 있습니다. 이 제도들은 요건이 까다롭지만, 성공적으로 적용될 경우 세금 부담을 거의 '제로(0)'에 가깝게 줄일 수 있는 강력한 방어막이 됩니다.

가업 상속 공제인 600억 원의 강력한 면제 폭을 알아야 합니다. 가업 상속 공제는 피상속인이 10년 이상 경영한 기업을 상속인에게 물려줄 때, 가업 상속 재산 가액의 100%를 공제해 주는 제도입니다. 경영 기간에 따라 최대 600억 원까지 공제가 가능하므로 사실상 대부분의 중소기업은 상속세 부담 없이 승계가 가능합니다. 하지만 이는 사후 관리 요건이 매우 엄격합니다. 상속 후 5년 동안 업종을 유지해야 하며, 정규직 근로자 수 또는 급여 총액을 일정 수준 이상 유지해야 합니다. 자산의 처분도 제한됩니다. 따라서 이 제도를 활용하려면 승계 이후 5년간의 경영 환경 변화까지 예측하는 치밀한 준비가 필요합니다.

가업 승계 증여세 과세특례로 생전 승계의 촉진제가 됩니다. 상속 시점까지 기다리기보다 생전에 미리 경영권을 넘기고자 할 때 유용한 제도입니다. 일반 증여 시 50%에 달하는 세율 대신, 100억 원까지는 10%(30억 원 초과분 20%)라는 매우 낮은 단일 세율에 가까운 혜택을 적용받습니다. 이는 경영권 승계를 조기에 마무리하여 자녀가 책임 경영을 수행할 수 있는 기반을 마련해 줍니다. 특히 주식 가치가 폭발적으로 상승하기 직전의 기업에게는 가장 효율적인 대안입니다.

구조적 승계 전략으로 자녀 법인(Family Office)을 통한 간접 승계가 있습니다. 단순한 지분 증여를 넘어, 보다 유연한 승계를 위해 '자녀 명의의 법인'을 활용하는 방식도 검토 대상입니다. 이는 기존 가업 법인의 지배구조를 개편하여 세금 부담을 합법적으로 분산시키는 고도의 기술적 접근입니다.

신규 법인 설립과 지분 인수를 진행합니다. 자녀가 주주로 참여하는 별도의 신규 법인을 설립합니다. 이 법인이 기존 가업 법인과 보완적인 비즈니스 모델(예: 마케팅, IT 지원, 물류 등)을 공유하며 자생력을 키우게 합니다. 이후 자녀 법인이 창출한 이익을 재원으로 삼아 기존 법인의 주식을 시장 가치(또는 세법상 가치)로 매입하게 함으로써, 부모의 지분을 자연스럽게 자녀 측으로 이동시킵니다. 이 과정에서 발생하는 자금 출처가 명확하므로 향후 세무 조사에서도 당당할 수 있으며, 자녀는 스스로 수익을 창출하는 경영 능력을 검증받을 기회를 갖게 됩니다.

사업 기회의 제공과 일감 몰아주기 리스크 관리를 해야 합니다. 과거에는 자녀 법인에 사업 기회를 제공하는 방식이 널리 쓰였으나, 현재는 '일감 몰아주기' 및 '사업 기회 유용'에 대한 증여세 과세가 강화되었습니다. 따라서 반드시 정상적인 거래 가격을 준수하고, 실질적인 용역 제공이나 사업적 필요성이 존재하는 범위 내에서 전략을 실행해야 합니다. 단순히 세금을 피하기 위한 유령 회사가 아니라, 실질적인 가치를 창출하는 법인으로 육성하는 것이 핵심입니다.

가업 승계는 '경영'의 연장선입니다. 가업 승계는 어느 날 갑자기 이루어지는 '이벤트'가 아니라, 최소 10년에서 20년을 내다보는 '지속적인 경영 과정'입니다. 성공적인 승계를 위해서는 다음과 같은 태도가 필요합니다. 회계 및 세무 데이터의 투명성이 필요합니다. 불투명한 가지급금이나 미처분 이익잉여금은 승계 시점에서 부메랑이 되어 돌아옵니다. 평소 법인(주식회사) 자금 구조를 정기적으로 점검하여 주식 가치를 적정 수준으로 관리해야 합니다. 전문가 그룹과의 협업이 필요합니다. 세법은 매년 변화하며 가업 승계 관련 특례 제도 역시 정권과 경제 상황에 따라 수시로 개정됩니다. 세무사, 변호사, 금융 전문가로 구성된 전담팀을 통해 시뮬레이션을 반복해야 합니다. 후계자 교육과 사회적 책임이 필요합니다. 세금 문제를 해결하더라도 후계자의 경영 능력이 부족하거나 도덕적 해이가 발생하면 기업은 지속될 수 없습니다. 진정한 의미의 승계는 '지분'이 아니라 '경영 철학'과 '사회적 신뢰'를 물려주는 것임을 잊지 말아야 합니다.

창업 CEO가 구축한 '황금 공식' 즉, 낮은 가치일 때 미리, 국가 제도를 활용하여 법률적 테두리 안에서 지분을 이전하는 전략은 회사의 영속성을 지키고 가족의 자산을 보호하는 가장 지혜로운 선택이 될 것입니다. 지금 당장 우리 회사의 주식 가치를 평가해 보고, 10년 뒤의 승계 로드맵을 그려봐야 합니다. 그것이 바로 재테크의 완성으로 가는 첫걸음입니다.

다음 글에서는 법인 운영의 또 다른 사항인 주식 사전 증여로 가치가 낮을 때부터 자녀에게 부를 이전하는 법에 대해 심층적으로 알아보겠습니다.

32.
주식 사전증여
: 가치가 낮을 때부터 자녀에게 부를 이전하는 법

부의 이전은 규모가 아닌 '타이밍'의 예술입니다. 현대 경제 체제에서 부를 일구는 것만큼이나 중요한 과제는 일궈낸 부를 온전히 다음 세대에게 전달하는 것입니다. 특히 대한민국처럼 상속 및 증여세의 최고 세율이 50%에 달하는 고세율 국가에서는, 자산이 형성된 후에 이전하는 방식으로는 부의 절반을 세금으로 납부할 수밖에 없는 구조적 한계에 봉착합니다.

많은 창업자가 범하는 치명적인 실수는 회사가 본궤도에 오르고 순이익이 발생할 때 비로소 자녀의 지분 참여를 고민한다는 점입니다. 그러나 이때는 이미 주식 가치가 상승하여 진입 장벽이 높아진 상태입니다. 이번 글에서 다루는 전략의 핵심은 "주식 가치가 액면가, 즉 '껍데기'일 때 지분을 넘겨주고, 향후 발생할 막대한 '알맹이(성장 가치)'를 세금 없이 자녀에게 귀속시키는 것"입니다. 이는 단순한 절세를 넘어 법인(주식회사)이라는 시스템을 활용해 자녀의 경제적 자립 기반을 합법적으로 구축하는 가장 강력한 경영 전략입니다.

전략적 메커니즘으로 현재 가치와 미래 가치의 괴리를 활용해야 합니다. 대한민국 상속세 및 증여세법상 비상장 주식은 '보충적 평가 방법'에 의해 가치가 결정됩니다. 이는 과거 3개년의 수익성과 현재의 순자산가치를 복합적으로 평가하는 방식입니다.

설립 초기에 '가치의 공백기'를 노려야 합니다. 법인을 처음 설립하는 시점에는 사업 실적이 없으므로 순손익가치는 0원이며, 회사의 가치는 오직 주주들이 납입한 자본금(순자산가치)에 국한됩니다. 이때 주식의 주당 가치는 액면가(예: 5,000원, 500원, 100원)와 동일합니다. 이 '가치의 공백기'가 바로 증여의 최적기입니다. 이 시기에 자녀를 주주로 참여시키면, 단돈 수천만 원으로도 향후 수십, 수백억 원의 가치로 성장할 회사의 지분 상당 부분을 확보할 수 있습니다.

가치 상승분에 대한 '무과세 원칙'을 알아야 합니다. 세법은 주식을 취득하는 시점의 가치에 대해서만 과세합니다. 일단 자녀가 정당한 대가를 지불하고 주식을 취득했다면, 그 이후 부모의 헌신적인 경영과 시장 상황의 호전으로 주식 가치가 100배, 1,000배 상승하더라도 그 상승분에 대해서는 추가적인 증여세를 부과하지 않습니다. 즉, 미래에 발생할 모든 수익은 증여가 아닌 자녀 본인의 '투자 성과'로 인정받게 되는 것입니다.

실행 프로세스의 정밀 분석으로 자금 출처에서 주주 등재까지 고려해야 합니다. 이 전략의 성공 여부는 국세청의 소명 요구에 얼마나 완벽하게 대응할 수 있느냐에 달려 있습니다. 다음 4단계 프로세스는 법률적 정당성을 확보하는 핵심 절차입니다.

STEP 1. 자녀의 독립적 경제 기반을 마련(현금 증여 및 신고)해야 합니다. 가장 먼저 해결해야 할 과제는 자녀가 주식을 살 '돈의 뿌리'를 만드는 것입니다. 부모가 자녀 대신 주금을 납입하는 방식은 전형적인 증여세 추징 대상입니다. 따라서 사전에 현금을 자녀 계좌로 이체하고, 이를 관할 세무서에 '증여세 신고'해야 합니다. 공제 한도를 활용하면 성년 자녀는 5천만 원, 미성년 자녀는 2천만 원까지 세금 부담 없이 자금을 넘길 수 있습니다. 신고가 중요하므로 비록 낼 세금이 없는 구간이라 하더라도 반드시 신고 증빙을 남겨야 합니다. 이는 훗날 자녀가 "나는 부모에게 받은 정당한 돈으로 투자를 시작했다"라는 것을 증명하는 유일한 방어막이 됩니다.

STEP 2. 발기인 참여를 통해 원가에 취득합니다. 법인(주식회사) 설립 시 자녀를 발기인 명부에 등재합니다. 자녀는 앞서 신고한 증여 자금을 사용하여 액면가로 주식을 인수합니다. 이 과정에서 프리미엄은 발생하지 않습니다. 자산이 자본금뿐인 상태에서 주식을 취득하는 것은 '원가'에 쇼핑을 하는 것과 같습니다. 이 시점을 놓치고 법인이 단 한 건의 큰 계약이라도 체결한 뒤에 주식을 취득하려 하면, 그 계약의 미래 가치가 주식 가치에 반영되어 취득 원가가 급등하게 됩니다.

STEP 3. 부모의 경영권 행사와 가치 팽창이 이루어집니다. 지분 배분이 완료되면 부모는 대표이사로서 기업 경영에 전념합니다. 부모의 인적 네트워크, 기술력, 노하우가 투입되어 회사의 이익잉여금이 쌓여갈수록 자녀가 보유한 주식의 가치는 자동으로 상승합니다. 이는 부모가 자녀의 통장에 직접 돈을 꽂아주는 것이 아니라, 자녀가 가진 '그릇(법인 지분)'에 부모의 노동 가치를 채워 넣는 고도의 전략입니다.

STEP 4. 배당 시스템을 통한 자산의 선순환을 이룹니다. 기업이 흑자로 돌아서면 적극적으로 배당을 실시해야 합니다. 자녀는 주주로서 정당한 배당금을 수령하며, 이는 자녀의 '독자적인 소득'이 됩니다. 이렇게 형성된 자금은 자녀가 향후 부동산을 취득하거나 다른 사업을 시작할 때, 부모의 도움 없이도 막강한 자금 출처(Source of Funds) 역할을 하게 됩니다. 이것이 바로 부의 스노우볼 효과입니다.

리스크를 관리하고 과세 당국의 시선을 고려한 디테일을 갖추어야 합니다. 아무리 훌륭한 전략도 세법상 '부당행위계산 부인'이나 '증여 의제' 규정에 걸리면 무용지물이 됩니다. 다음 두 가지 리스크는 반드시 관리되어야 합니다.

일감 몰아주기 및 사업 기회 유용을 금지해야 합니다. 부모가 이미 운영 중인 A법인의 수익 사업을 아무런 근거 없이 자녀의 B법인으로 넘기거나, 시장 가격보다 높은 가격으로 거래하여 B법인의 가치를 인위적으로 높이는 행위는 위험합니다. 상증세법 제45조의3 등에 의거하여 '일감 몰아주기' 증여세가 부과될 수 있습니다. 따라서 자녀 법인은 독자적인 사업 영역을 구축하거나, 부모 법인과의 거래 시 반드시 객관적인 시장 가격(시가)을 준수해야 합니다.

경영권 방어와 지분 구조를 설계합니다. 자녀에게 너무 많은 지분을 주면, 초기에는 유리해 보이지만, 부모의 경영권이 취약해질 수 있습니다. 통상적으로 부모가 67%(특별 결의 요건) 이상의 지분을 확보하여 경영권을 완벽히 통제하면서, 자녀에게는 20~30%의 지분을 부여하는 방식이 권장됩니다. 만약 자녀에게 더 많은 경제적 이익을 주고 싶다면, 의결권은 없지만 배당에서 우선순위를 갖는 '의결권 없는 우선주'를 발행하여 증여하는 방법도 훌륭한 대안입니다.

숫자로 증명되는 전략의 파괴력(Simulation)을 알아봅니다. 자본금 1억 원으로 시작한 법인이 10년 후 기업 가치 50억 원이 되었을 때를 가정해 보겠습니다.

사례 A(나중에 증여)는 10년 후 기업 가치가 50억 원일 때 자녀에게 지분 30%를 넘기면 증여 가액은 15억 원입니다. 이 경우 자녀는 약 4억 원 이상의 증여세를 현금으로 마련해야 합니다. 중소기업 후계자에게 이만한 현금이 있을 리 만무하며, 결국 부모가 다시 돈을 빌려주거나 주식을 팔아야 하는 악순환이 시작됩니다.

사례 B(설립 시 증여)는 법인 설립 시 자본금 1억 원 상태에서 지분 30%를 자녀 명의로 취득하게 합니다. 이때 증여 가액은 3천만 원에 불과하며, 성인 자녀 공제(5천만 원) 범위 내에 있어 증여세는 0원이며, 미성년 자녀라 하더라도 공제액(2천만 원)을 제외한 1천만 원에 대해서만 10%의 세율이 적용되어 단 100만 원(신고세액공제 시 97만 원)의 세금만 부담하면 됩니다. 10년 후 가치가 50억 원으로 성장했을 때, 자녀는 세금 한 푼 없이 또는 100만원 이하의 세금으로 15억 원의 자산을 보유하게 됩니다.

결과적으로 두 사례의 차이는 '현금 4억 원의 절감'과 '완벽한 자금 출처 확보'라는 엄청난 결과로 나타납니다.

법인(주식회사)은 부를 담는 가장 완벽한 그릇입니다. 법인 설립은 단순히 사업자 등록증을 내는 행위가 아닙니다. 그것은 자손 대대로 이어질 부의 시스템을 설계하는 건축 공정과 같습니다. 개인은 죽지만 법인은 영속합니다. 그리고 그 법인의 주인은 '주주'입니다.

"부의 이전은 규모의 문제가 아니라 타이밍의 문제"라는 격언처럼,

가장 가치가 낮은 시기에 지분이라는 씨앗을 심는 지혜가 필요합니다. 부모의 열정적인 경영으로 그 씨앗을 거대한 나무로 키워낸다면, 자녀는 세금이라는 폭풍우를 피해 그 그늘 아래에서 안정적인 경제적 기반을 누릴 수 있을 것입니다. 지금 법인(주식회사) 설립을 준비하고 계신다면, 주주명부에 자녀의 이름을 올리는 것부터 시작해야 합니다. 그것이 대한민국 세법 환경에서 창업주가 줄 수 있는 가장 위대한 유산입니다.

다음 글에서는 법인 운영의 또 다른 사항인 주식회사 활용을 통해 자산가들이 부동산을 법인 명의로 매입하는 이유에 대해 심층적으로 알아보겠습니다.

33.
자산가들의 주식회사 활용
: 부동산을 법인명의로 매입하는 이유

왜 자산가들이 부동산을 법인(주식회사)에 담는지 알아야 합니다. 대한민국 자산가들에게 부동산은 자산 포트폴리오의 중추입니다. 그러나 최근 몇 년간 지속된 다주택자에 대한 강력한 세제 규제(취득세 중과, 종부세 부담, 양도세 중과)는 개인 명의의 부동산 투자를 사실상 '세금과의 전쟁'으로 만들었습니다. 이러한 환경에서 주식회사(법인)는 단순히 사업을 영위하는 수단을 넘어, 부동산 자산을 안전하고 효율적으로 관리하는 '절세용 특수목적차량(SPV)'으로 재탄생하고 있습니다.

부동산을 법인 명의로 취득하는 행위의 본질은 '개인의 소득'을 '법인의 소득'으로 전환하는 데 있습니다. 이는 최고 45%에 달하는 개인 소득세율과 최고 50%의 상속세율을 회피하고, 법인(주식회사)의 상대적으로 낮은 세율(10%~25%, 중소기업의 경우 주로 20% 이하 적용)과 다양한 비용 처리 항목을 활용하여 자산의 실질 수익률을 끌어울리는 고도의 경영 전략입니다.

취득 단계에서 중과세의 파고를 넘는 전략적 자산 선택이 필요합니다. 부동산 투자에서 취득세는 초기 수익률을 결정짓는 중요한 비용입니다. 법인(주식회사) 명의의 취득은 주택에 대해서는 엄격한 규제를 받지만, 비주거용 부동산으로 눈을 돌리면 새로운 기회가 열립니다.

주택 취득세의 장벽과 비주거용 자산으로의 전환을 알아야 합니다. 현재 세법상 법인이 주택을 취득할 경우 지역과 관계없이 12%의 취득세율이 적용됩니다. 이는 개인이 1주택을 취득할 때(1~3%)보다 압도적으로 높습니다. 따라서 주택 중심의 법인 매입 전략은 과거의 유물이 되었습니다. 현재의 핵심 전략은 상가, 빌딩, 토지 등 '비주거용 자산'에 집중하는 것입니다. 법인이 상업용 건물을 매입할 경우 개인과 동일한 4.6%(지방세 포함)의 취득세율을 적용받으면서도, 법인(주식회사)만이 가질 수 있는 금융권의 높은 대출 한도(LTV)와 이자 비용의 법인세 절감 효과를 활용할 수 있습니다.

사업용 부동산 취득세 감면의 묘미를 활용해야 합니다. 법인(주식회사)이 직접 사업에 사용하는 부동산(본점 사옥, 연구소 등)을 취득할 때는 '지방세특례제한법'에 의거하여 취득세를 감면받을 기회가 있습니다. 특히 수도권 과밀억제권역 외의 지역에서 창업하거나 공장을 이전하는 경우 등 특정 조건을 충족하면 50%에서 최대 100%까지 취득세를 감면받을 수 있습니다. 이는 일반적인 개인사업자나 가게 투자자로서는 결코 누릴 수 없는, 오직 전략적으로 설계된 법인(주식회사)만이 향유할 수 있는 독보적인 전유물입니다.

보유 단계에서 종합부동산세의 재구성 및 소득세율의 역전을 알아봅니다. 보유 단계에서 발생하는 세금은 자산의 장기 보유 가능성을 결정합니다. 여기서 법인(주식회사)과 개인의 희비가 가장 극명하게 엇갈립니다.

종합부동산세(종부세) 구조의 이해와 대응이 필요합니다. 법인(주식회사)이 주택을 보유할 경우 종부세 공제(6억~12억)를 받지 못하고 단일 최고세율을 적용받는 리스크가 있습니다. 하지만 이 역시 비주거용 부동산(상가, 빌딩)으로 대응하면 이야기가 달라집니다. 비주거용 건물의 부속 토지는 '별도합산토지'로 분류되어 공시지가 80억 원까지는 종부세가 면제됩니다. 웬만한 중소형 빌딩을 법인 명의로 보유할 경우 종부세 부담에서 사실상 완전히 해방될 수 있다는 의미입니다.

소득세율 파괴로 45% vs 10%의 승부입니다. 개인은 부동산 임대소득이 다른 소득(급여, 사업소득 등)과 합산되어 종합소득세 최고 세율 구간에 진입하기 쉽습니다. 반면 법인(주식회사)은 임대 수익에서 이자 비용, 수선비, 관리비, 그리고 CEO 본인 및 가족(직원)의 인건비까지 비용으로 처리한 후 남은 '순이익'에 대해서만 법인세를 냅니다.

세율 구간의 이점을 활용하면 법인(주식회사)의 과세 표준이 2억 원 이하일 경우 법인 세율은 단 10%입니다. 개인의 소득세율이 8천 8백만 원만 넘어도 35%에 육박하는 것과 비교하면, 법인이라는 울타리 안에서 세금을 4분의 1 수준으로 통제할 수 있습니다.

양도(매각) 단계에서 수익 실현과 이중과세의 해법을 알아봅니다. 부동산을 매각하여 이익을 확정하는 단계에서 법인(주식회사)은 양도소득세 대신 법인세를 냅니다. 이 과정은 세율 측면에서 유리하지만, 최종적으로 개인의 주머니에 돈을 넣는 과정까지 고려한 치밀한 설계가 필요합니다.

양도차익의 법인세 처리와 추가 세율을 알아봅니다. 법인(주식회사)이 부동산을 매각할 때 발생하는 차익은 해당 연도의 다른 영업 손실과 상계할 수 있다는 강력한 장점이 있습니다. 예를 들어, 본업에서 적자가 났다면 부동산 매각 이익과 합산하여 법인세를 0원으로 만들 수도 있습니다. 다만, 주택이나 비사업용 토지의 경우 법인세(10~25%) 외에 20%의 추가 법인세가 부과된다는 점을 주의해야 합니다. 그럼에도 불구하고 개인의 양도세 중과세율보다는 낮은 경우가 많아 여전히 경쟁력이 있습니다.

이중과세 리스크와 '인출 전략'의 기술이 필요합니다. 법인이 부동산을 팔아 얻은 돈은 '회사의 돈'입니다. 이를 CEO 개인 자산으로 바꾸려면 배당이나 급여 처리를 해야 하며, 이때 소득세가 발생합니다. 이를 '이중과세'라고 합니다. 하지만 고수들은 이를 한 번에 인출하지 않습니다.

전략 1(장기 배당)은 여러 해에 걸쳐 배당을 분산하여 자녀나 가족에게 지급함으로써 낮은 소득세율 구간을 활용합니다.

전략 2(퇴직금 활용)는 부동산 매각 이익을 법인에 유보해 두었다가, 추후 CEO 퇴직 시 퇴직금으로 인출합니다. 퇴직 소득은 다른 소득과 합산되지 않고 분리과세되므로 훨씬 낮은 세율로 거액을 합법적으로 인출할 수 있습니다.

승계 및 재테크 관점에서의 법인(주식회사) 부동산 활용에 대해 알아봅니다. 부동산 법인의 진정한 가치는 '상속 및 증여' 단계에서 빛을 발합니다. 개인이 부동산을 물려줄 때는 해당 부동산의 가액(시가)을 기준으로 상속세가 부과됩니다. 그러나 법인이 부동산을 소유하고 있다면, 자녀에게 물려주는 것은 '부동산'이 아니라 '법인의 주식'입니다.

비상장 주식 가치 평가 시 부동산 비중이 높은 법인은 순자산가 치를 크게 반영하지만, 그럼에도 불구하고 다양한 공제 제도와 '비 상장 주식 가치 평가의 특수성'을 활용하여 부동산 실거래가보다 훨 씬 낮은 가액으로 지분을 이전할 수 있는 여지가 많습니다. 즉, 부 동산이라는 무거운 자산을 주식이라는 가벼운 단위로 쪼개어 장기 간에 걸쳐 자녀에게 이전하는 '자산 가공'이 가능해지는 것입니다.

법인 부동산 경영의 핵심 체크리스트를 알아봅니다. 주식회사를 통한 부동산 매입은 단순한 절세 기법을 넘어 '부의 영속성'을 확보 하기 위한 경영 활동입니다. 성공적인 부동산 법인(주식회사) 운영을 위해서는 다음의 세 가지를 반드시 기억해야 합니다.

목적의 명확화는 단기 시세차익이 목적인지, 장기 임대 수익을 통 한 가업 승계 기반 마련이 목적인지에 따라 법인의 정관과 지분 구 조가 달라져야 합니다.

비용 처리의 증빙을 해야 합니다. 법인은 개인과 달리 모든 지출 에 대한 증빙을 완벽히 갖춰야 합니다. 관리비, 이자, 인건비 등을 철저히 관리하고 법인세 과세 표준을 낮추는 세심함이 필요합니다.

사후 관리 리스크 대응을 해야 합니다. 법인(주식회사) 명의 부동 산은 국세청의 주요 모니터링 대상입니다. 법인 자금의 사적 유용(가 지급금)이나 부당행위 계산 부인 이슈가 발생하지 않도록 전문가와 정기적인 세무 진단을 실시해야 합니다.

결론적으로 부동산 법인은 "높은 대출 레버리지를 활용하고, 낮 은 법인세율로 보유 비용을 줄이며, 최종적으로 낮은 세율의 인출

경로(퇴직금 등)를 통해 부를 완성하는 모델"입니다. 이 황금 공식을 이해하는 CEO만이 변화하는 규제 환경 속에서도 자산을 안전하게 지키고 증식시킬 수 있을 것입니다.

다음 글에서는 법인 운영의 또 다른 사항인 '나는 주식회사를 통해 영속성을 얻었다는 것'에 대해 심층적으로 알아보겠습니다.

34.
주식회사(법인)를 통해 영속성을 얻다

유한한 인간과 무한한 법인(주식회사)의 조우를 알아야 합니다. 모든 인간은 생물학적으로 유한합니다. 아무리 뛰어난 창업자라도 세월의 흐름과 육체의 한계를 벗어날 수는 없습니다. 그러나 자본주의가 발명한 가장 위대한 발명품 중 하나인 '주식회사(Corporation)'는 이 한계를 정면으로 돌파합니다.

주식회사를 설립하는 행위는 단순히 영리 활동을 시작하는 것이 아닙니다. 그것은 창업자 개인의 생애 주기와 사업의 주기를 분리하여, 창업자가 부재한 상황에서도 사업의 가치와 부의 축적 시스템이 멈추지 않고 작동하도록 설계하는 '무한 동력의 구축' 과정입니다. 이제 당신은 단순한 노동자가 아닌, 세대를 이어 지속되는 가문의 자산 시스템을 관리하는 설계자이자 CEO로서 이 영속성의 비밀을 완벽히 이해해야 합니다.

영속성(Perpetuity)은 사람의 부재가 사업의 중단이 되지 않는 시스템입니다. 개인사업자와 주식회사의 결정적인 차이는 '인격의 독립성'에 있습니다. 개인사업자는 곧 사업주 자신이지만, 주식회사는 창업자와 별개의 법적 인격을 가진 '법인(Juridical Person)'입니다.

법적 독립성과 지속가능성이 있습니다. 주식회사는 상법에 따라 설립 등기를 마치는 순간 독자적인 생명력을 얻습니다. 대표이사가 교체되거나 주주가 바뀌더라도 법인이 맺은 계약, 보유한 특허, 시장에서의 신용도는 그대로 유지됩니다. 이는 기업이 창업자의 개인적 리스크(사망, 질병, 사고 등)로부터 보호받는다는 것을 의미합니다. 창업자가 은퇴하더라도 그가 구축한 비즈니스 모델과 조직 문화는 법인(주식회사)이라는 틀 안에서 계속해서 수익을 창출하며, 그 과실은 주주에게 돌아갑니다.

시스템 경영으로의 전환이 필요합니다. 개인사업은 경영자의 감(Feeling)과 노동에 의존하지만, 법인(주식회사)은 정관과 이사회라는 명문화된 시스템에 의해 움직입니다. 복식부기 의무화와 외부 감사는 기업의 투명성을 높여 대외 신용도를 확보하게 하며, 이는 곧 저금리 대출이나 투자 유치로 이어져 기업의 생존력을 강화합니다. 당신이 구축한 주식회사는 당신이 잠든 사이에도, 심지어 당신이 은퇴한 후에도 정해진 규칙에 따라 작동하는 '부의 창출 공장'이 됩니다.

유한 책임(Limited Liability)으로 개인의 삶을 보호하는 최후의 방어막이 있습니다. 사업은 언제나 위험을 동반합니다. 주식회사의 핵심 철학인 '유한 책임'은 창업자가 과감하게 도전할 수 있게 만드는 심리적, 경제적 안전장치입니다.

사업적 리스크와 가계 자산의 격리가 필요합니다. 개인사업자는 사업상의 채무에 대해 무한 책임을 집니다. 사업이 실패하면 개인의 예금, 부동산, 심지어 가족의 생활비까지 압류당하는 비극이 발생합니다. 그러나 법인(주식회사) 체제에서는 주주가 자신이 납입한 자본금 한도 내에서만 책임을 집니다. 이 '책임의 한계'는 창업 CEO에게 사업적 실패가 인생 전체의 파멸로 이어지지 않게 하는 방어막을 제공합니다. 단, 과점주주로서의 제2차 납세 의무나 개인 연대보증 등 예외 상황에 대한 관리가 병행되어야 합니다.

자산의 전략적 분리와 보존이 필요합니다. 법인(주식회사)의 자산인 부동산, 현금, 지식재산권은 법률적으로 CEO 개인의 자산이 아닙니다. 이러한 분리는 역설적으로 부를 더 안전하게 지켜줍니다. CEO 개인에게 발생하는 법적 분쟁이나 채무 리스크가 법인 자산으로 전이되지 않으며, 반대로 법인의 경영 위기가 CEO의 개인적 삶을 파괴하지 못하도록 합니다. 이렇게 보존된 법인의 자산은 주식 가치라는 형태로 응축되어, 향후 안전하게 다음 세대로 이전될 준비를 마칩니다.

부의 이전 플랫폼으로서 주식이라는 가장 유연한 자산의 활용이 필요합니다. 주식회사가 상속 및 증여의 정수라고 불리는 이유는 자산의 성격이 '부동산'이나 '현금'에서 '주식(Shares)'으로 치환되기 때문입니다.

주식은 무한한 분할 가능성이 있습니다. 부동산은 쪼개서 증여하기 어렵고, 지분으로 나눌 경우 공유지분으로 인한 분쟁이 발생하기 쉽습니다. 하지만 주식은 1주 단위로 정밀하게 쪼갤 수 있습니다. 이는 10년 단위의 증여재산 공제 한도인 미성년 2천만 원, 성인 5천만 원을 소수점 단위까지 맞춰 활용할 수 있게 합니다. 계획적인 분산 증여를 통해 누진세율의 칼날을 피하고 세금 부담을 최소화하면서 지배권을 서서히 이전하는 것이 가능해집니다.

성장 가치의 선제적 확보(Early-bird Strategy)가 필요합니다. 앞선 장에서 강조했듯, 법인 초기 단계에서 자녀에게 지분을 이전하는 것은 '미래의 거대한 나무'를 '오늘의 작은 씨앗' 가격으로 넘겨주는 행위입니다. 이렇게 초기 단계에서 이전하면 회사가 100배로 성장했을 때, 그 100배의 이익에 대해 자녀는 단 1원의 증여세도 추가로 내지 않습니다. 주식회사는 이처럼 합법적으로 부의 가치를 증폭시켜 이전하는 '세무적 가속기' 역할역할을 수행합니다.

주식회사라는 철학적 완성이 필요합니다. 이제 당신은 여정의 끝에서 깨달았을 것입니다. 주식회사를 세우는 것은 단순히 돈을 벌기 위한 수단이 아닙니다. 그것은 당신의 가치관과 노력이 투영된 '영속하는 실체'를 만드는 예술적인 경영 행위입니다.

주식회사는 다음과 같은 가치를 선사합니다. 영속성은 창업자의 사후에도 지속되는 가문의 유산입니다. 안정성은 개인의 삶과 사업의 리스크를 분리하는 안전판이 있습니다. 확장성은 투자 유치와 지분 분할을 통한 부의 극대화를 할 수 있습니다. 승계성은 세금 걱정 없이 자녀에게 성공의 과실을 물려주는 통로가 됩니다.

"주식회사(법인)를 설립하는 것은 단순히 사업자를 내는 것이 아니라, 부와 영속성을 얻기 위한 가장 현명한 투자 결정을 내리는 것입니다." 이 문장은 당신이 CEO로서 가져야 할 평생의 지표가 될 것입니다.

설계자로서 당신의 다음 단계가 있습니다. 이 글에서는 주식회사의 이론적 완성을 다루었지만, 실제 경영은 살아있는 생물과 같습니다. 법인(주식회사)을 설립한 이후에도 당신은 끊임없이 변화하는 세법과 규제에 대응하며 시스템을 고도화해야 합니다.

이제 시스템의 설계자로서 당신이 즉시 검토해야 할 '영속성 강화 체크리스트'가 있습니다. 정관을 재정비하여 가업 승계와 주주 이익 보호를 위한 독소 조항을 제거하고 특약 사항을 삽입해야 합니다. 지배구조를 최적화하여 부모와 자녀 간의 적정 지분율을 시뮬레이션하고 의결권 방어 전략을 수립해야 합니다. 자금 인출 로드맵으로 법인세 부담을 낮추면서 CEO의 개인 자산을 형성하는 급여, 상여, 배당, 퇴직금 구조를 설계해야 합니다. 사후 관리 시스템을 통해 가업 상속 공제 등 국가 혜택을 받기 위한 5년에서 10년간의 고용 및 업종 유지 전략을 수립해야 합니다.

다음 글에서는 법인 운영의 또 다른 사항인 주식회사가 영속적인 부를 위한 가장 강력한 플랫폼임을 심층적으로 알아보겠습니다.

35.
주식회사는 영속적인 부(富)를 위한 가장 강력한 플랫폼

주식회사를 설립하고, 그 생태계를 운영하며, 최종적으로 EXIT(출구 전략)이라는 거대한 목표를 향해 달려온 이 길고도 험난한 여정의 끝에 서신 것을 진심으로 축하드립니다. 여러분은 이제 단순히 '내 사업'을 시작한 초보 사장이 아닙니다. 자본주의라는 거대한 게임의 규칙을 명확히 이해하고, 그 규칙을 자신의 부(富)와 가문의 영속성을 위해 활용할 줄 아는 냉철한 전략가이자, 무한한 시스템의 설계자로 거듭나셨습니다.

이 여정을 통해 우리는 주식회사가 단순한 법적 실체가 아님을 깨달았습니다. 그것은 노동 소득의 한계를 돌파하여 자본 소득의 복리 효과를 창출하는 인류가 발명한 가장 강력한 재테크 플랫폼입니다. 이제 이 플랫폼이 여러분의 삶과 다음 세대의 미래에 어떤 영속적인 가치를 선사할지, 그리고 여러분이 일궈낸 이 성취가 어떤 의미를 갖는지 그 마지막 페이지를 함께 장식하고자 합니다.

여러분은 노동의 굴레를 벗어나 '시스템의 주인'으로 서게 됩니다. 우리가 살아온 사회는 오랫동안 '땀 흘려 일하는 노동 소득(Active Income)'만을 고귀한 가치로 교육해 왔습니다. 그러나 자본주의의 진정한 승리자들은 알고 있습니다. 부의 폭발적 성장은 나의 시간이 투입되지 않아도 돈이 스스로 돈을 벌어오는 '자본 소득(Passive Income)'의 시스템에서 시작된다는 것을 말입니다.

유한함 속에서 발견한 무한함의 가치를 알아야 합니다. 인간은 생물학적으로 유한합니다. 개인사업자는 자신의 건강과 시간이라는 한정된 자원을 태워 사업을 유지하기 때문에, 경영자의 부재는 곧 사업의 종말을 의미합니다. 그러나 주식회사(법인)를 설립한 당신은 다릅니다. 법인은 당신과 독립된 인격을 가진 영속적 실체입니다. 당신이 정교하게 설계한 정관, 이사회, 그리고 조직 시스템은 당신이 휴식을 취하거나 부재하는 순간에도 멈추지 않고 수익을 창출합니다. 당신의 노력은 이제 휘발되는 '월급'이 아니라, 법인의 '주식 가치(Equity Value)'라는 단단한 그릇에 차곡차곡 축적됩니다.

세무를 경영의 핵심 언어로 이해해야 합니다. 이제 당신에게 세금은 피하고 싶은 숙제가 아니라, 투자 회수율을 극대화하기 위한 '관리 가능한 비용'입니다. 법인세와 개인소득세의 차이를 이용해 이익의 귀속처를 결정하고, 가지급금 및 가수금이라는 치명적인 독을 배제하며, 급여, 상여, 배당, 퇴직금이라는 네 가지 채널을 통해 부를 최적화하는 법을 체득하셨습니다. 특히 10%라는 최저 법인세율 구간을 전략적으로 활용해 사내 유보금을 쌓고, 이를 다시 재투자하거나 가장 저렴한 세율인 퇴직금으로 회수하는 당신의 모습은 이미 완성된 자본가의 형상입니다.

주식회사(법인)가 선사하는 가장 강력한 무기는 '방어'와 '확장'입니다. 주식회사를 소유한다는 것은 거친 자본의 바다에서 당신을 지켜줄 가장 튼튼한 배와 가장 빠른 엔진을 동시에 얻은 것과 같습니다.

유한 책임(Limited Liability)은 개인의 삶을 지키는 철갑 방패입니다. 유한 책임의 원칙은 자본주의가 창업자에게 주는 가장 큰 선물입니다. 사업의 실패가 곧 인생의 파멸로 이어졌던 과거의 굴레에서 당신을 해방시켰습니다. 법인(주식회사)의 채무는 원칙적으로 법인의 자산 범위 내에서 종결됩니다. 당신의 집, 가족의 예금, 그리고 소중한 개인 자산은 이 철갑 방패 뒤에서 안전하게 보호받습니다. 이 심리적, 경제적 안전장치가 있기에 당신은 남들이 주춤할 때 더 과감하고 혁신적인 베팅을 할 수 있는 것입니다.

외부 자본의 레버리지로 성장의 속도를 바꾸는 엔진을 가동할 수 있습니다. 개인사업자의 성장은 자신의 신용 한도 내에서 멈춥니다. 하지만 법인(주식회사)은 다릅니다. 정부의 정책자금은 법인의 기술력을 담보로 저금리의 실탄을 제공하며, 벤처캐피털(VC)의 투자는 당신의 아이디어에 시장의 가치를 부여합니다. 지분이 희석되는 것을 두려워하지 않고 외부 자본을 수혈해 시장을 선점하는 전략은, 주식회사라는 플랫폼 위에서만 가능한 고도의 레버리지 게임입니다. 당신은 이제 혼자의 힘이 아닌, 자본 시장의 힘을 빌려 세상을 바꾸는 확장의 마법을 부릴 수 있게 되었습니다.

EXIT(출구 전략) 로드맵으로 위대한 유산을 세상에 증명합니다. 당신이 피땀 흘려 구축한 이 시스템은 이제 최고의 가치로 평가받아 세상에 공개되거나, 다른 거인의 어깨 위에 올라탈 준비를 마쳤습니다. EXIT는 마침표가 아니라, 당신의 가치를 화폐 단위로 환산 받는 축제의 장입니다.

M&A와 IPO는 시장이 내리는 최고의 훈장입니다. 당신의 회사는 이제 단순히 돈을 버는 장소를 넘어, 경쟁자가 탐내는 매력적인 '금융 상품'이 되었습니다. 투명한 재무 구조와 반복되는 수익 구조(MRR)를 증명해 낸 당신의 법인(주식회사)은 M&A 시장에서 막대한 프리미엄을 받는 주인공이 될 것입니다. 혹은 기업 공개(IPO)를 통해 수천, 수만 명의 주주와 성장의 과실을 나누는 자본시장의 꽃이 될 수도 있습니다. 이 모든 과정은 당신이 설계한 시스템이 얼마나 견고했는지를 증명하는 객관적인 지표가 될 것입니다.

영속적인 승계는 세대를 잇는 부의 통로입니다. 반드시 회사를 파는 것만이 정답은 아닙니다. 가업 승계 지원 제도를 활용하고, 주식 가치가 낮을 때 사전 증여하는 '황금 공식'을 실행함으로써 당신은 일궈낸 부를 세금의 소실 없이 자녀에게 전수할 수 있습니다. 당신이 설립한 주식회사는 당신의 철학과 지혜가 담긴 영속적인 성(城)이 되어, 다음 세대가 더 높은 곳에서 시작할 수 있는 든든한 기반이 될 것입니다.

자본가의 길을 걷는 당신에게 보내는 마지막 응원을 드립니다. 주식회사를 경영하는 길은 때때로 사무치게 외롭고 고통스럽습니다. 시시각각 변하는 정부 규제, 예측 불가능한 시장의 흐름, 그리고 매일 같이 마주하는 선택의 기로에서 당신은 수많은 밤을 지새웠을 것입니다. 하지만 이 사실 하나만은 잊지 말아야 합니다.

"당신이 흘린 모든 땀방울은 소모되는 비용이 아니라, 당신이 소유한 주식의 가치를 높이는 가장 확실한 투자였습니다."

이제 냉철한 투자자의 시각을 완전히 체화해야 합니다. 모든 지출은 절세와 이익률의 관점에서 재단하고, 투명성이라는 최고의 무기를 절대 내려놓지 말아야 합니다. 당신은 더 이상 거대한 기계의 부속품이 아닙니다. 당신은 자본주의의 가장 강력한 엔진인 주식회사(법인)를 조종하는 함장입니다.

당신이 만든 시스템을 믿어야 합니다. 그리고 그 시스템을 설계해 낸 당신 자신의 능력을 신뢰해야 합니다. 당신은 이미 노동의 굴레를 끊어냈습니다. 이제 당신의 주식회사(법인)가 스스로 만들어낼 영속적인 부의 파도를 타고 더 넓은 대양으로 나아가야 합니다.

당신의 성공적인 EXIT(출구 전략)와 가문의 부가 완성되는 그날을 진심으로 축하하며 응원합니다. 당신은 이미 위대한 CEO입니다.

부록:

현재 대한민국 시가총액 상위 주식회사의 창업자

현재 대한민국 시가총액 상위 주식회사의 창업자

현재 대한민국 시가총액 상위 주식회사의 창업자를 소개합니다. 지금 소개해 드리는 이분들도 처음에는 작은 회사에서 시작하여 크게 일군 경우가 많습니다. 이분들을 살펴보고 이 책을 보시는 여러분의 회사도 나중에 이렇게 크게 될 수 있습니다.

이병철 회장(1910~1987)은 삼성그룹의 창업주이자 한국 경제의 거목으로 현대 한국 산업의 기틀을 닦은 인물입니다. 호는 호암(湖巖)입니다. 1910년 경남 의령의 부유한 선비 집안에서 태어났습니다. 대학에서 경제학을 공부했습니다. 아버지에게 받은 쌀 300석의 자금으로 마산에서 '협동정미소'를 차린 것이 시작이었습니다. 대구에서 '삼성상회(1938년)'를 설립하여 청과물과 건어물을 만주와 중국으로 수출했습니다. '삼성(三星)'의 '삼(三)'은 크고 강력한 것을, '성(星)'은 영원히 빛나는 것을 의미합니다. 이병철 회장은 '남들이 가지 않는 길'을 개척하며 한국 산업의 구조를 바꿨습니다. 6.25 전쟁 이후 국민들이 먹고 입는 문제를 해결하기 위해 설탕(제일제당)과 모직물(제일모직)을 국산화했습니다. 당시 주변의 거센 반대에도 불구하고 미래 먹거리로 '전자산업'을 선택했습니다. 1969년 삼성전자를 설립하여 흑백 TV 생산부터 시작해 가전 강국으로 가는 발판을 마련했습니다. 1983년 73세의 고령에 '도쿄 선언'을 통해 반도체 사업 진출을 공식화했습니다. "반도체는 산업의 쌀"이라는 확신으로 시작된 이 도전은 오늘날 삼성을 세계적인 기업으로 만든 결정적 계기가 되었습니다. 그는 단순히 돈을 버는 것보다 국가적 가치를 중시했습니다. 사업보국(事業報國)은 기업을 통해 국가와 사회에 이바지한다는 신념입니다. 인재제일(人材第一)은 "기업은 사람이다"라는 말처럼 인재 육성을 최우선으로 했습니다. 1957년 국내 최초로 '신입사원 공개 채용' 제도를 도입했습니다. 합리추구(合理追求)는 모든 의사결정을 철저한 데이터와 논리에 근거하여 합리적으로 내리려고 노력했습니다. 사람을 중요하게 여겼습니다. 매일 정해진 시간에 기상하고 신문을 읽으며 메모하는 습관을 평생 유지했습니다. 한국의 문화유산 보존에도 관심이 깊어 '호암미술관'을 설립하고 수많은 국보급 문화재를 수집했습니다.

최종건 회장(1926~1973)은 SK그룹의 창업주로, 호는 담연(湛然)입니다. 전쟁의 폐허 속에서 '선경직물'을 일으켜 오늘날 대한민국에 SK그룹의 기틀을 닦은 인물입니다. 그는 단순히 자본가가 아닌, 기계를 직접 고치고 현장을 발로 누빈 '현장형 엔지니어 경영자'입니다. 1926년 경기도 수원에서 8남매 중 장남으로 태어났습니다. 기계

과를 졸업한 후, 1944년 일본인이 운영하던 선경직물 공장에 견습 기사로 입사했습니다. 뛰어난 기계 수리 실력과 성실함으로 입사 6개월 만에 생산 조장으로 승격되는 등 능력을 인정받았습니다. 해방 후 회사가 적산(敵産)으로 분류되자 자치위원장을 맡아 공장을 지켰고, 6.25 전쟁으로 공장이 잿더미가 된 후 이를 정부로부터 불하받아 1953년 선경직물을 설립했습니다. 전쟁 직후 쓸만한 부품이 하나도 없던 시절, 최종건 회장은 직접 폐허를 뒤져 고철을 모으고 부서진 부품들을 닦고 조여 직기 15대를 다시 만들어냈습니다. 이것이 SK그룹 역사의 시작입니다. 히트 상품의 탄생인 닭표 안감은 1955년 출시된 제품으로 당시 "안감은 선경"이라는 공식을 만들며 대히트를 기록했습니다. 봉황새 이불감은 화려한 무늬와 높은 품질로 신혼부부의 필수품이 되었습니다. 수출의 개척자로 1962년 한국 직물 역사상 최초로 레이온 직물을 홍콩에 수출하며, '내수 기업'에서 '수출 기업'으로 체질을 개선했습니다. 최종건 회장은 단순히 천을 짜는 것에 만족하지 않고, 원사(실)를 직접 만들고 그 원료가 되는 석유까지 다루겠다는 원대한 꿈을 가졌습니다. 수직계열화의 꿈으로 1966년 해외 통상을 인수하고, 1969년 선경합섬을 설립해 폴리에스테르 원사를 생산하기 시작했습니다. 1972년 정부로부터 워커힐 호텔을 인수하며 서비스 산업으로 영역을 넓혔습니다. 정유업 진출을 선언하여 1973년 선경유화와 선경석유를 설립하며 에너지 사업의 꿈을 본격화했으나, 안타깝게도 그 결실을 보기 전 지병으로 세상을 떠났습니다. 사람 중심 경영으로 "기업의 경쟁력은 사람에서 나온다"라는 신념으로 인재 육성에 힘썼습니다. 별명이 '수원 호랑이'였을 정도로 강한 카리스마와 추진력을 가졌습니다. 현장에서 직원들과 함께 기름때를 묻히며 일하는 스타일로 직원들의 큰 존경을 받았습니다. 최종건 회장은 현재의 SK가 있게 한 '씨앗'과 같습니다.

정주영 회장(1915~2001)은 현대그룹의 창업주로 호는 아산(峨山)입니다. 대한민국 경제사에서 '불가능을 가능케 한 개척자'로 통합니다. 가난한 농부의 아들로 태어나 세계적인 기업 현대(HYUNDAI)를 일궈낸 그의 삶은 그 자체로 한국 근대화의 역사이기도 합니다. 서울에서 쌀 가게 '복흥상회'의 배달원으로 일하던 중, 성실함을 인정받아 주인으로부터 가게를 물려받게 됩니다. 이때 쌓은 '신용'은 그의 평생 경영 철학의 뿌리가 되었습니다. 1947년 현대토건사(현재 현대건설)를 설립하며 전후 복구 사업에 뛰어들었습니다. 1960년대, 모두가 반대했던 경부고속도로 건설을 맡아 세계 최단기간인 2년 5개월 만에 완공하며 '한강의 기적'을 이끌었습니다. 1967년 현대자동차를 설립하고, 당시 외국 차 조립 수준에 머물던 한국 자동차 산업에서 우리 기술로 만든 첫 독자 모델 '포니'를 개발해 탄생시켰습니다. 정주영 회장은 상식에 얽매이지 않는 창의적인 해결책으로 위기를 돌파했습니다. 1971년, 조선소를 지을 자금을 빌리기 위해 영국 은행을 찾아갔으나 거절당했습니다. 이때 그는 주머니 속 500원짜리 지폐에 그려진 거북선을 보여주며 "우리는 영국보다 300년 앞서 철갑선을 만들었다"라고 설득해 차관 도입에 성공했습니다. 서산 간척지 사업 당시, 거센 조수간만 차로 방조제 물막이 공사가 한계에 부딪히자 다 쓴 폐유조선을 가라앉혀 물길을 막는 파격적인 공법으로 공사 기간과 비용을 획기적으로 줄였습니다. 그의 삶을 관통하는 가장 유명한 말은 "이봐, 해봤어?"입니다. 책상 위에서 "안 된다"라고 보고하는 전문가들에게 직접 부딪혀 보기나 했느냐고 질타하며 행동의 중요성을 강조했습니다. 시련은 있어도 실패는 없다라는 신념으로 그는 시련을 발전을 위한 과정으로 보았으며, 포기하지 않는 한 실패란 없다는 신념을 가졌습니다. 정주영 회장은 단순히 돈을 많이 번 부자가 아니라, 나라의 경제 지도를 바꾼 설계자였습니다.

구인회 회장(1907~1969)은 LG그룹의 창업주로, 호는 연암(蓮庵)입니다. "우리 국민 생활에 꼭 필요한 것을 우리 손으로 만들자"라는 신념으로 대한민국 화학과 전자 산업의 기틀을 닦은 인물입니다. 그는 무엇보다 '인화(人和)'를 강조하며 사람 중심의 경영을 펼쳤고, 이는 오늘날 LG그룹을 상징하는 고유한 기업 문화가 되었습니다. 경남 진주에서 포목상인 '구인회상점'을 열며 사업을 시작했습니다. 첫해에는 큰 손실을 보기도 했으나, 포기하지 않고 신용을 쌓아 사업을 키워나갔습니다. 1945년 해방 직후 부산에서 '조선흥업사'를 설립했습니다. 이는 당시 미군정청으로부터 허가받은 무역업 제1호 업체로 기록될 만큼 그의 사업적 감각은 시대를 앞서갔습니다.

구인회 회장은 남들이 수입품에 의존할 때 "우리가 직접 만들 수 있다"라는 확신을 가졌습니다. 1947년 LG의 모태인 락희화학공업사(현재 LG화학)를 설립하고, 일명 '동동구리무'로 불린 '럭키크림'을 출시해 대성공을 거두었습니다. 크림 뚜껑이 자꾸 깨지는 문제를 해결하기 위해 당시 한국에 생소했던 플라스틱 기술을 도입했습니다. 이를 통해 빗, 비눗갑, 칫솔 등 국민 생활용품을 대량 생산하며 한국 화학 산업의 문을 열었습니다. 1954년 가루 치약만 있던 시절, 튜브형 '럭키치약'을 개발해 위생 문화에 혁명을 일으켰습니다. 화학 사업의 성공에 안주하지 않고, 그는 당시로서는 무모해 보였던 '전자 산업'에 뛰어들었습니다.

1958년 국내 최초의 전자 회사인 금성사(현재 LG전자)를 세웠습니다. 기술자들도 고개를 저었지만, 그는 "기술이 없으면 배워오고, 안 되면 기술자를 초빙하면 된다"라며 밀어붙였습니다. 1959년 마침내 한국 최초의 국산 라디오 'A-501'을 탄생시켰습니다. 이후 전화기, 냉장고, TV, 세탁기 등을 연달아 국내 최초로 생산하며 '가전은 LG'라는 명성을 쌓기 시작했습니다. LG그룹의 역사에서 빼놓을 수 없는 것이 구씨와 허씨 가문의 57년에 걸친 공동 경영입니다. 창업 당시 장인 허만식의 친척인 허만정 선생의 투자를 시작으로 두 가문은 동업을 시작했습니다. 2004년, 두 가문은 단 한 번의 분쟁도 없이 LG와 GS로 계열을 분리하며 대한민국 재계 역사상 가장 모범적인 동업 및 분리 사례를 남겼습니다. 이는 구인회 회장이 평생 강조한 '인화' 정신이 자손들에게도 깊이 뿌리박혔음을 보여줍니다.

구인회 회장의 경영 철학은 "인화로 단결하면 무엇인들 불가능하겠는가?"입니다. 고객을 위한 가치 창조로 국민 생활에 없어서는 안 될 생필품을 저렴하고 질 좋게 공급하는 것을 기업의 소명으로 여겼습니다. 정도(正道) 경영으로 투기나 불로소득을 멀리하고, 오직 창의와 노력을 통해 부를 창출해야 한다는 원칙을 고수했습니다. 구인회 회장은 '화학'과 '전자'라는 두 기둥을 세워 한국 경제의 현대화를 이끈 선구자였습니다.

박태준 회장(1927~2011)은 포스코(POSCO)의 창업주이며, 호는 청암(靑巖)입니다. '한국의 철강왕'이라 불리며 자본과 기술이 전혀 없던 불모지에서 세계 최고의 제철소를 일궈낸 인물입니다. 그는 박정희 전 대통령의 전폭적인 신뢰를 바탕으로 "철은 산업의 쌀"이라는 일념 하에 대한민국 중화학공업의 기틀을 닦았습니다. 당시 박정희 전 대통령은 그의 교관이었고, 사제지간으로 인연을 맺었습니다. 1964년 만성 적자였던 국영기업 '대한중석' 사장으로 부임하여 1년 만에 흑자로 전환시키며 경영 능력을 증명했습니다. 이를 본 박정희 대통령은 그에게 종합제철소 건설이라는 국가적 난제를 맡기게 됩니다.

포항제철(현재 포스코) 건설 과정은 불가능에 가까운 도전이었습니다. 외국의 차관 거절로 자금 조달이 막히자, 박태준 회장은 대일청구권 자금(식민 지배의 대가)을 제철소 건설에 쓰자는 파격적인 제안을 관철시켰습니다. "실패하면 우향우해서 바다에 빠지자"라며 그는 직원들에게 "이 제철소는 조상의 피의 대가로 짓는 것이다. 실패하면 우리 모두 우향우해서 영일만 바다에 몸을 던져야 한다"라며 배수의 진을 쳤습니다. 이것이 바로 포스코의 상징인 '우향우 정신'입니다. 1973년 첫 쇳물을 생산한 이후 전 세계 철강 역사상 유례없이 가동 첫해부터 흑자를 기록하며 한국 경제 성장의 엔진이 되었습니다.

박태준 회장은 적당주의를 용납하지 않는 지독한 완벽주의자였습니다. 1977년 포항제철 3기 공사 중 이미 80%가 진행된 발전 송풍 설비 콘크리트 구조물에서 일부 부실을 발견하자 망설임 없이 모두 폭파하고 재시공을 지시했습니다. 이 사건은 포스코의 '무결점 품질' 문화를 정착시킨 결정적 계기가 되었습니다. 그는 "자원도 없는 나라에서 믿을 것은 사람뿐"이라며 인재 양성에 사활을 걸었습니다. 1986년 연구 중심 대학인 포항공대(POSTECH)를 설립했습니다. 당시 최고 수준의 교수진과 파격적인 장학 혜택을 제공하며 한국 과학기술 발전에 크게 이바지했습니다. 유치원부터 고등학교까지 체계적인 교육단지를 조성하여 직원 자녀들이 안심하고 교육받을 수 있는 환경을 만들었습니다.

제철보국(製鐵報國)은 철을 만들어 나라에 보답한다는 뜻으로, 기업의 이익보다 국가 발전을 우선시했습니다. 그는 포스코라는 거대 기업을 일궜음에도 불구하고 자신의 명의로 된 주식을 단 한 주도 갖지 않았습니다. 퇴직금마저 전액 기부하고 가난하게 세상을 떠나 대중에게 큰 울림을 주었습니다. 박태준 회장은 등소평이 일본 방문 당시 "중국에도 박태준 같은 인물이 있다면 얼마나 좋겠는가?"라고 부러워했을 정도로 세계가 인정한 경영자였습니다.

신격호 명예회장(1921~2020)은 롯데그룹의 창업주이며, 호는 상전(象殿)입니다. 한국과 일본 양국에서 거대한 비즈니스 제국을 일궈 낸 독보적인 기업가입니다. '껌'으로 시작해 유통, 관광, 식품, 화학까지 아우르는 롯데그룹을 만든 그는 대한민국 경제사에서 '관광 보국'의 기틀을 닦은 인물입니다. 1941년 불과 83엔을 들고 일본행 관부연락선에 몸을 실었습니다. 신문과 우유 배달을 하며 고학하던 중 그의 성실함을 눈여겨본 일본인 투자자의 도움으로 첫 사업(커팅 오일 제조)을 시작했으나 전쟁으로 공장이 폭격당하는 시련을 겪었습니다. 전쟁 후 생활필수품이 부족한 점에 착안해 비누와 화장품을 만들어 대성공을 거두었습니다. 그는 빌린 돈을 모두 갚고 이자까지 쳐서 집을 한 채 사줄 정도로 신용을 중요시했습니다.

1948년 껌 사업을 시작하며 주식회사 롯데를 설립했습니다. 사명인 '롯데'는 그가 감명 깊게 읽은 괴테의 소설 『젊은 베르테르의 슬픔』 속의 여주인공 '샤를로테'에서 따왔습니다. "누구에게나 사랑받는 기업이 되겠다"라는 낭만적인 뜻이 담겨 있습니다. 1967년 한일 국교 정상화 이후 고국에 롯데제과를 세우며 한국 사업을 본격화했습니다. 당시 먹거리가 귀하던 시절 껌과 초콜릿 등 양질의 간식거리를 보급하며 한국 식품 산업의 현대화를 이끌었습니다. 이후 캔디, 비스킷, 빙과, 음료(롯데칠성), 햄(롯데푸드) 등으로 영역을 넓히며 대한민국 최대의 식품 그룹으로 성장시켰습니다. 다른 창업주들이 중화학공업에 집중할 때 신격호 회장은 서비스와 관광의 가치를 일찌감치 알아봤습니다.

1970년대 서울 소공동에 당시로서는 파격적인 40층 규모의 롯데호텔과 롯데백화점을 지었습니다. "부존자원이 빈약한 우리나라는 관광 입국을 이뤄야 한다"라는 신념의 결과였습니다. 1989년 세계 최대 규모의 실내 테마파크인 롯데월드를 개장했습니다. 당시 "잠실 벌판에 누가 놀러 오겠느냐?"라는 반대가 많았지만 그는 가족이 함께 즐길 수 있는 공간이 반드시 필요하다고 믿고 밀어붙였습니다. 1987년 잠실 부지를 매입한 후 123층 높이의 초고층 빌딩을 짓겠다는 꿈을 가졌습니다. 안보 문제와 특혜 논란 등 수많은 난관이 있었으나 "한국의 랜드마크를 남기고 싶다"라는 일념으로 추진했습니다. 2017년 마침내 국내 최고층(555m) 건물인 롯데월드타워가 개장했습니다. 비록 그는 고령과 건강 문제로 개장식에 참석하지 못했지만 이 건물은 그의 기업가 정신을 상징하는 마지막 유작이 되었습니다.

그의 집무실에는 '겉치레를 벗고 내실을 기한다'라는 뜻의 거화취실(去華就實)이라는 글귀가 걸려 있었습니다. 철저한 현장 경영으로 80대의 나이에도 매달 한국과 일본을 오가는 '서틀 경영'을 지속하며 현장을 점검했습니다. "잘 모르는 분야에 빚내서 사업하지 마라"며 유통, 식품, 화학 등 본인이 잘 알고 최고가 될 수 있는 분야에만 집중했습니다. 신격호 회장은 "기업은 고객이 있기에 존재한다"라며 늘 고객의 소리에 귀 기울일 것을 강조했습니다.

김종희 회장(1922~1981)은 플라스틱이나 껌, 철강 같은 일상적인 소재를 넘어 대한민국 중화학공업의 '폭발적인' 기초를 닦은 인물로, 한화그룹의 창업주이며, 호는 현암(玄岩)입니다. 그는 우리나라 화약 산업의 개척자로, '한국의 노벨' 혹은 '다이너마이트 김'이라는 별명으로 더 잘 알려져 있습니다. 1922년 충남 천안에서 태어났습니다. 1941년 조선화약공판에 입사하며 화약과 처음 인연을 맺었습니다. 해방 후 미군정 하에서 화약고 관리 책임자로 일하며 화약의 중요성을 뼈저리게 느꼈습니다. 6.25 전쟁 중인 1952년, 전쟁으로 폐허가 된 나라를 재건하기 위해선 화약이 필수적이라고 판단하여 부산에서 한국화약주식회사(현재 한화)를 설립했습니다.

그가 '다이너마이트 김'이라 불리게 된 데에는 그의 강직한 성품과 화약에 대한 집념이 담겨 있습니다. 1950년대 중반, 기술도 자본도 없던 시절에 일본 기술자를 초빙하고 밤낮으로 연구에 매달려 마침내 국산 다이너마이트를 생산해냈습니다. 그가 만든 화약은 경부고속도로 건설, 국토 개간, 광산 개발 등 대한민국 현대사의 굵직한 건설 현장에서 '길을 뚫는' 결정적인 역할을 했습니다. '다이너마이트 김'이라는 별명은 사실 외국 비즈니스 파트너들이 그의 화통한 성격과 약속을 지키는 추진력에 반해 붙여준 애칭이기도 합니다. 김종희 회장은 화약에서 멈추지 않고 국가 기반 산업인 에너지와 기계 분야로 눈을 돌렸습니다.

김종희 회장은 1960년대 후반 경인에너지를 설립하여 민간 기업 최초로 발전소와 정유공장을 건설함으로써 국가 에너지 자립의 초석을 다졌습니다. 부실기업이었던 한국기계(현재 현대두산인프라코어의 모태 중 하나)를 인수하여 기계공업의 기초를 다졌습니다. 김종희 회장이 남긴 가장 큰 유산은 한화그룹 특유의 '신용과 의리' 정신입니다. 화약 공장은 늘 위험이 도사리는 곳이었기에 그는 직원들의 안전과 복지를 최우선으로 챙겼습니다. 한 번 맺은 인연은 끝까지 소중히 여겼으며, 이는 오늘날 한화그룹의 기업 문화(Hanwha Spirit)로 계승되고 있습니다. 한화는 원래 사명인 '한국화약(韓國火藥)'의 줄임말입니다. 해외 진출 시 'Korea Explosives'라는 영문명이 자칫 '폭발물 제조 테러 집단'으로 오해받을 수 있어 1992년부터 세련된 느낌의 '한화'로 사명을 변경했습니다. 김종희 회장은 "화약은 건설이다"라는 믿음으로 평생을 국가 재건에 바쳤습니다.

허만정 선생(1897~1952)은 GS그룹의 창업주로, 호는 효주(曉州)입니다. 단순히 부유한 만석꾼을 넘어 독립운동을 지원하고 인재를 양성하며 오늘날 GS와 LG가 있게 한 '대한민국 최초의 벤처캐피털리스트'입니다. 그는 앞에서 화려하게 조명받기보다 뒤에서 묵묵히

조력하고 화합을 도모하는 경영 철학을 몸소 보여준 인물입니다. 허만정 선생은 기업가이기 이전에 뜨거운 애국심을 가진 독립운동가였습니다. 1914년 안희제 선생 등과 함께 독립운동 자금 조달의 통로였던 백산상회 설립에 주주로 참여했습니다. 겉으로는 곡물을 팔았지만 실제로는 상하이 임시정부의 '은행' 역할을 하며 자금을 지원했습니다. "나라를 되찾으려면 교육이 먼저"라는 신념으로 1925년 진주일신여자고등보통학교(현재 진주여고) 설립을 주도하고 막대한 부지를 기부했습니다. 백정들의 신분 해방 운동인 '형평운동'을 후원하며 사회적 평등을 실현하고자 노력했습니다.

해방 후, 그는 고향(경남 진주 승산마을)의 사돈이자 사업 수완이 뛰어났던 연암 구인회 회장을 찾아가 파격적인 제안을 합니다. 거액의 창업 자금을 내놓으며, 일본 유학을 마치고 돌아온 자신의 셋째 아들의 경영 수업을 부탁했습니다. 이 투자가 밑거름이 되어 1947년 LG의 모태인 락희화학공업사가 탄생했습니다. 이때부터 구씨 가문은 경영을 주도하고, 허씨 가문은 이를 지원하고 내실을 다지는 57년간의 동업이 시작되었습니다. 그는 평생 '화(和, 화목할 화)'를 강조했습니다. "사람과 사람 사이에 뜻이 맞고 사이가 좋아야 사업도 번성한다"라는 그의 가르침은 GS그룹의 핵심 가치가 되었습니다. 2004년, 구씨와 허씨 가문은 단 한 번의 법적 분쟁이나 잡음 없이 LG와 GS로 계열을 분리했습니다. 이는 재계에서 전무후무한 '아름다운 이별'의 사례로 꼽히며 허만정 선생의 화합 정신이 후대에도 이어졌음을 증명했습니다. 허만정 선생은 본인이 전면에 나서기보다 남을 돕고 인재를 키워 국가의 부강함을 꿈꿨던 진정한 '노블레스 오블리주'의 상징입니다.

조중훈 회장(1920~2002)은 대한민국을 넘어 세계적인 '수송 대왕'으로 불렸던 한진그룹의 창업주로, 호는 정석(靜石)입니다. "수송은 인체의 혈맥과 같다"라는 신념으로 육·해·공을 잇는 거대한 수송 제국을 건설한 인물입니다. 트럭 한 대로 시작해 세계적인 물류 그룹을 일궈냈습니다. 1945년 11월 해방 직후 인천에서 트럭 한 대를 가지고 한진상사를 설립했습니다. 사명인 '한진(韓進)'은 '한민족의 전진'이라는 뜻을 담고 있습니다. 미군 물자 수송 업무를 맡았을 때 수송 도중 도난 사고가 발생하자 사재를 털어 끝까지 변상해 주며 미군 측으로부터 절대적인 신용을 얻었습니다. 이 신용이 훗날 한진이 거대 물류 기업으로 성장하는 밑거름이 되었습니다.

1960년대 베트남 전쟁 당시 조중훈 회장은 직접 현지로 건너가 미군 군수물자 수송권을 따냈습니다. 하역 시설이 없는 해안가에서 뗏목을 이용해 물자를 실어 나르는 파격적인 방식을 도입하여 막대한 외화를 벌어들였고, 이는 한진그룹의 성장에 결정적인 종잣돈이 되었습니다. 조중훈 회장은 전 세계적으로도 보기 드문 육상, 해상, 항공을 아우르는 종합 물류 시스템을 구축했습니다. 1969년 만성 적자에 허덕이던 국영 대한항공공사를 정부의 권유로 인수했습니다. 주변의 만류에도 불구하고 "국적기가 날아야 국력이 산다"라는 수송보국(輸送報國) 정신으로 인수해 오늘날 세계적인 항공사로 키워냈습니다.

1977년 한국 최초의 컨테이너 전용 선사인 한진해운을 설립하여 바닷길을 열었습니다. 기존의 한진상사를 통해 국내 물류 및 택배 서비스의 기틀을 닦았습니다. 그는 건설, 전자 등 돈이 되는 다른 사업에 눈을 돌리지 않고 오직 '수송'이라는 한 분야에만 집중한 전문 경영인이었습니다. "현장에 답이 있다"라며 해외 지점이나 정비 공장을 수시로 찾았고, 기계 부속품 이름을 모두 외울 정도로 현장 실무에 능통했습니다. 인재 양성을 위해 인하대학교를 인수하고 한국항공대학교를 설립하는 등 교육 사업에도 큰 발자취를 남겼습니다. "모르는 사업에는 손대지 말고, 일단 시작한 수송업은 세계 최고가 되자"라는 경영 철학을 유지했습니다.

그는 수송을 통해 나라에 보답한다는 정신으로 경제 발전의 혈관 역할을 자처했습니다. "낚시를 할 때도 고기가 있는 곳에 던져야 하듯, 사업도 시대의 흐름을 읽고 정확한 지점에 투자해야 한다"라는 독특한 경영론을 펼쳤습니다. 조중훈 회장은 대한민국이 자원 빈국이라는 한계를 딛고 '물류 강국'으로 도약하는 데 가장 큰 공헌을 한 인물 중 한 명입니다.

김범수(1966~)는 대한민국 IT산업의 패러다임을 'PC'에서 '모바일'로 바꾼 주인공입니다. 카카오 창업주로서 미래이니셔티브센터장이며, 흙수저 출신에서 자수성가한 대한민국 대표 1세대 IT 기업가입니다. 한게임과 카카오를 잇따라 성공시키며 '연쇄 창업가'로서의 면모를 보여줬습니다. 어려운 환경임에도 불구하고 열심히 공부해 대학교 산업공학과에 입학했습니다.

대학 졸업 후 1992년 삼성SDS에 입사하여 촉망받는 엔지니어로 근무했습니다. 이때 동기였던 네이버 창업주 이해진 의장과 인연을 맺었습니다. 1998년 삼성SDS를 퇴사한 후 전국에 불기 시작한 PC방 열풍을 보고 '한게임'을 창업했습니다. 세계 최초의 온라인 게임 포털로 큰 성공을 거두었습니다. 2000년, 대학 동기 이해진의 '네이버'와 합병하여 NHN을 출범시켰습니다. 이후 네이버를 국내 1위 포털로 키워낸 뒤, 2007년 돌연 "배는 항구에 있을 때 가장 안전하지만, 그것은 배의 존재 이유가 아니다"라는 말을 남기고 의장직을 사퇴하며 홀연히 미국으로 떠났습니다.

미국 유학 중 아이폰을 접한 그는 세상이 PC에서 모바일로 옮겨갈 것을 확신했습니다. 귀국 후 '아이위랩'을 세우고 여러 앱을 시도한 끝에 2010년 카카오톡을 내놓았습니다. 당시 유료였던 SMS 시장을 무료 메시지로 파괴하며 국민 앱으로 등극했습니다. 이후 카카오는 애니팡(게임), 카카오택시(이동), 카카오뱅크(금융) 등으로 확장하며 우리 삶 전반을 연결하는 플랫폼 제국이 되었습니다.

카카오 내에서는 직급 대신 '브라이언(Brian)'이라는 영어 이름을 부르게 하는 등 권위주의를 타파한 수수하고 자유로운 조직 문화를 정착시켰습니다. 2021년, 자기의 재산 절반을 사회 문제 해결을 위해 기부하겠다고 선언하며 '브라이언 임팩트' 재단을 설립했습니다. 김범수의 경영 철학은 "질문이 정답보다 중요하다."입니다. 그는 늘 직원들에게 "세상을 바꾸는 것은 정답이 아니라 올바른 질문"이라고 강조합니다. "카카오는 돈을 벌기 위해 무엇을 할까를 고민하는 회사가 아니라, 세상을 어떻게 더 편리하게 연결할까를 고민하는 회사"라는 것이 그의 지론입니다.

박승직 설립자(1864~1950)는 대한민국에서 가장 오래된 역사를 가진 기업, 두산그룹의 설립자로 호는 매헌(梅軒)입니다. 한국 현대 비즈니스의 효시로 불리는 인물입니다. 그는 1896년 서울 종로에 한국 최초의 근대식 상점인 '박승직상점'을 열어 오늘날 두산그룹의 기틀을 마련했습니다. 경기도 광주에서 태어난 그는 가난한 형편 때문에 10대 때부터 보부상(장돌뱅이)으로 장사를 시작했습니다. 전국을 발로 누비며 쌓은 현장 경험과 신용은 훗날 그가 거상으로 성장하는 밑거름이 되었습니다. 1896년 서울 종로 4가(당시 배오개)에 자신의 이름을 내건 박승직상점을 개설했습니다. 주로 면포(천)를 취급하며 큰 성공을 거두었는데, 이것이 현재 두산그룹의 공식적인 창업 기점입니다.

박승직 설립자는 단순한 유통을 넘어 '브랜드 마케팅'의 선구자이기도 했습니다. 1916년, 부인 정정숙 여사의 제안으로 국내 최초의 근대식 화장품인 '박가분(朴家粉)'을 출시했습니다. 당시로서는 파격적인 포장과 '방문 판매' 방식을 도입해 하루에 1만 갑 이상 팔릴 정도로 선풍적인 인기를 끌었습니다. 1920년대 중반 부작용 문제로 박가분 사업이 위기를 맞자, 그는 손해를 감수하면서도 제품을 전량 회수하고 고객과의 신용을 지키는 데 주력했습니다.

1946년, 박승직 설립자는 아들에게 가업을 물려주며 사명을 '두산상회'로 바꿉니다. "한 말(斗)의 쌀을 쌓아 산(山)을 이룬다"라는 뜻으로, 티끌 모아 태산을 이루듯 성실하게 기업을 키우라는 그의 경영 철학이 담겨 있습니다. 해방 후 적산 기업이었던 쇼와기린맥주(현재 오비맥주)의 관리인으로 아들이 참여하게 되면서, 두산은 소비재 그룹으로서의 전성기를 맞이하게 됩니다. 그는 거부가 된 후에도 짚신을 신고 다닐 정도로 검소했습니다. "돈은 버는 것보다 쓰는 것이 더 어렵다"라는 신념을 가졌습니다. 일제강점기 시절 일본 상인들의 공세 속에서도 끝까지 민족 자본의 자존심을 지키며 한국 상권을 수호하고자 노력했습니다. 박승직 설립자가 세운 두산은 오랫동안 오비맥주, 코카콜라 등 소비재 기업으로 유명했지만, 2000년대 이후 한국중공업(현재 두산에너빌리티) 등을 인수하며 에너지와 기계 중심의 중공업 그룹으로 완전히 탈바꿈했습니다. 130년 가까운 세월 동안 시대에 맞춰 끊임없이 변신해 온 셈입니다.

이재준 회장(1917~1995)은 DL그룹(구 대림그룹)의 창업주로 호는 수암(修巖)입니다. 대한민국 건설업의 현대화를 이끌고, 한국 건설 사상 최초의 해외 진출을 이뤄낸 '건설 외길'의 경영자입니다. 그는 1939년 부친과 함께 대림산업의 모태인 '부림상회'를 설립하며 기업가로서의 첫발을 내디뎠습니다. 1939년 인천에서 목재와 건설 자재를 취급하는 부림상회를 설립했습니다. 당시 건설 자재 수급이 어렵던 시절, 정직한 품질과 신용으로 기반을 다졌습니다.

그는 1947년 사명을 대림산업으로 변경하고 본격적인 건설업에 뛰어들었습니다. 6.25 전쟁 이후 복구 사업에 적극 참여하며 국토 재건의 주역으로 떠올랐습니다. 이재준 회장은 한국 건설사에서 빼놓을 수 없는 중요한 이정표를 세웠습니다. 1966년 최초의 해외 진출로 대한민국 건설 역사상 최초로 태국 유통(Pattani-Narathiwat) 고속도로 공사를 수주하며 해외 건설 1호 기록을 세웠습니다. 이는 한국 건설 기술력을 세계에 알린 역사적 사건이었습니다.

1970년대 중반, 베트남에 이어 중동 시장에 가장 먼저 진출해 대규모 외화를 벌어들였습니다. 특히 이란과 사우디아라비아 등에서 대형 플랜트 공사를 성공적으로 수행하며 대림을 세계적인 건설사로 키웠습니다. 건설업에서의 성공을 바탕으로 그는 국가 기간산업인 석유화학 분야로 영역을 넓혔습니다. 1970년대 후반부터 석유화학 산업에 투자하기 시작하여 건설과 유화라는 두 개의 강력한 사업 축을 완성했습니다. 이는 오늘날 DL그룹이 건설(DL이앤씨)과 석유화학(DL케미칼) 분야에서 동시에 강점을 가진 토대가 되었습니다.

이재준 회장은 재계에서 '가장 검소한 회장'으로 유명했습니다. 그는 평생 화려한 집무실보다 거친 공사 현장을 더 좋아했습니다. "건설은 정직해야 한다. 조금이라도 속이면 건물이 무너진다"라는 신념으로 완벽한 시공을 강조했습니다. 대외적 화려함보다는 내실을 기하는 스타일로, 호칭도 회장보다는 '사장님'으로 불리는 것을 더 선호했을 만큼 소탈한 성품을 지녔습니다. 2021년, 대림그룹은 창립 82주년을 맞아 사명을 DL(디엘)로 변경했습니다. '대림(DaeLim)'의 영문 약자이면서 동시에 '다이내믹 리딩(Dynamic Leading)'의 의미를 담고 있습니다. 이재준 회장이 닦아놓은 건설과 유화의 기반 위에 지주사 체제를 완성하여 현재는 전문 경영인 체제로 운영되고 있습니다.

서정진 회장(1957~)은 대한민국 바이오산업의 지형을 바꾼 셀트리온(Celltrion)의 설립자로 '바이오계의 정주영'이라 불릴 만큼 불가능해 보이는 일에 도전해 성공시킨 입지전적인 인물입니다. 그는 평범한 직장인에서 실직자(백수)를 거쳐 대한민국 최고의 자산가 반열에 오른 전형적인 자수성가형 창업가입니다. 대학교에서 산업공학과를 졸업한 후 삼성전기, 한국생산성본부를 거쳐 대우자동차에서 최연소 임원이 되었습니다. 당시 김우중 회장의 총애를 받던 유능한 인재였습니다. 1999년 대우그룹이 해체되면서 하루아침에 직장을 잃었습니다. 그는 실직한 동료 5명과 함께 자본금 5천만 원으로 '넥

솔(현재 셀트리온홀딩스)'을 창업했습니다. 처음엔 비즈니스 모델도 없었지만, "전 세계의 미래 먹거리가 무엇인가?"를 고민하며 1년간 40여 개국을 돌아다닌 끝에 바이오산업의 가능성을 발견했습니다. 당시 한국은 바이오 기술의 불모지였고, 주변에서는 "사기꾼"이라는 소리까지 들으며 고군분투했습니다.

그는 오리지널 바이오 의약품의 복제약인 '바이오시밀러' 시장에 승부수를 던졌습니다. 2012년 세계 최초의 항체 바이오시밀러인 '램시마(Remsima)' 개발에 성공하며 전 세계를 놀라게 했습니다. 임상 시험 비용을 충당하기 위해 사채까지 끌어쓸 정도로 절박한 순간이 많았습니다. 하지만 그는 끝내 다국적 제약사들이 장악한 시장에 균열을 냈습니다. "회장실에 앉아 있지 말고 현장으로 가라"는 것이 그의 지론입니다. 초기에는 직접 약 가방을 들고 전 세계 병원을 돌며 영업에 뛰었습니다. 목표를 정하면 잠을 줄여가며 끝까지 파고드는 스타일입니다.

그는 스스로를 "운 좋은 사람"이라고 말하면서도, 그 운을 만들기 위해 남들보다 몇 배 더 노력하는 노력파입니다. 2021년 경영 일선에서 용퇴하며 "은퇴 후 식당을 하겠다"라고 선언해 화제가 되었습니다. 하지만 글로벌 경제 위기와 그룹의 합병 이슈 등을 해결하기 위해 2023년 경영에 전격 복귀했습니다. 코로나 팬데믹 당시 국산 항체치료제인 '렉키로나'를 개발하여 국가적 위기 극복에 기여했습니다. "한국의 바이오 산업을 반도체에 이은 제2의 국가 전략 산업으로 키우겠다"라는 비전을 가지고 있습니다. 서정진 회장은 최근 셀트리온과 셀트리온헬스케어의 합병을 마무리하며 개발부터 생산, 유통까지 하나로 이어진 거대 바이오 기업을 완성했습니다.

이제는 바이오시밀러를 넘어 독자적인 신약을 개발하는 '빅파마(Big Pharma)'로 도약하는 것을 목표로 하고 있습니다.

박현주 회장(1958~)은 대한민국 금융 시장의 판도를 '저축'에서 '투자'로 바꾼 주인공이며, 미래에셋그룹을 설립한 한국 자본시장의 개척자이자 '금융 수출'을 현실로 만든 입지전적인 인물입니다. 그는 샐러리맨으로 시작해 국내 최대 금융그룹 중 하나를 일궈낸 자수성 가형 금융인으로, "돈이 일하게 하라"는 메시지로 한국 투자 문화를 선도했습니다. 1958년 전남 광주에서 태어났습니다. 1986년 동양증 권에 입사한 후, 1988년 한신증권(현재 현대차증권)으로 자리를 옮겨 불과 32세의 나이에 최연소 지점장이 되었습니다. 압구정 지점장 시 절, 전국 수익률 1위를 달성하며 '압구정동의 전설'로 불렸습니다. 하 지만 그는 안주하지 않고 1997년 외환위기(IMF) 직전, 동료 8명과 함께 자본금 100억 원으로 미래에셋을 창업했습니다.

박현주 회장은 한국 금융 역사에 수많은 '최초'의 기록을 남겼습니 다. 1998년 자신의 이름을 딴 '박현주 1호' 펀드를 출시했습니다. 당 시 IMF 위기로 패닉에 빠진 시장에서 역발상 투자를 제안했고, 1년 만에 100%에 가까운 수익률을 기록하며 대한민국에 '펀드 열풍'을 일으켰습니다. 2000년대 중반 '미래에셋 3억 만들기 펀드' 등을 통 해 평범한 직장인들도 소액으로 투자할 수 있는 문화를 정착시켰습 니다. 증권으로 시작해 운용, 생명보험, 캐피탈 등을 아우르는 종합 금융그룹을 완성했으며, 2016년 대우증권을 인수하며 국내 1위 증 권사인 미래에셋증권의 기틀을 닦았습니다.

그는 국내 시장에 만족하지 않고 끊임없이 해외로 눈을 돌렸습니다. 2003년 국내 운용사 최초로 홍콩법인을 설립하며 해외 진출의 포문을 열었습니다. 현재 미래에셋은 전 세계 10여 개국에서 자산을 운용하는 글로벌 금융 그룹으로 성장했습니다. 미국의 Global X, 캐나다의 Horizons 등 해외 유망 ETF 운용사를 인수하며 세계적인 수준의 ETF 경쟁력을 확보했습니다. 2018년 국내 회장직을 내려놓고 글로벌 전략가로서 홍콩으로 떠나 전 세계를 무대로 직접 투자 기회를 발굴하고 있습니다. 남들이 가는 길을 따라가지 않는 '역발상 투자'를 중시합니다. "전문 경영인 체제를 강화하겠다"라고 공언해 왔으며, 실제로 자녀들에게 경영권을 승계하지 않고 이사회 중심의 투명 경영을 실천하고 있습니다. 미래에셋박현주재단을 통해 수만 명의 대학생에게 해외 교환학생 장학금을 지원하는 등 인재 육성에 진심을 보이고 있습니다. 박현주 회장은 현재 전통적인 주식 투자를 넘어 AI(인공지능), 이차전지, 바이오 등 미래 성장 산업에 집중 투자하고 있습니다. 단순한 금융 회사를 넘어 '글로벌 투자 파트너'로서의 입지를 다지는 것이 그의 목표입니다.

이해진(1967~)은 대한민국을 '검색의 시대'에서 '플랫폼의 시대'로 이끈 네이버(NAVER)의 창업주이며, 글로벌투자책임자(GIO)인 그는 은둔형 경영자로 불릴 만큼 대외 노출은 적지만 치밀한 전략과 끊임없는 혁신으로 국내 1위 포털을 일궈낸 인물입니다. 대학 동기인 카카오의 김범수 의장이 '직관적이고 과감한' 스타일이라면, 이해진 GIO는 '냉철하고 논리적인' 전략가형 리더입니다. 대학교에서 컴퓨터공학과를 졸업하고 전산학 석사를 마친 뒤 1992년 삼성SDS에 입사했습니다. 이때 동기였던 김범수 의장과 인연을 맺었습니다. 1997

년 삼성SDS 내에서 소규모 사내 벤처 '네이버포트'를 결성했습니다. 당시 야후(Yahoo) 등 외산 검색 엔진이 장악하던 시장에서 "우리말을 가장 잘 찾는 엔진을 만들자"라는 목표로 시작했습니다.

1999년 삼성SDS에서 독립해 '네이버컴'을 설립하며 본격적인 창업의 길로 들어섰습니다. 초기 네이버는 후발 주자로서 고전했지만, 이해진 GIO는 한국인만의 독특한 인터넷 이용 습관을 정확히 꿰뚫어보았습니다. 검색해도 정보가 나오지 않는 데이터 부족 문제를 해결하기 위해 사용자가 직접 묻고 답하는 '지식iN'을 도입했습니다. 이 서비스는 네이버를 압도적인 1위로 만든 결정적 한 수가 되었습니다. 2000년 김범수 의장의 '한게임'과 합병하여 NHN을 출범시켰습니다. 검색(네이버)의 트래픽과 게임(한게임)의 수익 모델이 결합하여 엄청난 시너지를 냈습니다.

이해진 GIO의 오랜 숙원은 '해외 진출'이었습니다. 수차례의 실패 끝에 그는 일본에서 답을 찾았습니다. 2011년 일본 대지진 당시 소통의 어려움을 겪는 사람들을 보고 모바일 메신저 '라인(LINE)'을 개발했습니다. 일본 내 국민 메신저로 등극한 라인은 동남아시아까지 장악하며 한국 IT 기업 최초로 해외 시장에서 독자적인 생태계를 구축하는 데 성공했습니다.

2017년 이사회 의장직을 내려놓고 글로벌투자책임자(GIO·Global Investment Officer)라는 직함을 선택했습니다. 이는 경영 전면보다는 미래 기술 확보와 글로벌 투자에 집중하겠다는 의지였습니다. "인터넷 기업은 기술이 없으면 무너진다"라는 신념하에 로보틱스, AI(하이퍼클로바X), 자율주행 등 딥테크(Deep Tech) 분야에 막대한 투자를 지속하고 있습니다. 카카오와 마찬가지로 네이버도 직급을

파괴하고 '님' 호칭을 도입하는 등 유연한 조직 문화를 만드는 데 앞
장섰습니다. 이해진 GIO는 최근 소프트뱅크의 손정의 회장과 손잡
고 '라인야후(LY Corporation)'를 출범시키며 글로벌 빅테크들과 경쟁
할 수 있는 기반을 다졌습니다. 또한 네이버를 단순한 검색 포털이
아닌 '생성형 AI'를 기반으로 한 글로벌 기술 플랫폼으로 진화시키기
위해 총력을 기울이고 있습니다.

정창선(鄭昌善) 회장은 중흥그룹의 설립자로 19세에 목수로 건
설업에 입문하여 대기업을 일궈낸 전형적인 자수성가형 기업인입니
다. 1943년 전남 광주 출생입니다. 가난한 농가의 아들로 태어나 19
세 때 건설 현장에서 목수로 일하기 시작했습니다. 약 20년간 현장
에서 실무 경험을 쌓으며 건설업의 생리를 몸소 익혔습니다. 정창선
회장은 1983년, 마흔을 넘긴 나이에 중흥건설의 전신인 금남주택을
설립하며 본격적인 경영인의 길을 걷기 시작했습니다. 대형 건설사
들이 관심을 덜 가졌던 지방 아파트 시장과 공공택지 위주로 사업
을 확장했습니다. 특히 세종시 등 신도시 개발 초기에 과감하게 용
지를 매입하여 '중흥 S-클래스' 브랜드의 전국적인 인지도를 쌓았습
니다.

"벌어들인 돈의 30% 이상은 반드시 유보금으로 남긴다"라는 철칙
을 가진 것으로 유명합니다. 이 덕분에 IMF 외환위기와 글로벌 금
융위기 속에서도 단 한 번의 부도 위기 없이 회사를 키워냈습니다.
정창선 회장의 경영 인생에서 가장 큰 방점은 2021년 대우건설 인수
입니다. 호남 기반의 중견 건설사였던 중흥그룹이 자신보다 몸집이
훨씬 큰 대우건설(시공능력평가 상위권)을 인수하며 그룹은 단숨에 재

게 서열 상위권으로 뛰어올랐습니다. 당시 그는 "대우건설 인수는 중흥그룹의 제2의 창업과 같다"라며 세계적인 건설 그룹으로 도약하겠다는 포부를 밝혔습니다.

경영 철학 및 특징은 "3불(不) 원칙"입니다. 그는 철저하게 본업에 충실하며 보수적인 자금 관리를 중시합니다. 불필요한 자산 매입을 금지해 사업과 관련이 없는 땅이나 자산은 사지 않는다. 보증을 금지해 남의 보증을 서지 않는다. 적자 수주 금지로 손해 볼 것이 뻔한 공사는 수주하지 않는다. 또한 자산가임에도 불구하고 평소 10년 넘은 작업복을 입고 직원들과 저렴한 백반을 즐겨 먹는 등 매우 소탈하고 검소한 면모를 보이는 것으로 알려져 있습니다. 정창선 회장은 현재도 매일 아침 일찍 출근하여 현안을 챙기는 등 현역으로서의 열정을 보이고 있습니다.

이중근(李重根) 회장은 부영그룹의 설립자로 대한민국 임대주택 산업의 선구자로 불리는 자수성가형 기업인입니다. 최근에는 파격적인 저출산 대책으로 전 국민의 관심을 받기도 했습니다. 1941년 전남 순천 출생입니다. 1970년대에 '우진건설산업'을 설립했으나 한 차례 부도로 시련을 겪었습니다. 이후 1983년 부영의 모태인 삼진엔지니어링을 설립하며 재기했습니다. 이중근 회장은 남들이 기피하던 민간 임대주택 사업에 집중하여 부영을 재계 순위권 대기업으로 키워냈습니다. 분양 아파트보다 수익성은 낮지만, 정부의 정책 자금을 지원받을 수 있고 미분양 리스크가 적은 임대아파트에 주력했습니다. 전국에 약 30만 가구 이상의 주택을 공급했으며, 그중 23만 가구 이상이 임대주택입니다.

그는 "집은 사는(Buy) 것이 아니라 사는(Live) 곳"이라는 철학을 일찍부터 강조했습니다. 주택 사업에서 번 자금을 바탕으로 무주 덕유산 리조트 인수, 오피스 빌딩(삼성생명 본관 등) 매입, 골프장 및 호텔 사업 등으로 영역을 확장했습니다. 그의 경영 철학을 상징하는 단어는 '세발자전거론'입니다. "두발자전거는 빨리 달릴 때는 좋지만 멈추면 넘어진다. 하지만 세발자전거는 느리더라도 안정적이며 멈춰서 있어도 넘어지지 않는다" 이는 무리한 확장보다는 내실과 안정을 우선시하는 그의 보수적인 경영 스타일을 잘 보여줍니다. 덕분에 부영은 부채 비율을 낮게 유지하며 여러 경제 위기 속에서도 생존할 수 있었습니다.

최근 이중근 회장은 단순한 기업인을 넘어 '기부왕'으로 큰 화제가 되었습니다. 1억 원 출산장려금으로 직원 자녀 1인당 현금 1억 원을 지급하는 파격적인 출산 장려책을 발표해 한국 사회에 큰 울림을 주었습니다. 고향 및 지인에 대한 기부는 자신의 고향인 순천 마을 주민들과 초·중·고 동창생들에게 개인 사비를 털어 기부한 사실이 알려져 주목받았습니다.

김범석(Bom Kim) 의장은 쿠팡의 창업자로 한국 유통 시장의 판도를 완전히 바꾼 인물이자, '한국의 제프 베이조스'라 불리는 혁신가입니다. 그는 철저히 고객 중심의 사고와 장기적인 투자를 통해 쿠팡을 재계의 거물로 성장시켰습니다. 1978년 서울 출생입니다. 보스턴컨설팅그룹(BCG)에서 컨설턴트로 근무했고, 잡지사 '커런트(Current)'와 '빈티지 미디어'를 창업하여 매각했습니다. 쿠팡을 창업하고 "로켓배송" 신화를 이뤘습니다. 김범석 의장은 2010년 자본금

30억 원으로 쿠팡을 설립했습니다. 초기에는 그루폰(Groupon) 같은 소셜커머스 모델로 시작했으나 곧바로 직매입 기반의 이커머스 모델로 전환했습니다. 2014년 자체 물류 인프라를 구축하고 '쿠팡맨'을 통한 직접 배송인 로켓배송을 선보였습니다. 당시 업계에서는 "수조 원의 적자가 날 것"이라며 불가능한 모델이라 비판했지만, 하지만 그는 공격적인 투자를 멈추지 않았습니다.

그의 가장 유명한 경영 철학은 "고객이 '쿠팡 없이 어떻게 살았을까?'라고 생각하게 만드는 것"입니다. 이 비전을 실천하기 위해 새벽배송(로켓프레시), 와우 멤버십, 쿠팡이츠, 쿠팡플레이 등으로 생태계를 확장했습니다. 김범석 의장은 단기적인 이익보다는 장기적인 성장과 시장 지배력을 중시합니다. 쿠팡은 하나의 거대한 조직이 아니라 작은 스타트업들의 집합처럼 빠르게 움직이는 방식을 추구합니다. 직관이 아니라 철저히 데이터에 기반해 물류 동선부터 고객 추천까지 최적화합니다.

2021년 한국 기업임에도 불구하고 미국 뉴욕증권거래소(NYSE)에 성공적으로 상장하며 막대한 자금을 조달했습니다. 최근에는 쿠팡이 '계획된 적자'를 끝내고 흑자 전환에 성공하며 경영 능력을 입증했습니다. 한국 시장을 넘어 대만 등 아시아 시장으로 로켓배송 모델을 이식하며 글로벌 유통 기업으로의 도약을 꾀하고 있습니다. 누적 이용자 3,000만 명을 돌파하며 글로벌 시장 확대에 주력했습니다. 김범석 의장은 전통적인 한국의 기업가들과 달리 미국식 스타트업 문화를 기반으로 한국 유통 지형을 바꾼 독보적인 인물입니다.

박인천 회장(1901~1984)은 금호그룹의 설립자이며, 호는 금호(錦湖)입니다. '운수업의 불모지'였던 호남에서 택시 2대로 시작해 대한민국 대표적인 기업집단을 일궈낸 집념의 경영인입니다. 그는 46세라는 늦은 나이에 창업해 성공한 독특한 이력을 가지고 있습니다. 1901년 전남 나주 출생입니다. 젊은 시절 면사무소 서기와 순사(경찰) 등으로 근무하며 공직 생활을 했습니다. 하지만 45세에 해방을 맞이하며 "내 사업을 해보겠다"라는 결심으로 공직을 떠났습니다.

1946년 마흔여섯의 나이에 중고 미국산 택시 2대를 구입해 '광주택시'를 설립했습니다. 이것이 오늘날 금호그룹의 거대한 뿌리가 되었습니다. 박인천 회장은 운수업을 기반으로 관련 산업으로 영역을 확장하는 전략을 폈습니다. 1948년 광주여객(현재 금호고속)을 설립하여 버스 운송업에 진출했습니다. "손님이 한 명이라도 있으면 정해진 시간에 출발한다"라는 철저한 신용 경영으로 호남 최대의 운수업체로 키웠습니다. 버스 사업을 하다 보니 타이어 수급이 어려워지자 직접 타이어를 만들기로 결심하고 1960년 삼양타이어(현재 금호타이어)를 설립했습니다. 이후 타이어 원료를 확보하기 위해 1970년 한국합성고무(현재 금호석유화학)를 세우며 수직계열화를 완성했습니다.

1972년 계열사들을 모아 '금호실업'을 설립하며 그룹 체제를 갖추었고, 사명은 그의 호인 '금호(錦湖)'에서 따왔습니다. 경영 철학은 "정직, 근면, 성실"입니다. 그는 20여 년간의 공직 생활 덕분에 매우 보수적이고 원칙적인 경영 스타일을 고수했습니다. "고객과의 약속은 목숨과 같다"라고 강조했습니다. 버스 운행 시간을 엄격히 지키고, 막차를 놓친 손님을 위해 임시차를 내주는 등의 일화는 유명합

니다. 남의 보증을 서지 않고, 정치에 발을 들이지 않으며, 오직 본
업에 충실해야 한다는 원칙을 가졌습니다. 자산가가 된 후에도 직
접 시장에서 물건을 고르고, 이면지를 사용하는 등 매우 검소한 삶
을 살았습니다.

그는 사후에 자식들이 다투지 않도록 '형제들이 돌아가며 그룹을
이끌라'라는 유훈을 남겼습니다. 이에 따라 장남·차남·삼남이 차례
로 회장을 맡아 경영권을 승계하는 '형제 경영'의 모범 사례로 꼽혔
습니다. 인재 양성을 위해 죽호학원(금호고, 금호중 등)을 설립했습니
다. 장남 회장으로 이어지는 금호예술기금 등을 통해 한국의 클래
식 음악 영재들을 후원하는 전통을 만들었습니다. 박인천 회장은
"가장 확실한 밑천은 돈이 아니라 집념의 정신이다"라는 말을 남기
며 후대 기업인들에게 큰 귀감이 되었습니다.

김홍국(金弘國) 회장은 하림그룹의 설립자로 '병아리 10마리로
시작해 대기업을 일군' 대한민국 축산업의 살아 있는 신화로 불립니
다. 1957년 전남 익산 출생입니다. 초등학교 4학년 11살 때 외할머
니에게 선물받은 병아리 10마리가 사업의 시작이었습니다. 이를 정
성껏 키워 판 돈으로 다시 병아리를 사고 키우기를 반복하며 '돈 버
는 이치'를 깨달았다고 합니다. 고등학교 재학 시절 이미 사업자 등
록을 하고 닭 5,000마리와 돼지 700마리를 키우는 농장을 운영했
습니다. 당시 하교하던 그에게 결재를 받기 위해 직원들이 교문 앞
에서 기다렸다는 일화는 유명합니다.

김홍국 회장은 1986년 하림식품을 설립하며 본격적인 기업 경영
에 나섰습니다. 그의 가장 큰 업적은 한국 축산업에 '삼장(三場) 통

합경영' 모델을 도입한 것입니다. 농장(사육), 공장(가공), 시장(유통)을 하나로 연결하는 수직계열화입니다. 1차 산업에 머물던 양계업을 가공과 유통이 결합된 고부가가치 산업으로 격상시켰으며, 소비자에게 신선한 닭고기를 직접 공급하는 체계를 완성했습니다. 성공만 있었던 것은 아닙니다. 2003년 하림은 조류인플루엔자(AI) 유행과 본사 공장 화재라는 절체절명의 위기를 동시에 맞았습니다. 그는 포기하는 대신 남의 공장을 빌려 생산을 이어갔고, 오히려 더 현대화된 공장을 새로 지어 위기를 기회로 바꿨습니다. 이후 사료 전문 기업인 천하제일사료, 유통 채널인 NS홈쇼핑, 그리고 2015년에는 국내 최대 해운사인 팬오션을 인수하며 곡물 유통부터 사료, 사육, 가공, 유통, 해운을 아우르는 글로벌 종합 식품 서비스 그룹으로 도약했습니다.

경영 철학 및 특징은 "너무 가파르면 숨이 차고, 너무 평탄하면 나태해진다. 15도 정도의 완만한 경사를 꾸준히 오르는 것이 가장 이상적인 성장"이라는 철학을 가지고 있습니다. 2014년 모나코 왕실 경매에서 나폴레옹의 이각모를 낙찰받아 화제가 되었습니다. 그는 "나폴레옹의 '불가능은 없다'라는 도전 정신이 하림의 기업가 정신과 닮았다"라며 이를 직원들과 젊은이들에게 보여주기 위해 판교 사옥에 전시하고 있습니다. 사명인 '하림(夏林)'은 여름 숲처럼 풍요롭다는 뜻 외에도 '하나님의 임재'라는 신앙적 의미를 담고 있다고 전해집니다. 김홍국 회장은 여전히 매주 서울 하림 R&D 키친을 방문해 신제품을 직접 시식하고 피드백을 줄 정도로 현장 중심의 경영을 이어가고 있습니다.

장병희(張炳希) 회장과 **최기호**(崔基鎬) 회장은 영풍그룹의 공동 창업주로 대한민국 비철금속 산업의 기틀을 닦은 인물들입니다. 이들은 '피보다 진한 동업'으로 불리며 75년간 두 가문의 공동 경영 전통을 세운 것으로 유명합니다. 두 설립자는 모두 황해북도 봉산군(사리원) 출신의 실향민이라는 공통점이 있습니다. 장병희는 1913년에 태어나 2002년에 별세했습니다. 해방 후 월남하여 남대문 시장에서 사업을 하던 중 동향 출신인 최기호 회장을 만나게 됩니다. 최기호는 1909년에 태어나 1980년에 별세했습니다. 장병희 회장보다 4살 위로, 일본어에 능통하고 해외 정세에 밝았습니다.

두 사람은 '형, 동생' 하는 막역한 사이로 발전하여 1949년 영풍기업사를 공동 창업했습니다. 초기에는 농수산물과 철광석 등을 수출하는 무역업으로 시작했으나, 1970년대 정부의 중화학공업 육성 정책에 발맞춰 비철금속 제련업으로 전환했습니다. 1970년 경북 봉화에 국내 최초의 아연 제련소인 영풍 석포제련소를 건립했습니다. 1974년 온산에 세계 최대 규모의 아연 제련소인 고려아연을 세우며 그룹의 핵심으로 성장시켰습니다. 두 설립자는 분쟁을 방지하기 위해 역할을 명확히 나누었습니다. 장씨 가문은 그룹의 지주사 격인 '영풍'과 전자 계열사를 맡고, 최씨 가문은 주력 사업인 '고려아연'을 경영하기로 합의한 것입니다. 70년 넘게 두 가문이 지분을 거의 대등하게 나누어 가지며 단 한 번의 불협화음 없이 운영되었습니다. 이는 한국 재계에서 유례를 찾아보기 힘든 '동업의 정석'입니다. 장병희 회장은 은퇴 후 영풍문화재단을 설립하고, 서울 서린동 사옥 지하에 대형 서점인 영풍문고를 열어 문화 사업에도 이바지했습니다.

두 가문의 동업은 한국 경제사에서 매우 중요한 상징성을 가집니다.

조흥제 회장(1906~1984)은 효성그룹의 창업주로, 호는 만우(晩愚)입니다. 한국 경제사에서 '늦깎이 성공의 대명사'이자 '기술 중시 경영의 선구자'입니다. 그의 아호인 만우(晩愚)는 "늦고 어리석다"라는 뜻입니다. 이는 그의 독특한 이력에서 비롯되었습니다. 19세에 신학문을 시작해 30세에 대학을 졸업했습니다. 마흔이 넘어서야 본격적으로 사업에 뛰어들었습니다. 삼성그룹 이병철 회장과의 동업을 정리하고 56세라는 늦은 나이에 효성물산을 세워 독자 노선을 걷기 시작했습니다. 그는 "늦더라도 정직하고 성실하게 한 걸음씩 나아가는 것"을 강조했습니다. 조흥제 회장은 삼성그룹의 기틀을 닦는 데 결정적인 역할을 했습니다. 1948년 이병철 회장과 공동 출자하여 삼성물산공사를 설립했습니다. 당시 조 회장은 자본금의 상당 부분을 출자하며 실질적인 운영을 도왔습니다. 한국 전쟁 이후 제일제당(1953년)과 제일모직(1954년)의 설립을 주도하며 삼성의 제조업 기반을 다졌습니다.

그는 15년간의 동업 끝에 1962년 독립했습니다. 이때 삼성으로부터 받은 자산을 기반으로 효성그룹의 모태를 만들었습니다. 조흥제 회장은 "우리 힘으로 기술을 가져야 나라가 산다"라는 기술 자립화 신념이 강했습니다. 1966년 설립된 동양나이론(현재 효성 T&C)은 당시로서는 파격적인 모험이었습니다. 기술이 전무하던 시절 해외 선진 기술을 도입해 나일론 국산화에 성공하며 효성을 국내 정상급 기업으로 올렸습니다. 1971년 우리나라 최초의 민간 기업 부설 연구소인 '효성 기술연구소'를 세웠습니다. 이는 오늘날 효성이 스판덱스, 타이어코드 등에서 세계 1위를 차지하는 근간이 되었습니다. 그는 '재계의 마지막 선비'로 통했습니다. "이익을 보면 의로움을 먼저 생각하라"라는 견리사의(見利思義)와 사람 간의 화합을 중시하는 인화(人和)를 경영 이념으로 삼았습니다. 부정한 돈이나 정경유착을 멀리했으며, 기업의 이윤은 국가와 사회 발전에 쓰여야 한다는 '국리민복(國利民福)'의 정신을 실천했습니다. 조홍제 회장은 늦은 나이에도 불구하고 끊임없는 도전으로 삼성의 초석을 닦고, 효성이라는 거대 소재 제국을 건설한 "외유내강형" 기업가입니다.

우오현(禹五炫) 회장(1953~)은 SM그룹의 창업주이자 자수성가형 기업가로, 인수합병(M&A)을 통해 그룹을 키워낸 'M&A의 귀재'로 잘 알려져 있습니다. 1953년 전라남도 고흥에서 8남매 중 일곱째로 태어났습니다. 고등학교 3학년 때 병아리 10마리로 양계업을 시작했습니다. 1970년대 후반에는 닭 2만 마리 규모의 양계장을 운영하며 큰 수익을 올렸으나, 이후 건설업으로 전향하게 되었습니다. 1988년 광주에서 삼라건설을 설립하며 본격적으로 건설업에 뛰어들었습니다. '삼라(森羅)'라는 이름은 '삼라만상'에서 따온 것으로, 우주에서 최고가 되겠다는 포부를 담고 있습니다. 외환위기 이후 법정관리나 워크아웃에 들어간 우량 기업들을 적극적으로 인수하며 몸집을 키웠습니다. 진덕산업(현재 우방산업), 남선알미늄, 경남모직, 티케이케미칼, 대한해운, SM상선, 경남기업, 삼환기업 등을 인수했습니다. 건설업으로 시작해 해운, 제조, 서비스·레저 등 사업을 다각화했습니다. 부실한 기업을 단순히 시세차익을 위해 사지 않고, 인수 후 정상화해 장기적인 먹거리 사업(의식주 관련 사업 등)으로 육성하는 방식을 선호합니다. 파산의 원인을 과다한 부채로 보고 자기자본비율을 일정 수준 확보하는 등 재무 건전성을 강조하는 전략을 사용했습니다. 협력사와의 상생을 중시하는 '행복 경영'을 내세우며 한미동맹재단 후원 및 장학금 기부 등 사회 공헌 활동도 지속하고 있습니다.

이원만 회장(1904~1994)은 코오롱그룹의 창업주로 호는 오운(五雲)입니다. 우리나라에 나일론을 처음 들여와 섬유 산업의 기틀을 닦은 '현대판 문익점'이자 정계에서도 활약했던 독특한 이력의 소유자입니다. 이원만 회장은 29세라는 다소 늦은 나이에 단돈 15원을 들고 일본 오사카로 건너갔습니다. 신문 배달을 하던 중 신문사 표어 공모전에 당선되어 받은 상금으로 사업을 시작했습니다. 1935년 '아사히 공예'를 설립해 모자에 회사 이름과 전화번호를 새겨주는 광고용 모자를 고안했는데 이것이 일본 전역에서 폭발적인 인기를 끌며 큰 부를 쌓았습니다.

해방 후 한국으로 돌아온 그는 6.25 전쟁 이후 국민들이 입을 옷이 없어 고생하는 모습을 보고 '나일론'에 주목했습니다. 1953년 일본 삼경물산을 통해 나일론 원사를 국내에 독점 공급하기 시작했습니다. 당시 면이나 삼베보다 수십 배 질긴 나일론은 '기적의 실'로 불리며 의류 혁명을 일으켰습니다. 1957년 대구에 한국나이롱주식회사를 설립해 국내 최초로 나일론 스트레치사(가공사) 생산에 성공했습니다. '코오롱(KOLON)'이라는 이름은 Korea(한국)와 Nylon(나일론)의 글자를 따서 만든 브랜드명에서 시작되었습니다.

그는 사업뿐만 아니라 국가 경제 정책에도 깊이 관여한 정치인이기도 했습니다. 5, 6, 7대 국회의원을 지냈으며, 박정희 전 대통령에게 경제 발전을 위한 다양한 아이디어를 제안했습니다. 한국수출산업공단 창립위원장을 맡아 오늘날의 구로디지털단지(구로공단)와 구미산업단지 조성을 주도했습니다. "자원 없는 나라는 물건을 만들어 팔아야 산다"라는 수출입국 정신을 몸소 실천했습니다. '프로판가스'라는 별명은 나무를 베어 땔감으로 쓰는 대신 프로판가스를 보급해야 산이 산다고 강력히 주장하여 붙여진 별명입니다. 이원만 회장은 일본에서의 성공에 안주하지 않고 척박했던 한국에 나일론 산업과 국가 산업단지라는 거대한 씨앗을 뿌린 한국 경제의 거목입니다.

구교운(具教運) 회장(1953~)은 대방건설의 창업주로, 무명 건설사였던 대방건설을 30여 년 만에 시공능력평가 상위권의 대기업 집단(대방그룹)으로 키워낸 입지전적인 인물입니다. 구교운 회장은 대형 건설사 출신이 아닌, 현장에서 발로 뛰며 성장한 경영자로 알려져 있습니다. 1989년 에이스건설을 세운 후, 1991년 대방건설의 전신인 광재건설을 설립하며 본격적인 주택 사업에 뛰어들었습니다. 1998년 외환위기(IMF) 당시 사명을 현재의 '대방건설'로 바꾸며 고비를 넘겼습니다. 이때 "어음을 발행하지 않는다"라는 무차입 경영 원칙과 철저한 자금 관리의 중요성을 깨달았다고 합니다.

구 회장은 '내실'과 '현장'을 중시하는 경영 철학을 가지고 있으며, 화려한 겉모습보다는 실질적인 품질과 안정적인 재무 구조를 중시하는 스타일입니다. 그의 핵심 경영 이념은 정직(正直)과 성실(誠實)입니다. "집을 짓는 것은 사람의 생명과 직결된다"라는 신념으로 현장 점검을 매우 꼼꼼히 챙기는 것으로 유명합니다. 남의 공사를 따오는 '도급'보다는 땅을 직접 사서 짓는 '자체 사업' 비중을 높여 수익성을 극대화했습니다. 이를 통해 2010년 하위권 밖이던 시공 능력 순위를 2020년대 들어 상위권까지 끌어올렸습니다. '디에트르(Ditre)'라는 아파트 브랜드를 시장에 안착시켰습니다. 구교운 회장은 IMF 위기를 딛고 '무차입 경영'과 '현장주의'를 통해 대방건설을 국내 굴지의 건설사로 키워냈습니다.

윤세영 명예회장(1933~)은 태영그룹의 창업주로 호는 서암(瑞岩)입니다. 건설업으로 시작해 방송(SBS), 물류, 레저를 아우르는 대기업을 일궈낸 한국 경제의 거목입니다. 특히 '건설과 방송'이라는 이질적인 분야에서 모두 성공을 거둔 독보적인 이력을 가지고 있습니다. 윤세영 회장은 강원도 철원에서 태어나 평안남도 안주에서 자란 실향민 출신입니다. 대학을 졸업한 후 국회의원 비서관으로 일하며 사회 경험을 쌓았습니다. 1973년, 자본금 300만 원과 직원 2명으로 태영개발(현재 태영건설)을 설립했습니다. 당시 건설업 면허가 없어 빌려서 사업을 시작할 정도로 영세했으나, 성실함을 무기로 관급 공사를 따내며 기반을 다졌습니다.

윤세영 회장의 가장 큰 업적 중 하나는 1990년 민영 방송국인 서울방송(SBS)을 설립한 것입니다. "방송은 권력이나 자본으로부터 독립해야 한다"라는 신념으로 SBS를 이끌었습니다. 건설사 총수가 방송사를 소유하는 것에 대한 우려도 있었으나, 과감한 투자와 편성으로 한국 방송 생태계에 경쟁과 활력을 불어넣었습니다. 대한농구협회장, 대한골프협회장 등을 역임하며 한국 스포츠 발전에 크게 이바지했습니다. 특히 2018년 평창 동계올림픽 유치에 막후에서 큰 역할을 한 것으로 알려져 있습니다. 그의 경영 철학은 '지성무식(至誠無息)', 즉 '지극한 정성은 쉬지 않는다'라는 뜻입니다. 한 번 마음

먹은 일은 끝까지 해내는 뚝심으로 태영건설을 시공능력평가 상위권으로 올렸습니다. 건설업의 부침을 극복하기 위해 하수처리 등 환경 사업(에코비트), 물류(태영인더스트리), 레저(블루원) 등으로 사업을 확장하여 그룹의 안정성을 꾀했습니다. 윤세영 회장은 밑바닥에서 시작해 건설로 국가 기반을 닦고, 방송으로 문화 지평을 넓힌 인물입니다.

방준혁 의장(1968~)은 넷마블의 창업주로 한국 게임 산업의 판도를 바꾼 인물이자 소위 '흙수저' 출신으로 자수성가한 대표적인 기업가입니다. 그는 넷마블을 글로벌 게임 기업으로 키워내며 '승부사'라는 별명을 얻었습니다. 방준혁 의장은 어린 시절 어려운 환경에서 자랐습니다. 이후 여러 사업에 도전했으나 초기에는 큰 시련을 겪었습니다. 인터넷 영화 서비스, 위성 인터넷 사업 등에 도전했으나 자금난과 사기 피해 등으로 모두 실패하고 빚더미에 앉기도 했습니다. 2000년 단돈 1억 원의 자본금과 8명의 직원으로 넷마블을 설립했습니다. 한게임 등이 시장을 선점하고 있었지만 그는 '퍼블리싱(게임 유통 및 서비스)'이라는 당시로서는 생소한 비즈니스 모델을 도입해 성공을 거두었습니다.

방 의장은 회사를 떠났다가 위기 상황에서 다시 돌아와 성공시켰다는 점에서 종종 스티브 잡스에 비유됩니다. 2004년 넷마블의 영속성을 위해 CJ그룹에 지분을 매각하고 CJ인터넷 사장을 지내다가 2006년 건강상의 이유로 돌연 은퇴를 선언했습니다. 그가 떠난 후 넷마블은 5년간 연이은 흥행 참패로 위기에 빠졌습니다. 2011년, 방 의장은 다시 경영 전면에 복귀하여 "모바일 게임으로의 전면 전환"

이라는 과감한 결단을 내렸습니다. 이후 '모두의마블', '세븐나이츠', '리니지2 레볼루션' 등을 잇달아 히트시키며 넷마블을 국내 매출 1위 게임사로 복귀시켰습니다. 그는 매우 냉철하고 치밀한 분석력을 가진 경영자입니다. "모든 답은 데이터와 숫자에 있다"라고 믿으며 감이 아닌 철저한 지표 분석을 통해 의사결정을 내립니다. "환경 변화보다 더 빨리 변해야 한다"라는 생각으로 시장 트렌드에 기민하게 대응합니다. 인재를 뽑을 때 학벌이나 스펙 대신 '일에 미칠 수 있는 열정'과 '실력'만을 봅니다.

방 의장은 게임 산업의 변동성을 보완하기 위해 사업 영토를 확장하고 있습니다. 2019년 정수기 렌털 1위 기업인 코웨이를 인수하며 세상을 놀라게 했습니다. 게임의 'IT 기술(AI, 빅데이터)'과 코웨이의 '구독 경제'를 결합해 스마트 홈 가전 시장을 장악하겠다는 비전을 가지고 있습니다. 하이브의 초기 빅히트 엔터테인먼트에 대규모 투자를 단행해 'BTS 월드' 같은 게임을 출시하는 등 전략적 파트너십을 유지해 왔습니다. 그는 창업가 정신을 잊지 않기 위해 본인의 마음 나이를 39세에 멈춰놓았다고 말하곤 합니다. '구로의 등대'는 넷마블 사옥이 있는 구로디지털단지에서 밤늦게까지 불이 꺼지지 않는 모습을 보고 붙여진 별명입니다. 방준혁 의장은 '가난과 학벌'이라는 장벽을 '전략과 집념'으로 뚫고 올라온 거물입니다. 넷마블을 단순한 게임 회사를 넘어 글로벌 IT 콘텐츠 및 서비스 그룹으로 도약시키고 있는 현재 진행형 경영자입니다.

이회림(李會林) 회장(1917~2007)은 OCI그룹(전 동양화학공업)의 창업주로, 호는 송암(松岩)입니다. 한국 화학 산업의 기틀을 닦은 '마지막 개성상인'이자 문화예술을 지극히 사랑한 기업가입니다. 이회림 회장은 개성 출신으로, 한국 현대사에서 '개성상인'의 정신을 기업 경영에 가장 잘 녹여낸 인물로 꼽힙니다. 14세에 개성 상점에 점원으로 들어가 상업의 기초를 배웠습니다. 이때 몸에 익힌 '정직'과 '신용'은 평생의 경영 철학이 되었습니다. 1945년 서울에서 포천상회를 설립해 무역업에 뛰어들었고, 1950년대에는 대한제분을 인수하며 산업 자본가로 발돋움했습니다. 이 회장은 "자원이 없는 나라는 화학 산업이 발전해야 한다"라는 신념을 가지고 있었습니다. 1959년 국내 최초의 화학 회사인 동양화학공업(현재 OCI)을 설립했습니다. 당시 전량 수입에 의존하던 유리, 비누, 종이의 원료인 소다회 공장을 1968년 인천 남구에 준공했습니다. 이는 한국 중화학 공업 발전의 중요한 이정표가 되었습니다. 이후 정밀화학, 석유화학, 비철금속 등으로 영역을 넓혀 OCI를 세계적인 화학 기업의 반열에 올렸습니다.

그는 기업가인 동시에 한국의 문화유산을 지키는 데 평생을 바친 수집가였습니다. 사재를 털어 일제강점기에 해외로 유출된 우리 문화재를 다시 사들이는 데 앞장섰습니다. 평생 수집한 8,000여 점의 고미술품을 모아 1989년 인천에 송암미술관을 세웠고, 2005년에는 이 귀한 유물들과 미술관 부지 전체를 인천광역시에 기증하여 사회에 환원했습니다. 이 회장은 별세하기 전까지도 "기업은 사회의 것이며, 정직하게 경영해야 한다"라는 원칙을 고수했습니다. 그는 화려한 홍보보다는 내실을 기하고, 정경유착을 멀리하며 묵묵히 기초 산업을 일궈온 인물로 존경받고 있습니다.

이종덕 회장(1915~2002)은 세아그룹의 창업주이며, 호는 해암(海岩)입니다. 한국 철강 산업의 뿌리를 내린 선구자이자 "철강 외길"을 걸어온 뚝심 있는 기업가입니다. 특히 국내 최초로 강관(철강 파이프)을 수출하며 '철강 수출의 문'을 연 인물입니다. 이종덕 회장은 평안남도 용강 출신으로 어린 시절 개성으로 건너가 개성 상인들의 밑바닥 경제를 체험하며 자랐습니다. 16세에 일본 오사카로 건너가 상점에서 일하며 '신용'이 비즈니스의 전부라는 것을 깨달았습니다. 광복 후 귀국하여 서울 중구에서 철물점인 '부산철강소'를 운영하며 철강업과 인연을 맺었습니다. 전쟁 후 폐허가 된 한국에서 재건을 위해 가장 필요한 것이 '파이프'라고 판단한 그는 제조업에 뛰어들었습니다. 1960년 부산 감만동에 부산파이프공업을 설립했습니다. 당시 우리나라는 파이프를 전량 수입에 의존하던 시기였습니다. 1967년, 국내 최초로 강관을 해외(미국 등)에 수출하는 쾌거를 이루었습니다. 이는 한국 철강 제품이 세계 시장으로 나가는 첫걸음이었습니다.

오늘날 그룹 명칭인 '세아(世亞)'는 이종덕 회장의 철학이 담긴 이름입니다. "세상을 아름답게 만든다"라는 뜻의 세아(世雅)에서 시작되었습니다. 기업이 단순히 돈을 버는 곳이 아니라 사회를 유익하고 아름답게 만드는 존재여야 한다는 그의 신념이 반영되었습니다. 화려한 문어발식 확장 대신 철강이라는 본업에 집중하며, IMF 외환위기 당시에도 탄탄한 재무구조로 위기를 넘긴 것으로 유명합니다. 이 회장은 교육의 중요성을 강조하며 1992년 해암학술장학재단을 설립했습니다. 어려운 환경의 인재들을 지원하며 "기업은 국가의 인재를 키우는 토양이 되어야 한다"라는 약속을 실천했습니다. 이종덕 회장은 척박한 환경에서 '철강 파이프 국산화'라는 집념 하나로 시작해, 정직과 화합을 바탕으로 오늘날 세계적인 철강 전문 그룹 '세아'를 일궈낸 경영자입니다.

김정주 회장은 대한민국의 게임 산업을 개척한 선구자이자 넥슨(NEXON)의 설립자로 한국 IT 역사에서 빼놓을 수 없는 상징적인 인물입니다. 김정주 회장은 1968년 서울에서 태어나 엘리트 코스를 밟은 수재였습니다. 1994년, 서울 강남의 작은 오피스텔에서 대학 동기인 송재경(현재 엑스엘게임즈 대표)과 함께 자본금 6,000만 원으로 넥슨을 설립했습니다. 그는 '온라인 게임'의 시대를 열었습니다. 김정주 회장은 단순히 게임을 만든 것을 넘어, 전 세계 게임 산업의 비즈니스 모델을 바꾼 인물입니다. 1996년 그래픽 온라인 게임인 '바람의 나라'를 출시하며 그래픽 기반 온라인 게임의 시대를 열었습니다. 부분 유료화(Free-to-Play) 모델을 도입하여 게임은 무료로 제공하되 아이템을 판매하는 방식을 정착시켜 전 세계 게임 수익 구조에 혁신을 가져왔습니다. 대표작 및 M&A로는 '메이플스토리', '카트라이더', '크레이지 아케이드', '던전앤파이터' 등 수많은 히트작을 보유한 '게임 왕국'을 건설했습니다.

2011년 한국 기업으로는 이례적으로 일본 도쿄증권거래소에 상장하여 글로벌 기업으로서의 가치를 인정받았습니다. 그는 대외 활동을 거의 하지 않아 '은둔의 경영자'로 불렸지만, 사업적으로는 매우 과감하고 미래지향적이었습니다. 일찍이 지주사인 NXC를 설립하여 게임 외에도 가상자산(코빗, 비트스탬프), 레고 거래 플랫폼(브릭링크), 유아용품(스토케) 등 다양한 분야에 투자했습니다. 생전에 "아이들에게 받은 사랑을 돌려줘야 한다"라며 국내 최초 아동 재활병원인 푸르메재단 넥슨어린이재활병원 건립을 위해 거액을 기부하고 사회공헌 재단을 설립했습니다. 2022년, 미국 하와이에서 갑작스럽게 세상을 떠났습니다. 생전에 자신의 자녀들에게 경영권을 승계하지 않겠다고 선언했으며, 재산을 사회에 환원할 것을 약속했습니다. 그의 사후에도 넥슨은 전문 경영인 체제 아래 국내 1위 게임사로서의 위상을 지키고 있습니다. 김정주 회장은 단순한 기업가를 넘어, 한국을 '게임 강국'으로 만든 선구자이자 도전가였습니다. 그의 일대기를 담은 자서전적 경영서 '플레이(PLAY)'를 보시면 그의 창업 초기 고민과 열정을 더 깊이 이해하실 수 있습니다.

김상열 회장은 호반그룹의 창업주이며 맨주먹으로 시작해 호반건설을 시공능력평가 상위권의 대기업 집단으로 키워낸 자수성가형 경영자입니다. 김상열 회장은 1961년 전라남도 보성에서 태어났습니다. 어린 시절 가난한 환경 속에서 일과 학업을 병행하며 고단한 청소년기를 보낸 것으로 알려져 있습니다. 가정 형편으로 인해 고등학교를 6년 만에 졸업할 만큼 고학의 길을 걸었습니다. 이후 대학교 건축공학과를 졸업하며 건설업에 대한 전문성을 쌓았습니다.

1989년, 28세의 젊은 나이에 자본금 1억 원과 직원 5명으로 광주광역시에 호반을 설립하며 건설업에 뛰어들었습니다. 호반건설이 단기간에 대기업 반열에 오를 수 있었던 데에는 김 회장 특유의 철저한 경영 원칙이 있었습니다. "빚을 내어 사업하지 않는다"라는 원칙을 고수하며, 금융위기 속에서도 살아남는 탄탄한 재무구조를 구축했습니다. 1997년 IMF 외환위기 당시, 다른 건설사들이 무너질 때

오히려 현금 동원력을 바탕으로 저렴하게 나온 부지를 매입해 큰 기회를 잡았습니다. 분양률이 90%를 넘지 않으면 다음 사업을 진행하지 않는다는 철저한 리스크관리 원칙으로 유명합니다. 한국토지주택공사(LH) 등이 공급하는 공공택지 입찰에 적극 참여하여 시행과 시공을 함께하는 자체 사업 위주로 덩치를 키웠습니다.

김상열 회장은 건설업에 머물지 않고 활발한 인수합병(M&A)을 통해 그룹의 포트폴리오를 확장했습니다. KBC광주방송 인수를 시작으로 서울신문, 전자신문 등 언론사를 인수하여 미디어 부문을 강화했습니다. 또한 스카이밸리CC 등 골프장과 리조트(호반호텔앤리조트)를 인수하며 레저 산업에도 진출했습니다. 최근에는 대한전선을 인수하며 전력망 및 에너지 산업으로 사업 영역을 크게 넓혔으며, 이는 그룹의 차세대 먹거리로 평가받고 있습니다. 자신이 겪은 어려움을 바탕으로 교육과 상생에 큰 관심을 기울이고 있습니다. 호반장학재단을 1999년 설립 이후 수천 명의 학생들에게 장학금을 지원해 왔으며, 국내 건설사 중 상위권 규모의 상생협력기금을 출연하여 협력사와의 동반성장을 꾀하고 있습니다.

정태순 회장은 장금상선(SINOKOR)의 창업주로 '한국의 선박왕'으로 불리며, 30년 넘게 흑자 경영을 이어온 해운업계의 입지전적인 인물입니다. 1948년 경상남도 거창에서 태어났습니다. 해기사 출신으로 현장 경험이 풍부한 해운 전문가입니다. 동남아해운 등에서 실무를 쌓은 후, 1989년 한중 수교 이전에 최초의 합작법인인 장금유한공사(장금상선의 모태)를 설립하고 대표이사를 맡았습니다. 이후 외환위기(IMF) 당시 지분을 인수해 오너 경영 체제를 확립했습니다.

정태순 회장은 장금상선을 선복량 기준 국내 3위, 세계 19위(컨테이너선 기준)의 글로벌 해운 기업으로 키워냈습니다. 1989년 한중 수교 이전부터 한국과 중국 사이의 컨테이너 직항로를 개설하며 시장을 선점했습니다. 2008년 글로벌 금융위기 이전에 선제적으로 장기 운송 계약을 맺고 선박을 개조(VLOC)하는 등 전략적 판단을 통해 불황기에도 안정적인 수익을 창출했습니다. 최근 흥아해운 컨테이너 사업부를 인수하는 등 M&A를 통해 그룹의 덩치를 키웠으며, 컨테이너선뿐만 아니라 벌크선, 탱커선 등 다각화된 선대 구성을 갖추었습니다.

그는 대외 활동보다 내실을 기하는 것으로 유명하며, 다음과 같은 철학을 가지고 있습니다. 실용주의자로 "장사치가 명예가 무슨 필요가 있느냐?", "돈이 있으면 사옥을 지을 게 아니라 배를 사야 한다"라는 신념으로, 현재까지도 서울 북창동의 오래된 빌딩을 본사로 사용하고 있습니다. 덕치(德治) 경영으로 직원들에게 베풀고 모범을 보임으로써 따르게 하는 스타일이며, 해운업계에서는 그의 리더십을 높이 평가합니다. 한국해운협회 회장, 아시아선주협회 회장 등을 역임하며 해운 산업의 제도 개선과 발전에 앞장서 왔습니다. 모교 등에 거액의 발전 기금을 전달하고, 국적 해기사 양성 및 인력난 해소를 위해 사재를 출연하는 등 '노블레스 오블리주'를 실천하고 있습니다. 한국기원 부총재를 거쳐 한국기원 총재로 추대되는 등 바둑 중흥을 위해서도 활발히 활동하고 있습니다.

김준기 전 회장은 DB그룹(전 동부그룹)의 창업주로 24세라는 젊은 나이에 창업하여 불과 수십 년 만에 DB그룹을 대한민국 상위

재벌의 반열에 올린 입지전적인 기업가입니다. 1944년 강원도 삼척 (현재 동해시)에서 태어났습니다. 부친은 국회부의장을 지낸 김진만 전 의원입니다. 대학교에서는 경제학과를 졸업했습니다. 대학 재학 중이던 1969년, 자본금 2,500만 원과 직원 2명으로 미륭건설(현재 DB건설)을 설립하며 기업인의 길을 걷기 시작했습니다. 이는 당시 1 세대 재벌들에 비해 약 30년에서 40년 늦은 출발이었으나, 빠른 성 장을 일구어냈습니다. 김준기 회장은 외화 획득과 국가 기간산업 발전에 이바지하며 그룹을 확장했습니다. 1970년대 사우디아라비아 등 중동 건설 붐에 선제적으로 뛰어들어 막대한 외화를 벌어들였습 니다. 이를 통해 얻은 자본은 동부그룹이 비약적으로 성장하는 밑 거름이 되었습니다. 중동에서 벌어들인 자금을 바탕으로 한국자동 차보험(현재 DB손해보험)을 인수하고, 전자, 제철, 반도체 등 국가 기 반 산업으로 사업 영역을 넓혔습니다. 2000년대 초반, 자수성가형 기업으로서는 드물게 재계 순위 상위권에 진입하며 '동부 신화'를 완 성했습니다.

그는 철저한 준비와 뚝심 있는 실행력을 강조했습니다. "미래는 꿈과 이상을 가지고 준비하는 자의 것이다"라는 신념으로 새로운 사업에 끊임없이 도전했습니다. 사익보다는 "나라와 민족에 꼭 필요 한 사업을 하겠다"라는 일념으로 철강, 화학, 금융 등 국가 경제의 뼈대가 되는 산업에 집중적으로 투자했습니다. 능력 있는 인재를 적 재적소에 배치하고 전문 경영인 체제를 조기에 안착시키는 등 선진 적인 경영 시스템을 지향했습니다. 2017년 경영 일선에서 물러났습 니다. 이후 동부그룹은 그룹명을 DB로 변경하였습니다.

송치형 회장은 두나무(Dunamu)의 창업주로 한국의 핀테크 및 가상자산 산업을 개척한 대표적인 2세대 IT 기업가입니다. 국내 최대 가상자산 거래소인 '업비트(Upbit)'를 만들어 두나무를 단숨에 유니콘 기업을 넘어 대기업 집단으로 성장시킨 인물입니다. 1979년 충청남도 공주에서 태어났습니다. 대학교에서 컴퓨터공학과 경제학을 전공했습니다. 전산학적 지식과 경제학적 통찰력을 동시에 갖춘 것이 훗날 핀테크 사업의 밑거름이 되었습니다. 병역특례로 IT 솔루션 기업인 '다날'에서 근무하며 결제 시스템과 모바일 환경에 대한 실무 경험을 쌓았습니다. 이후 대학교 선후배들과 함께 여러 차례 창업에 도전했습니다. 송치형 회장은 2012년 두나무를 설립했습니다. 초기에는 뉴스 큐레이션 서비스 등으로 시작했으나, 곧 금융 혁신으로 방향을 선회했습니다. 카카오와 협력하여 모바일에서 주식 정보를 확인하고 거래할 수 있는 '증권플러스'를 출시해 큰 성공을 거두었습니다.

2017년, 가상자산 시장의 가능성을 보고 '업비트(Upbit)'를 출시했습니다. 당시 기존 거래소들의 불편한 UI/UX를 개선하고, 카카오톡 계정 연동과 다양한 코인 상장을 통해 출시 직후 국내 점유율 1위를 차지하며 시장을 장악했습니다. 가상자산뿐만 아니라 비상장 주식 거래 플랫폼 '비상장플러스', NFT(대체불가토큰) 마켓 등 블록체인 기반의 다양한 금융 서비스를 확장했습니다. 송치형 회장은 언론 노출을 최소화하는 '은둔형 경영자' 스타일이지만, 기술적 완성도와 사용자 경험(UX)에는 매우 집요한 것으로 알려져 있습니다. 본인이 개발자 출신인 만큼, 시스템 안정성과 보안을 최우선으로 생각합니다. 업계 최고 수준의 보안 시스템을 구축하는 데 막대한 투자를 아끼지 않습니다. 시장의 흐름을 읽고 서비스에 즉각 반영하는 속도가 매우 빠릅니다. 업비트가 단기간에 글로벌 수준으로 성장할 수 있었던 핵심 동력이기도 합니다. 가상자산을 투기 수단이 아닌, 미래 금융 시스템의 핵심 인프라로 보고 웹 3.0(Web 3.0) 시대를 대비한 투자를 이어가고 있습니다. 2022년, 가상자산 거래소 운영사 최초로 자산 총액 기준을 넘기며 공정거래위원회로부터 '상호출자제한 기업집단(대기업)'으로 지정되었습니다. 포브스(Forbes) 등에서 발표하는 한국의 자산가 순위에서 최상위권에 이름을 올리며, 신흥 IT 자산가의 상징이 되었습니다.

박성수 회장은 이랜드그룹의 창업주로 '이대 앞 2평짜리 옷 가게'에서 시작해 패션, 유통, 외식, 호텔을 아우르는 거대 그룹을 일궈낸 자수성가형 기업가입니다. 1953년 전라남도 목포에서 태어났습니다. 대학교에서 건축공학과를 졸업했습니다. 엘리트 코스를 밟았으나 졸업 무렵 온몸에 힘이 빠지는 희귀병인 '근육무력증'을 앓게 되었습니다. 투병하는 기간 동안 침대에 누워만 있어야 했던 그는 2년 6개월간 약 3,000권의 책을 읽었습니다. 이때 쌓은 방대한 지식은 훗날 이랜드의 '지식 경영'의 밑거름이 되었습니다. 병이 완치되었으나 취업 시기를 놓친 그는 1980년 이화여대 앞에서 2평 남짓한 작은 옷 가게 '잉글랜드'를 열었습니다. 이것이 이랜드의 시작입니다.

박 회장은 '반값에 두 배의 가치를 준다'라는 철학으로 시장을 장악해 나갔습니다. 1980년대 후반부터 브렌따노, 헌트, 언더우드 등 중저가 캐주얼 브랜드를 잇달아 성공시키며 국내 패션 시장의 판도를 바꿨습니다. 경영난에 처한 기업들을 적극적으로 인수해 회생시키는 데 탁월했습니다. 뉴발란스(NB)의 라이선스를 가져와 한국과 중국에서 대히트를 시켰으며, 애슐리, 켄싱턴 호텔 등을 통해 외식과 레저 분야로도 성공적으로 확장했습니다. 한국 기업 중 중국에서 가장 성공한 사례 중 하나로 꼽힙니다. 현지 백화점에 직접 진출하는 고급화 전략으로 중국 패션 시장에서 독보적인 위치를 차지했습니다. 경영 철학은 "벌기 위해서가 아니라 쓰기 위해서 일한다"입니다.

박성수 회장의 경영은 독실한 기독교 신앙과 피터 드러커의 지식 경영 이론에 기반을 두고 있습니다. 전 직원에게 독서를 권장하며 현장의 성공 사례를 지식화하여 공유하는 '지식 공유 시스템'을 구축했습니다. "기업은 이익을 내야 하며, 그 이익을 바르게 사용해야 한다"라는 신념으로 매년 수익의 상당 부분을 사회에 환원합니다. 이랜드 복지재단을 통해 소외 계층을 돕는 데 앞장서고 있습니다. 창업 초기부터 '무차입 경영'과 '투명한 세무 신고'를 고수하며 정직한 기업 이미지를 쌓아왔습니다. 대외 활동이나 언론 노출을 극도로 자제하는 편입니다. 하지만 현장을 중시하여 소형 승합차를 타고 수시로 전국 매장을 방문하는 것으로 유명합니다. 2019년, 각 계열사의 독립 경영 체제를 선언하며 경영 일선에서 물러나 현재는 미래 먹거리 발굴과 차세대 리더 육성에 전념하고 있습니다.

방시혁 의장은 하이브(HYBE)의 설립자로 'BTS의 아버지'로 불리며 한국 대중음악 산업의 구조를 완전히 바꾼 혁신가이자 엔터테인먼트 업계 최초의 대기업 총수입니다. 1972년 서울에서 태어났습니다. 대학교에서 미학을 전공했습니다. 인문학적 배경인 '미학'은 훗날 그가 아티스트의 서사와 세계관을 구축하는 데 큰 영향을 주었습니다. 중학교 때 밴드 활동을 시작했고, 1994년 제6회 유재하 음악경연대회에서 동상을 받으며 본격적으로 작곡가의 길을 걷기 시작했습니다. 1997년 박진영의 눈에 띄어 JYP엔터테인먼트의 수석 작곡가로 활동했습니다. god의 '하늘색 풍선', 비의 '나쁜 남자', 백지영의 '총 맞은 것처럼', '내 귀에 캔디' 등 수많은 메가 히트곡을 탄생시키며 프로듀서로서의 입지를 군혔습니다. 그의 성 '방'을 영어 발음으로 바꾼 '뱅(Bang)'에서 따온 '히트맨 뱅(Hitman Bang)'이라는 예명으로 널리 알려졌습니다.

2005년 독립하여 빅히트 엔터테인먼트를 설립했습니다. 초기에는 큰 어려움을 겪기도 했으나, 2013년 데뷔시킨 방탄소년단(BTS)이 세계적인 현상이 되면서 대반전을 이뤄냈습니다. 아티스트에게 자율성을 부여하고 팬들과의 진정성 있는 소통을 강조하는 전략으로 '아미(ARMY)'라는 강력한 팬덤을 구축했습니다. 2021년 사명을 하이브(HYBE)로 변경하고 음악을 넘어 플랫폼(위버스), 솔루션, 게임 등으로 사업을 확장하는 '엔터테인먼트 라이프스타일 플랫폼' 기업으로 재정의했습니다. 그는 2022년 대학교에서 경영학 명예박사 학위를 받았을 정도로 경영인으로서의 능력을 인정받았습니다.

대학교 졸업 축사에서 그는 자신을 움직인 원동력이 '불만'과 '분노'였다고 밝혔습니다. 부조리한 산업 관행이나 납득할 수 없는 현실에 화를 내며 이를 해결해 나가는 과정이 혁신을 만들었다는 의미입니다. "기업의 제1 목표는 생존이다"라고 강조하며, 팬데믹 같은 위기 속에서도 본질(음악과 팬)을 지키는 것이 가장 중요하다고 말합니다. 2024년 하이브가 자산 총액 요건을 넘기며 엔터테인먼트 업계 최초로 대기업 집단으로 지정되었고, 방 의장은 동일인(총수)이 되었습니다. 빌보드 '파워 리스트'에 수차례 이름을 올렸으며, 미국의 이타카 홀딩스 등을 인수하며 글로벌 시장에서 K-팝 시스템을 이식하는 데 주력하고 있습니다. 방시혁 의장은 현재 실무 프로듀싱보다는 하이브의 장기적인 글로벌 전략을 구상하는 의장직에 집중하고 있습니다.

이임용 회장은 태광그룹의 창업주로 호는 일주(一洲)입니다. 대한민국 섬유 산업의 기틀을 다지고 석유화학까지 아우르는 수직계열화를 완성한 '한국 섬유 산업의 거목'입니다. 1921년 경상북도 영일군(현재 포항시)에서 태어나 일본에서 실업학교를 졸업했습니다. 1950년 아내와 함께 동양실업의 지분을 인수하며 섬유업에 뛰어들었고, 1954년 부산에서 태광산업사를 설립하며 독자 경영을 시작했습니다. 1961년 태광산업을 주식회사로 출범시킨 후, 아크릴·스판덱스 등 화학 섬유 분야로 확장하며 국내 최고의 섬유 기업으로 키워냈습니다.

이임용 회장은 "산업을 일으켜 국가의 재화를 늘리는 것이 애국"이라는 산업보국(産業報國) 정신을 실천했습니다. 1967년 국내 최초로 아크릴 섬유를 생산했고, 1979년에는 세계 시장 점유율 2위까지 올랐던 스판덱스 브랜드 '에이스란'을 탄생시켰습니다. 1990년대 중반, 원료에서 완제품까지 한곳에서 생산하는 '섬유-석유화학 수직계열화'를 국내 최초로 구축하며 글로벌 경쟁력을 확보했습니다. 흥국생명(1973년), 고려저축은행(1978년) 등을 인수하며 금융업으로 영역을 넓혔고, 전자(천일사·에로이카) 부문에도 진출했습니다. 경영 철학은 "정도(正道)와 무차입 경영"입니다. 그는 재계에서 매우 엄격하고 내실 있는 경영자로 정평이 나 있었습니다. "은행 돈을 빌리면 은행이 쉬는 주말에도 이자가 나간다"라며 빚 없는 경영을 원칙으로 삼았습니다. 무분별한 확장 대신 번 만큼만 투자하는 보수적이고 탄탄한 재무구조를 유지했습니다. "연구실은 공장 옆에 있어야 한다"라며 공장과 본사를 항상 가까이 두었고, 수시로 현장을 돌며 품질을 직접 챙겼습니다. 불량품이 나오면 그 자리에서 가위로 잘라버릴 만큼 품질에 타협이 없었습니다.

그는 화려한 대외 활동보다는 실질적인 경영에 집중했습니다. 출장 시에도 낡은 단골 호텔을 고집하고 점심은 설렁탕 한 그릇으로 해결할 만큼 소탈한 면모를 보였습니다. "자원 없는 나라일수록 인재를 키워야 한다"라는 신념으로 세화여중·고등학교를 설립하고 일주학술문화재단을 통해 장학 사업을 펼쳤습니다. "나무는 숲과 함께 자라야 한다"라는 말을 남기며 기업의 사회적 책임을 강조했습니다. 이는 임직원의 성장과 사회적 기여가 함께 가야 한다는 그의 철학을 담고 있습니다. 이임용 회장은 1996년 별세했습니다. 그가 다져놓은 '내실'과 '정도'의 정신은 오늘날까지 태광그룹의 핵심 가치로 이어지고 있습니다.

지금까지 소개해 드린 대한민국 상위 주식회사의 창업자들은 처음부터 큰 주식회사를 가졌던 것이 아닙니다. 하면 된다는 자신감을 가지고 작게 시작하여 포기하지 않고 열심히 노력하여 크게 키운 분들입니다. 여러분들도 이 책에 나오는 내용들을 이해하시고 용기를 가지고 도전하시면 좋은 결과가 있으리라 기대합니다. 여러분들의 성공을 응원합니다.

감사합니다.